地域医療の未来を創る
住民と医療労働者の協同

[編著者]
「医療を守る運動」
研究プロジェクト
岡野孝信
岡部義秀

[著者]
野村　拓
瀬谷哲也
今野義雄
松江　仁
門馬睦男
濱田　實
春山一男
工藤詔隆
瀧川　聡
冨樫　恵
鈴木土身
工藤きみ子
清水　豊
山本隆幸
木高　博
[執筆順]

旬報社

巻頭言

運動史の意味──助走をつけて展望を

野村　拓

医療政策学校主宰・元国民医療研究所所長

　医療機関の統廃合・移譲に反対し、また、倒産した病院を再建して地域医療を守ろうと、住民と医療労働者の協同したたたかいが本書によって記録された意義は大きい。

　そこには、地域医療の運動主体としての患者・住民・医療労働者の協同の営みと成長を見ることができる。また、自らの要求と患者・住民の要求を統一させてたたかった医療労働運動の貴重な教訓と課題が、運動の中心におられた方々によって、運動主体のあり様も含めリアルに示されている。

　社長一家のサクセスストーリー（成功譚・出世物語）のような「社史」を編纂した会社は左前になるというジンクスがある。その意味でもたたかいは、ある程度、自らに厳しく総括するべきであろう。

　記憶を失った人間は行動できない。少なくとも、積極的な行動はできない。同様に、運動史をふまえない団体は積極的な運動ができない。運動史をふまえることは助走をつけて現実に立ち向かうことであり、助走なしでは簡単にはねかえされてしまう場合が多い。だから、運動史の編纂は「助走路の整備」のような意味をもっている。

　「運動史」とは、「運動主体を構成する人たちの自分史のタバ」のようなものである。高いレベルの「自分史」同士の共感、共鳴がなければ、ダイナミックな運動主体の歴史は書けないのではないか。

　いま、「戦争と平和」「競争・市場原理と社会保障・医療保障」という対立軸のなかで、医療の将来を捉え直すことが求められている。

　貧困層の寿命より金持ちの「しわ」をのばす方向で市場化する医療、しかし、他方ではグローバルな連合や「草の根・社会保障」の運動も生まれつつある。「展望の見える助走路づくり」これが各種「運動史」のめざすところだろう。

はじめに——地域医療を守る運動と医療労働者

1 住民と医療労働者による"地域医療を守る協同"

　1980年代の臨調行政「改革」にはじまり、構造改革、規制緩和と21世紀に続く国家政策のもとで、医療費削減を主目的とした医療提供体制・地域医療の縮小が行なわれようとした。これに抗して、医療労働組合は、中央、地方の産業別組織、単組、支部に至るまで[1]患者・住民の「医療を守る」ことと、自らの「生活と権利を守る」ことを両輪とする基本方針に沿って、住民と協同した長期にわたる真正面からのたたかいを展開した。

　労働対象が患者である医療労働者は、長期のストライキを中心とした強力な争議が実質的に困難である。一方、患者・国民は充実した医療の提供を望んでおり[2]、特に医療提供体制が脆弱な地域においてそれは切実なものとなる。このようなもとで展開される医療運動[3]は、患者・住民と医療労働者や医療関係団体、時には経営側も含めた運動とならざるをえない。また、その運動は、医療が国の医療制度・政策に制約されていることから、勢い、たたかいは中央・地方における政治問題となる。

　80年代以降の医療機関の統廃合に反対し地域医療を守ろうとする運動は、それまでの医療運動が患者や医療労働組合、民医連[4]、保団連[5]、日本医師会等

---

1) 国公労連（日本国家公務員労働組合連合会）などの単産や、全労連（全国労働組合総連合）と県、地域の労働組合、社保協（中央社会保障推進協議会）、医団連（医療団体連絡会議）などの支援・共闘もあった。
2) 内閣府の「国民生活に関する世論調査」（平成27年度、2015年6月時点）での「政府に対する要望」では「医療・年金等の社会保障の整備」を挙げた者の割合が67.2％と最も高い。
3) 「医療運動」とは、医療労働運動も含め、患者・国民や医療関係者が医療保障制度などの改悪に反対したり、充実を求めたりする運動のことである。
4) 戦後、地域住民と医療従事者が協力して各地に民主的な医療機関がつくられ、1953年には全日本民主医療機関連合会（全日本民医連）が結成される。現在、加盟事業所は、全国の47都道府県に1700ヵ所を超える。「民医連」は、これらの総称でもある。（全日本民医連ウェブサイト、2016年9月15日）
5) 戦後まもなく、誰もが安心して医療を受けることができる医療制度の実現をめざした医師たちの自主的な活動が各地で広がり、1969年に全国保険医団体連合会（略称：保

の医療関係団体が"核"であったのに対して、住民と医療労働者が協同の"核"となり、地域から国政に迫る運動を展開したものであった。

2　医療労働運動の「基本方針」の確立

　わが国の医療労働運動を代表する日本医労連（日本医療労働組合連合会）[6]は、1960年から61年にかけてたたかった「病院統一スト」[7]と、1967年から70年にかけて全国に広がった「増員・夜勤制限闘争」（ニッパチ闘争）[8]を通して労働者の「生活と権利」と「医療を守る」ことを両輪とする基本方針を確立する。本書に掲載したいずれの「報告」も、この「生活と権利」と「医療を守る」ことを統一してたたかうという医療労働運動の基本方針に沿ったものであった。

　また、日本医労協は69年、患者の立場に立ち、職場からの仕事の捉え直しを志向する医療研（医療研究運動）をスタートさせる。医療研は、職場から地域へ、医療制度問題へと医療労働者の視野と活動領域を広げ、社会的役割を自覚した多くの医療労働者を育んでいった。そして、それらの医療労働者

　団連）が結成される。会員は全都道府県に医科6万4992人、歯科3万9281人、計10万4273人（2013年10月1日現在）となり、開業医の62％、勤務医約1万8000人が加入している。（保団連ウェブサイト、2016年9月15日）
6）　1957年に結成された日本医労協（4万8200人）は、1987年に連合化され日本医労連となる。わが国唯一の医療労働者の産業別組織（単産）である。2016年現在、7全国組合組織と、その傘下の単組や支部、他の地場組合などが加盟する各県医労連（全都道府県）で組織されている。組織は約17万2000人。
7）　「病院統一スト」は、1960年秋から翌年春にかけてたたかわれた、わが国最初の医療産業別統一闘争である。賃上げ要求を中心に全国125の労組（約300病院）がストライキによる統一闘争に参加した。日本医労協及び加盟の全国組合と県医労組が統一行動日を設定した波状的なストライキが約6ヵ月にわたって行なわれた。医療労働者の人権闘争ともいわれた。
8）　看護婦不足による月15日から17日の夜勤回数で流産や異常出産が多発するなか、国立病院・療養所の労働組合である全日本国立医療労働組合（全医労）は1965年、①夜勤日数は月8日を目標とする、②一人夜勤は廃止の方向で計画をたてて努力すべきである、などの「人事院判定」を獲得する。これを受けて68年には、新潟県立病院の看護婦が「夜勤は八日になったらやらない」との「組合ダイヤ」と呼ばれる自主的な勤務表を作成して闘いを組み、「人事院判定を三ヶ年計画で完全実施を行なう」ことを県当局に認めさせ勝利する。「ニッパチ（夜勤は二人で月8日）闘争」とも呼ばれ、看護婦を中心としたたたかいが全国に波及した。

は、病院の統廃合・移譲や、看護体制、病院給食などの業務委託化等の「合理化」攻勢に対して、患者・国民の立場に立った「よい医療」「よい看護」「よい給食」を守るたたかいの"核"となっていったのである。

3 医療労働組合と地域

しかし、企業別組合[9]としての伝統をもつ単組や支部にあって、地域への活動領域の拡大は決して容易なものではなかった。日本医労連傘下の労働組合は、地方の産業別組織・県医労連の加盟組織として企業の枠を越えた運動への経験も持っていたが、全国組合（全国に加盟単組や支部をもつ企業別組織）の下部組織は中央本部とのつながりが強いこともあって、地域での活動が弱いところもあった。

もし、自らが働く病院の統廃合計画や倒産という、雇用問題を伴う重大事態が目前に迫ってこなければ、医療労働者は自らが生活する地域に足を運び住民と接することがなかったかも知れない。足踏みしながらも地域に入った医療労働者は、地域の人々から地域医療を守り充実させたいという切実な要望とともに、病院と職員に対する率直な批判と同時に期待の声にも接し、自らの存在と病院のあるべき姿を自覚していく。また、住民も医療労働者と接することを通して病院の実態と政府の医療政策を知り、地域医療を守ろうとする立場をより鮮明にしていく。地域医療を守ろうとする要求と、統廃合・移譲を阻止しようとの双方の要求が統一され、住民と医療労働者の共闘がほんものとなっていった。

この時期、日本労医協の連合体化（1987年）や、看護師を中心とした街頭行動などのナースウェーブ、医療関係14団体による「国民医療を守る共同推

---

9) 欧米の労働組合が、主に地域や、産業別、職能別に組織されているのに対して、戦後の日本の労働組合は、①企業または事業所毎の従業員（主に正職員）によって組織されたこと、②組合員が工員（主に工場現場の労働者等）と職員（主に事務員、技術者等）が一体となった「工・職混合」であったこと（戦前は、一般的に工員と職員は別々に組織されていた）、などから「企業別組合」と呼ばれた。病院の場合、病院毎の労働組合や、全国に支部や加盟単組をもつ全国組織の労働組合（全医労、全日赤など）も企業別組合である。ただ、近年は、企業内の非正規職員（パート職員など）の企業別組合への加入も拡大してきている。

進本部」と全都道府県の推進組織の結成、その2ヵ月に及ぶ全国キャラバンによる930万を越える署名の集約（89年）など、大きな運動が集中したことも、こうした地域における運動の発展に少なからぬ影響を与えた。

統廃合・移譲計画は、時の権力や経営側によってその多くが強行された。しかし、住民と医療労働者のたたかいは、その計画を遅らせ、住民要求に沿った一定の変更を実現させた。また、結果的に大部分の労働者の雇用を守り、医療労働者としての組合員の意識を成長させた。全医労のたたかいは、あとに続く自治体や労災病院、健康保険病院などの統廃合・移譲等に対する労働組合のたたかいに多くの教訓を残した。

4　本書の構成

本書には、この時期の運動の中から当プロジェクトで検討した16地域における運動の「報告」が掲載されている。執筆者の多くは、そのたたかいの中心にいた労働組合運動の活動家であり、運動の成果とともに弱点や反省点もできるだけ率直に出していただくようにお願いした。

第1章　国立・公的医療機関の統廃合・移譲とのたかい

第1章は、国立病院・療養所の統廃合・移譲反対のたたかいと、それに続く労災病院（福岡県）、健康保険病院でのたたかいである。

第1節（瀬谷報告）は、医療労働運動史上の大闘争となった国立病院・療養所の統廃合反対闘争について全体の概要とその特徴をまとめている。

第2節（今野報告）は、国立病院統廃合・移譲に対する最初のたたかいになった長寿園闘争を経て地域医療を守るために住民等が診療所を設立し、さらに介護事業にも献身的に取り組んでいる群馬・大戸診療所の運動である。

第3節（松江報告）は、和歌山県の田辺、白浜の国立2病院統合に対して、当初から「地域医療の充実」を正面に掲げてたたかい、近隣の病院長や自治体、保守系国会議員まで連携した運動をつくりあげ、第三地点の新病院の建設が強行されるやその病院の機能充実の運動を展開するとともに、一方の白浜病院も白浜町を中心とした公的病院として存続させたたたかいである。

第4節（門馬報告）は、福岡における労災病院をめぐるたたかいである。全労災本部、県医労連、住民、三池CO被災者の会など、地域ぐるみの共闘が展開された。民営化は阻止できなかったものの「民営化されたら（運動は）終わりではない。医療労働者は地域医療を充実させる運動を継続させていかなければならない」と運動の継続をめざしている。

　第5節（濱田報告）は、社会保険病院・厚生年金病院の売却・廃止に対するたたかいである。先行した全医労のたたかいの教訓を生かし、各地域での住民との共働を強めつつ、中央ではそれまでの医療労働運動では見られなかったねばり強い政党、国会議員対策を行ない、目標とした「全国ネットワークの公的な病院」としての存続を立法で勝ちとった。

第2章　自治体病院の統廃合・移譲とのたたかい

　第2章は、自治体病院の統廃合に対する4つの運動と、こども病院建設・小児医療の充実を求めた広島市市民病院職員労働組合の運動である。

　第1節（春山報告）は、1980年代前半の県版「臨調行革」による岩手県立病院の市町村移管提案に対して、「医療は住民が主人公」との先進的な視点から住民との対話運動や調査、政策「提言」を行なった岩手県医療局労働組合のたたかいである。

　第2節（春山報告）は、2000年代の県立病院縮小・サテライト化（6病院の無床化）に対する岩手県医療局労組を中心とした県民的な運動である。

　第3節（工藤報告）は、"住民の目線で住民とともに"を柱に懇談会を重ね、住民の積極的な協力を得て運動を飛躍的に発展させた青森県の「西北五地域医療を守る住民の会」の運動である。運動が一段落した後の運動の継続に関して、「『患者・住民の要求に添った地域医療を目指す』という課題の追求というよりは、私たちの中に『再編成計画を止めさせる』ということを主目的としようとする無意識の行動規範があったのかも知れない。」との分析がされ、継続的な地域医療を守る運動の必要性も示唆されている。

　第4節（瀧川報告）は、北九州市立病院の民間譲渡計画に対する「市民会議」の運動である。市内の労働組合間の「懇談会」や、いわゆる病院毎の「住民の会」を結集した「市民会議」を結成するとともに、103人が参加した「地

域医療実態調査」団を結成して調査・提言を行ない、自治体への要請、署名、シンポジウムなどの活動を展開した。

　第5節（冨樫報告）は、こども病院建設・小児医療の充実を求めて、広島市市民病院職員労働組合が地域の関係労組に呼びかけ「いのちを守る会」を結成、ねばり強く10数年に渡りさまざまな運動を展開し多くの成果を実現した運動である。それは、市民病院の未熟児センターで働く看護師の職場要求と住民の要求を統一させた運動でもあった。

第3章　厚生連病院存続と地域医療を守る運動

　第3章は、各県の厚生農業協同組合連合会[10]が経営する病院における4つの運動「報告」と、厚生連病院に関する「歴史」である。

　第1節（鈴木報告）は、秋田県における精神科の常勤医師を求める鹿角（かずの）市の住民運動と、住民ぐるみで病院を全面改築して再生させた湖東（ことう）地域の運動である。両運動とも秋厚労（秋田県厚生連労働組合）が事務局を献身的に担い、住民との協同を深める。鹿角では「市民町民の会」の幹事会（2016年9月現在128回）がほぼ毎月開かれ、『幹事会通信』を発行、講演会の企画や、行政と大学医学部への要請などねばりづよい運動が重ねられている。2016年1月、「農協改革」に関連して、埼玉県厚生連が秘密裏に病院を売却するなどという驚くべき問題が起こる情勢のなかで、日常的に住民との協同を追求する労働組合の活動とその運動過程での組合員の意識変革の必要性も問われている。この点では、住民と共に地域医療を守ろうとする同じ厚生連の秋厚労の運動から学ぶ点は多い。

　第2節（工藤報告）は、長野県の佐久・川西地域における医療機関の「機能分化」という新たな情勢のもと、それまで疎遠であった地域の5病院労組と自治体労組が恒常的な「懇話会」をもとに地域の人々との「地域医療懇談会」（いどばた会議）に発展させていった運動である。川西赤十字病院が「3

10）　各県厚生連農業協同組合は、農業協同組合法に位置づけられた「連合体」組織であり、厚生事業（医療機関、保健予防事業の経営）を運営している。出資者（会員）は単位農協である。中央組織である全国厚生農業協同組合連合会に加盟している。全農協組織の略称（ロゴ）であるJAを冠し、「JA厚生連」と簡略呼称されている。歴史については、本書第5章第4節を参照のこと。

年以内に経営改善が見込めない場合は存続が問われる」という事態に対し、「懇和会」は、「川西赤十字病院は地元になくてはならない病院だ」として運動し、地元の川西保健保険衛生施設組合（佐久市、立科町、東御市）から毎年 8000 万円を上限に 5 年間の運営補助金を得る。「地域医療懇談会」は、病院経営側の協力も得て講演会や学習会、交流会などを重ねつつ地域医療の充実をめざしている。

第 3 節（岡部報告）は、茨城県の高萩協同病院の存続運動である。病院建設計画が一点二転するなかで、労働組合が病院の存続をめざして 41 ヵ所で地域医療懇談に取り組み 1600 人以上の住民と対話活動を展開する。また、住民・職制も含めた職員・労働組合の連携をつくり、議員集団とも連携、医療現場から構想した「病院ヴィジョン」に広範な住民の賛同を得て病院存続を実現した。

第 4 節（岡部報告）は、栃木県の厚生連 3 病院の病床削減、統合・再編に抗した住民と労働組合の協同した運動である。国の「地域医療再生特別交付金」による病院および病床削減を条件とするスクラップ・アンド・ビルドに抗して、病床数増、救急機能充実、診療機能の拡充要求を対置した運動を展開した。上（国）からの「機能分化」に対して、住民アンケートをもとに、いわば下（地域）から患者・住民の立場に立って「対案（提言）」を示してたたかい、多くの成果を実現した。

第 5 節は、「厚生連」と「病院」の関係、厚生連の成り立ちがあまり知られていないことから、岡部義秀「医療社会化運動と協同組合医療――農山村地域と厚生連病院」を加えた。戦前から戦後初期までの農村医療の変遷の概要を述べている。

第 4 章　医療機関の倒産と労働組合

第 4 章は、倒産や閉鎖の事態に地域医療・介護を守ることと、自らの生活と権利を守ることを統一してたたかった、3 つの運動である。

第 1 節（清水報告）は、山梨勤医協の倒産による経営危機に際して労働組合が経営側と「債権譲渡契約」を結び、責任を持って経営をリードするとともに、労使、住民、地域の労働組合等との共闘を組み、全国的な支援も得て

再建を勝ちとったたたかいである。

　労働組合は、再建"闘争"の先頭に立ち、労働条件については大衆（集団）団交を軸に対等な労使関係の確立を追求した。「地域医療を守る」ことと「生活と権利を守る」ことを統一したたたかいであった。

　第2節（岡野報告）は、千葉県の東葛病院の倒産と再建をめぐる労働組合の運動である。住民から資金を集めて建設された千葉県の東葛病院は、開設後1年2ヵ月足らずで倒産する。結成間もない労働組合は、経営側との徹夜の大衆団交で「債権譲渡」を結び、混乱する病院を守り、新理事会、住民（債権者）とともに苦難の再建運動に向かう。職員が頼れるのは労働組合しかなく、委員長が労使で構成する再建委員会事務局長となり、書記長も病院の事務長になった。破産寸前の経営状況の中で、労働組合は賃金カットや人員整理に自らとりくまなければならなかった。①患者・住民の協力、②民医連の全国的支援、③労働組合の協力と運動、「これらのどれ1つを欠いても東葛病院の再建は実現しなかった」と言われたたたかいであった。

　第3節（山本報告）は、北海道根室市にある根室隣保院附属病院閉鎖に対して、労働組合が地域の労働組合や住民等と「根室の地域医療を守る会」を発足させ存続運動を展開する。廃院が強行されるも、労働組合は、それまでの企業別組合を地域の医療・介護関係で働くすべての労働者が加入できる個人加盟・根室医療福祉労働組合に組織替えする。さらに、法的な企業組合[11]「根室たんぽぽ」を設立し、訪問介護、通所介護、小規模多機能施設等の事業を展開していく。「たんぽぽ」という名称には、「私たちは踏まれても、踏まれても立ち上がるぞ！」という決意と、「たんぽぽの種のようにどこまでも飛んで行って利用者のために介護をしたい。また住民要求に依拠するならば、たんぽぽの実のように、落ちたところで必ず花開くことができるはずだ」という意味が込められていた。

11）　中小企業等協同組合法（制定：昭和24年）に基づく企業。4人以上の個人（事業者、勤労者、主婦等）が組合員となり、お互いに資金と持ち寄り自らの働く場を創造するための法人格を持った組織。

第 5 章　地域医療を守る運動の特徴と教訓、課題

　第 5 章は、医療政策に関る地域医療を守る運動の背景を述べるとともに、本書の 17 の報告の分析から、特徴と教訓、課題についてまとめた。
　分析では、主に運動主体の形成、労働組合と住民組織の関係、運動での医療労働者の意識の変化、運動の発展過程などを注視した。

5　本書のねらい

　近年、労働組合の運動課題の一つの柱である賃上げ闘争が停滞する一方で、「最低賃金」の引き上げを強調したり財界に賃上げを要請する政府の言動がマスコミで大きく取り上げられるように労働組合の存在感が薄れている。
　労働運動の停滞現象に対して、労働問題の研究者の間では、わが国の企業別組合の弱点が強調されるあまり、日本の企業別組合組織自体が現在の労働運動停滞の要因であるかのような論調も少なくない。そして、企業別組合であるがゆえに地域に足が出ないとも言われている。確かに、企業別組合がもつ特質からくる制約とその影響が大きいのは事実であり、医療労働運動における地域への活動領域の拡大も、厳しい職場の人員体制などのなかで決して容易なものではない。しかし、日本の労働組合が企業別組合ゆえに「地域に出ることができない」と言い切れるものでもない。
　本書で取り上げた、医療労働運動における 17 のたたかいの多くは、医療政策に沿った「合理化」攻勢の下での運動であり、労働組合が地域に出て住民と共に地域医療を守り、充実させようとしたたたかいである。
　これらのたたかいも当然、いくつかの運動課題を残している。しかし、その多くが産業別の運動が志向されており、医療労働運動における企業別組合の弱点を克服し、発展を展望する一つの萌芽となっていることが注目される。もちろん、それらの前提として、職場（単組・支部）での活動やたたかいを基礎にした地域と産業別の運動を統一した取り組みが重要なことは言うまでもない。
　本書のねらいは、各「報告」にある医療労働運動の貴重な経験を記録・共有するとともに、その特徴と教訓、課題を明らかにすることである。「報告」

の多くは、長期にわたる大闘争であり、限られたスペースでは報告しきれるものではないが、執筆者の多くがそれぞれのたたかいの中心にいた労働組合の活動家であることから、実践者としての体験がリアルに示されたものとなっている。

なお、当初は、奈良（生駒総合病院）、愛媛（宇和島市立病院等）、千葉（県立病院）での労働組合と住民の運動について報告を予定したが、執筆予定者の多忙等で断念した。

6　経過

最後に、本書ができるまでの経過にふれておきたい。本書は、2013年から15年にかけて行なわれた「医療を守る」研究プロジェクトの「最終報告」でもある。プロジェクトのメンバーは当初、岡野孝信、岡部義秀、東洋志の3人であった。研究会では、本書の「報告」執筆者でもある清水豊、鈴木土身、濱田實、山本隆幸の各氏よりレクチャーを受けた。また、永井要（千葉県勤労者医療協会労働組合書記長）が一定の時期、プロジェクトの討議に参加した。さらに、木高博（医療介護情報分析センター代表）にはまとめ段階で資料の提供など協力いただき作業にも参加いただいた。

各執筆者とは原稿を介して数度の意見交換を行なった。また、国立田辺・白浜でのたたかいについて、松江仁（執筆者）、広木清（元全医労和歌山地区協議会書記、県医労協書記次長）、佐藤英昭（和歌山県医労連書記長）の各氏から、さらに東葛病院の再建闘争について東葛病院労働組合結成当初の6人の役員の方々から、貴重な聞き取りをさせていただいた。

なお、本書は当初、各「報告」執筆者、研究者や労働組合活動家を交えた「公開研究会」をもって検討を深めて発行する予定であった。しかし、今年3月に簡略な「中間報告」[12]をまとめたものの、プロジェクト内の作業の遅れなどから、広く検討しご意見をいただく場をつくることができなかった。その意味で、本書第5章は、当プロジェクトからの一つの「問題提起」である。

12）「中間報告」は、財団法人日本医療総合研究所所報『国民医療』2016年夏号、No. 331、61〜70頁に掲載。

この「問題提起」を運動の場で討議の素材として活用いただくことによって、医療労働運動や医療運動に少しなりとも貢献できれば、私どもにとって望外の喜びである。

 ご多忙ななかでプロジェクトと本書の発行にご協力いただいた執筆者の方々、また研究助成を賜った財団法人日本医療総合研究所、研究会会場の便宜を図ってくださった日本医労連と研究所事務局、出版事情の厳しいなか本書の刊行に向けていろいろとアドバイスをいただいた旬報社の木内洋育氏に心よりお礼を申し上げたい。

　2016年　秋
　　　　　　「医療を守る運動」研究プロジェクト代表　岡野孝信

目　次

巻頭言　3

はじめに──地域医療を守る運動と医療労働者　4

1　住民と医療労働者による"地域医療を守る協同"　4
2　医療労働運動の「基本方針」の確立　5
3　医療労働組合と地域　6
4　本書の構成　7
5　本書のねらい　12
6　経過　13

第1章　国立・公的医療機関の統廃合・移譲とのたたかい

第1節　国立病院の統廃合・移譲計画とのたたかい　28

はじめに　28
1　国民の願いに反する国立病院の統廃合・移譲計画　28
2　全医労が取り組んだ「国立病院存続・拡充」決議　30
3　住民批判を受け泉北病院の改善へ　31
4　「守る会全国連絡会」の結成　33
5　「特別措置法」成立するも計画に歯止め　34
6　権力を振りかざす厚生省の計画強行　35
7　「地域医療」と「生活と権利」を守る"2本柱"の運動　37
8　たたかいの経験と教訓に学んで　38

第2節　群馬県・長寿園存続運動と大戸診療所の活動　40

はじめに　40
1　大戸診療所のある東吾妻町・坂上地区　40
　（1）　急速に進む過疎と少子高齢化の地域　40
　（2）　地域住民の命の綱─国立療養所・長寿園　41

2 長寿園廃止反対闘争　42
   (1) 住民とともに7年の大闘争　42
   (2) 政府・厚生省の"廃止通告"　43
   (3) 新たな診療所づくりの運動へ　44
  3 新たな診療所づくりへの挑戦　45
   (1) 住民主体診療所をつくる背景　45
   (2) 先進的な地域医療運動に学んで　46
   (3) 地域住民の積極的な協力　46
   (4) 住民の手による診療所オープン　47
  4 大戸診療所の医療活動　48
   (1) 地域ぐるみの診療所　48
   (2) 無料の患者送迎　49
   (3) 医師確保の難しさ　49
  5 大戸診療所の役割と課題　50
   (1) 診療所は地域住民のよりどころ　50
   (2) 生き残り策として地域活性化へ挑戦　51
   (3) 30年のたたかいの歴史を継承して　52

第3節　和歌山県・国立田辺・白浜病院の統廃合反対闘争　59

 はじめに　59
 1 運動の背景　59
   (1) 「臨調・行革」路線による医療保険制度の改悪　59
   (2) 医療供給体制の再編「合理化」　60
   (3) 国立医療機関の統廃合移譲計画策定　60
 2 運動の概要　60
   (1) 第1期　第2臨調答申を受け「先行8ケース」に指定　61
   (2) 第2期　統廃合の指定から新統合病院開設まで　63
   (3) 新病院の充実を求める運動へ──統廃合強行後　67
 3 統廃合反対闘争を振り返って　69

第4節　福岡県での労災病院存続運動　71

 はじめに　71

1　労災病院統廃合の動きに抗して　73
　(1)　市民とともに統廃合計画を阻止　73
　(2)　厚生労働省の反撃　74
2　「筑豊労災病院を存続・充実し、地域医療を守る会」の運動　75
　(1)　地域医療を守る会の発足　75
　(2)　私立大学病院の誘致　76
　(3)　「公的医療機関としての存続」を求める運動　76
　(4)　市民の声を反映した市立病院づくり　77
　(5)　「市民会議」への参加、新たな段階へ　77
3　「大牟田労災病院廃止反対連絡会議」の発足と運動　78
　(1)　「連絡会議」結成　78
　(2)　再建への署名運動　79
　(3)　「確認書」の締結、厚労省は履行せず　80
　(4)　新たな「病院政策」をめざして　81
4　住民とともに地域医療を守る運動の継続を　82

第5節　社会保険病院・厚生年金病院等存続のたたかい　84

はじめに　84

1　売却・廃止攻撃の背景　84
　(1)　小泉内閣「構造改革」の社会保障の解体攻撃　84
　(2)　健康保険法に「社会保険病院の見直し」（廃止）を規定　85
2　基本方針「全国一本の経営、公的病院として存続」を確立　86
　(1)　自民党医系議員の攻撃と全社連の動揺　86
　(2)　たたかう基本方針の確立へ　87
3　社会保険都南総合病院におけるたたかい　88
　(1)　始まった廃止、売却攻撃　88
　(2)　東京北社会保険病院の存続　89
　(3)　たたかいから得た教訓　89
　(4)　厚生年金病院、船員保険病院なども売却対象に　90
4　年金・健康保険福祉施設整理機構（RFO）発足　91
　(1)　法案阻止へ僅差まで追い込む　91
　(2)　存続へ高まる世論　92

(3)　社会保険浜松病院の売却　92
　(4)　「住民の会」と「全国連絡会」の結成　93
　(5)　譲渡基準の通知　94
　(6)　病院問題が総選挙の焦点に　94
5　「独法・地域医療機能推進機構法案」の成立をめざして　95
　(1)　法案の提出と廃案　95
　(2)　参議院選挙で民主党敗北　96
　(3)　3・11東日本大震災への支援　96
　(4)　RFO法の一部改正の成立　97
　(5)　目的の達成とその後のたたかいへ　98
6　新機構移行期における売却反対のたたかい　98
　(1)　売却をめぐり"綱引き"　98
　(2)　解雇撤回闘争の回避、移行希望者全員を雇用　99
7　たたかいの評価と教訓　100
追記──2016年4月JCHOうつのみや病院の売却を阻止へ　102

第2章　自治体病院の統廃合・移譲反対運動

第1節　岩手県立病院の市町村移管とのたたかい　104

はじめに─県立病院の歴史と労働組合　104
1　国の「臨調行革」と県版「臨調行革」　105
2　県医労のたたかい　106
　(1)　前史─2つのたたかい　106
　(2)　岩手県版「行革」とのたたかい　106
　(3)　県民医療アンケートの取り組み　108
3　県医労の運動から住民との関係を考える　110
　(1)　県立病院の歴史─「おらが病院」　110
　(2)　「住民が主人公」という先進的な考え　110
　(3)　住民と医療労働者の対話　112
　(4)　地域医療の守り手としての労働組合─主体的に考え行動する力　112
終わりに　112

第2節　岩手県立病院縮小再編反対の運動と労働組合　114

はじめに　114
1　「けんびょうにいく」から縮小再編へ　114
2　「改革プラン」「新しい経営計画」に県民が猛反発　118
　（1）　「改革プラン」に反対し、地域で署名運動　118
　（2）　「新しい経営計画」反対の県議会請願を採択　120
　（3）　市民参加から見た問題点　122
3　運動の教訓など　123

第3節　青森県西北五地域医療を守る住民の会の取り組み　125

はじめに　125
1　西北五圏域の特徴と自治体病院の現状　125
2　再編成計画の内容と問題点　126
3　地道な地域懇談会から飛躍的な運動の発展へ　128
　（1）　「西北五地域医療を守る共闘会議」の結成と「地域医療懇談会」　128
　（2）　「西北五地域医療を守る住民の会」の結成、「草の根懇談会」へ　129
　（3）　住民との対話活動をもとに医師確保の運動へ　130
　（4）　1万人を超える署名が行政や議会を動かす　132
4　運動の柱は「住民の目線で、住民とともに」　134

第4節　地域医療と北九州市立病院の充実を求める運動　137

はじめに　137
　（1）　北九州市誕生と市立病院　137
　（2）　北九州市立病院の民間委託・譲渡提案　137
1　運動の経過　138
　（1）　住民の声なき委託・譲渡の推進　138
　（2）　市民会議・区民会議の結成　138
　（3）　地域住民との対話、自治会への共同のよびかけ　139
　（4）　市民会議による北九州地域医療実態調査　141
2　実態調査等で明らかになった北九州市の「3つのズレ」　142
3　地域住民が求める自治体病院をめざして　143

(1) 運動の中での組合員の気づき　143
　　(2) 地域医療と自治体病院の役割　144
第5節　広島・こども病院建設を求める運動の取り組み　146
　1　広島市民病院と労働組合　146
　2　1993年当時の広島市の小児医療の現状　147
　　(1) 未熟児の状況　147
　　(2) 広島市市民病院職員労働組合の取り組み　148
　3　「いのちを守る会」の結成と運動　149
　　(1) 「いのちを守る会」の結成　149
　　(2) 署名運動　149
　　(3) 「広島にこども専門病院建設を！」の声が県民の世論に　150
　　(4) 運動の成果　151
　4　この運動に参加して　152

第3章　厚生連病院の存続と地域医療を守る運動

第1節　秋田県・鹿角、湖東両地域における取り組み　156

　はじめに　156
　1　精神科の常勤医師を求める鹿角の住民運動　158
　　(1) 鹿角地域の概要と運動の発端　158
　　(2) 「精神科の常勤医師ゼロ」が意味するもの　159
　　(3) 「鹿角の医療と福祉を考える市民町民の会」の活動　162
　　(4) 地域づくり運動への発展　165
　2　圧倒的多数の住民による運動が病院を再生した湖東地域　167
　　(1) 湖東病院は住民が出資してつくった「おらほの協同病院」　167
　　(2) 4町村をまたぐ住民総ぐるみの運動　168
　　(3) 「湖東病院を守る住民の会」の解散　175
　3　暮らし続けることができる秋田にするために　178
　　(1) 労働組合が地域に出て住民とともに運動することとは　178
　　(2) 住民とともに運動して学んだもの　179

（3）　新たな地域社会づくりへの参加　180

第2節　長野県・佐久、川西地域における地域医療懇談会の取り組み　181

　はじめに　181
　1　佐久病院医療センターをめぐる動きと労働組合の動向　181
　　（1）　佐久医療圏の医療機関と動向　181
　　（2）　地域医療をめぐる情勢の変化のなかで労組が懇談会　183
　2　川西地域「医療懇談会」から"いどばた会議"へ　184
　　（1）　第1回川西地域医療懇談会　184
　　（2）　第2回懇談会　185
　　（3）　第3回懇談会　186
　　（4）　第4回懇談会　187
　　（5）　第5回川西健康"いどばた"会議　188
　3　地域医療懇談会のもつ意味　189

第3節　茨城県・高萩協同病院の存続運動とその意義
　　　　――41ヵ所の地域医療懇談会で1600人以上の住民と対話　192

　はじめに――運動の背景と概観　192
　1　基幹企業である日本加工製紙の倒産　193
　2　住民の会の結成と労働組合　193
　3　第一次地域医療懇談会と職員委員会の活動　194
　　（1）　住民自治の原点としての対話　194
　　（2）　対話による地域エゴの克服　197
　　（3）　4団体の統一の力　197
　4　第二次地域医療懇談会への発展　198
　　（1）　住民組織との交流による職員たちの成長　198
　　（2）　住民の意識を変えた現場からの語りかけ　199
　　（3）　現場が語る病院ビジョン　200
　5　800人参加の市民大集会の成功　201
　まとめ　203

第4節　栃木県3病院の「統合・再編」問題
　　　　　—「機能分化」による病院・病床削減と地域からの対案　205

はじめに　205
1　前史としての塩谷総合病院の譲渡　207
　（1）　人件費削減に頼った安易な経営手法の破綻　207
　（2）　「地域医療を考える会」を発足へ　207
　（3）　県が国際医療福祉大を斡旋　208
2　3病院統合の背景　209
　（1）　2011年2月統合の発表　209
　（2）　住民運動の発端　210
　（3）　毎月1回の世話人会　211
3　住民アンケートに基づく「提言」の発表　212
　（1）　医療崩壊の現状と機能低下の分析　212
　（2）　3病院を拡充していく真剣な議論も反故に　213
　（3）　統合案は縮小方向を発表　213
　（4）　脆弱な二次救急体制　214
　（5）　考える会の10の提言の内容　214
4　運動を通して獲得した成果　217
　（1）　4つの成果　217
　（2）　栃木市議会に「考える会」の活動を認知させる　217
まとめ　217

第5節　医療社会化運動と協同組合医療
　　　　　—農山村地域と厚生連病院　220

はじめに　220
1　公的医療機関としての厚生連　221
　（1）　敗戦直後の病院構想は公的医療機関が中心　221
　（2）　公的医療機関の9原則　221
　（3）　病院整備政策の反転—私的医療機関を中心に　223
2　厚生連の歴史—「医療の社会化運動」　223

(1) 第1期（1906〜1917年）—前史　224
   (2) 第2期（1918〜1930年）—米騒動と健康保険法　225
   (3) 第3期（1931〜1937年）—産業組合による医療利用組合の興隆　227
   (4) 第4期（1938〜1945年）—戦時体制下の医療機関統制　233
   (5) 戦後初期（1946〜1951年）
       —農業協働組合として再出発、公的医療機関の指定　234
 まとめに代えて　236

第4章　医療機関の倒産と労働組合

第1節　山梨勤医協の再建と生活・医療を守るたたかい　242

 はじめに　242
 1　山梨の労働運動と勤医労　242
 2　たたかいの概要　243
 3　倒産から再建へのたたかい　246
   (1) 倒産の衝撃とたたかいの始まり　246
   (2) 中央対策本部を設置　248
   (3) 住民と一体となった運動の構築　249
   (4) 無担保債権者との同意運動　250
   (5) 15年間の債務返済計画と労使関係　251
   (6) 再建への勤医労の「提言」　252
 4　おわりに—"民主主義"はたたかい、創り上げるもの　253

第2節　千葉県・東葛病院倒産・再建運動と労働組合　254

 はじめに　254
 1　背景　255
   (1) 背景　255
   (2) 病院建設運動と「北医療グループ」　256
 2　東葛病院の開院と労働組合の結成　258
   (1) 結成準備会から労働組合の結成へ　258
   (2) 経営側の不誠実団交と病院の経営危機　259

(3)　「経済闘争至上主義」の誹謗中傷　260
　3　倒産と労働組合　261
　(1)　倒産と「債権譲渡」　261
　(2)　理事会とともに再建運動へ　263
　(3)　自主的賃金カットから人員整理へ　264
　4　「東葛病院の医療を守る会」結成と運動の発展　265
　(1)　金融機関等大口債権者への要請行動　266
　(2)　東葛病院の医療を守る会の結成と広がる運動　266
　(3)　民医連の全国的な支援　268
　5　東葛病院倒産・再建運動を振り返って　270
　(1)　労働組合の存在感　270
　(2)　奇跡的な再建から新築移転へ　272

第3節　北海道・根室たんぽぽ企業組合の生成と発展
　　　　──病院閉鎖反対闘争から介護事業へ　280

　1　運動の背景　280
　(1)　地域の特徴　280
　(2)　根室隣保院附属病院労働組合の結成　280
　(3)　突然の廃院通告　281
　2　病院の閉院に対する地域住民と労働組合員の運動　282
　(1)　北海道医労連と地域の活動　282
　(2)　廃院後の労働組合の活動　282
　(3)　"オール根室"のたたかい　283
　3　地域を守る新たな活動の創造　284
　(1)　在宅介護の必要性　284
　(2)　根室たんぽぽ企業組合の創設　284
　(3)　地域に根ざした介護事業をめざして　285
　4　根室市内全体の介護の向上にむけて　288

第 5 章　地域医療を守る運動の特徴と教訓、課題

1　地域医療を守る運動の背景──医療政策を中心に──　292
　（1）戦後医療制度が発展から抑制に大きく舵を切られた 1980 年代　292
　（2）「行政改革」から「規制緩和」・「構造改革」へ──1990 年代以降　294
2　特徴・教訓　297
　（1）たたかいの性格と医療労働運動史上の位置　297
　（2）地域を基盤に世論を結集してたたかったこと　298
　（3）地域の声と地域の実態から照らし出す　298
　（4）「住民とともに」の視点と運動領域の拡大　299
　（5）対話と交流を積み重ねる　300
　（6）医療労働者と住民の意識の成長　302
　（7）地方議会との共同　303
　（8）地域医療実態調査の実施　303
　（9）政策論争の重要性　304
　（10）医療労働運動の全国および地方のセンターの必要性　305
　（11）「住民の会」が運動の"核"となり労働組合が事務局を担ったこと　305
3　課題　307
　（1）医療労働運動の機軸（基本方針）を貫くこと　307
　（2）活動領域としての「地域」の位置づけをより明確にすること　307
　（3）医療関係団体や地域の労働組合との協同の追求　308
　（4）地域医療を守る運動と住民組織・運動の恒常化　308
　（5）署名・議会請願運動等の見直しと強化　309
　（6）調査・政策活動の強化　309
　（7）病院のあり方について、労働組合の「基本政策」をつくる　309
　（8）医療労働者の社会的役割の自覚と医療研運動の強化　310
　（9）新たな地域づくりへの参加　311
　（10）労働運動、医療運動を基礎に医療を守る国民的な社会運動へ　311

用語と略称

1 用 語
(1) 本書での病院の分類は、国立病院・療養所については、「国立」と表記し、都道府県立、市町村立（国保立）、赤十字、済生会、厚生連、社会保険関係病、北海道社会事業などは「公的」とした。なお、自治体病院は一般的に「公立病院」と呼称されるが、本書では公的病院に含めた。医療法上の分類や、厚生労働省の緒調査における分類、さらには医療現場などでの呼称に差異があるため、本書では大きく「国立」と「公的」に分類した。しかし、執筆者によって、「病院」を「医療機関」と表記するなど、若干の違いはあるのはそのままとした。
(2) 「国立病院統廃合」とあるのは、正式には「国立病院・療養所統廃合・移譲」のことである。
(3) 「大衆団交」とは、労使の団体交渉で、労働側が三役（委員長、副委員長、書記長）や、執行部だけではなく、一般組合員が多数（例えば、50人、100人、200人）参加して行なう団体交渉のことである。
(4) 産業別労働組合とは、一般的に個人加盟の組織を指すために、本書では基本的に産業別組織、または「産業別労働組合（単産）」と記した。「単産」とは、一般的に企業別組合を単位組合とする産業別連合組織のことで、日本医労連なども「単産」と呼ばれることが多い。また、執筆者によっては、産業別労働組合のことを略称して「産別」と記しているものもある。

2 略 称

日本医労協　（日本医療労働組合協議会）
日本医労連　（日本医療労働組合連合会。1987年、ゆるやかな組織形態の協議体から組織的に強化された連合体へ移行した）
県医労協　　（県医療労働組合協議会、都道府県の医療産業別組織）
県医労連　　（県医療労働組合連合会。協議体が発展し、組織のつながりがより強化された組織形態）
全医労　　　（全日本国立医療労働組合、単一組織）
全厚労　　　（全国厚生連労働組合連合会、連合体組織）
全日赤　　　（全日本赤十字労働組合連合会、連合体組織）
健保労組　　（健康保険病院労働組合、現・全日本地域医療機能推進機構病院労働組合、単一組織）
全労災　　　（全国労災病院労働組合、単一組織）
自治労連　　（日本自治体労働組合総連合、単産）
全労連　　　（全国労働組合総連合、労働組合のナショナルセンター）
連　合　　　（日本労働組合総連合会、労働組合のナショナルセンター）

第1章

国立・公的医療機関の統廃合・移譲とのたたかい

第1節　国立病院の統廃合・移譲計画とのたたかい

瀬谷哲也

元全日本国立医療労働組合副委員長

はじめに

　厚生省は1985年3月、「国立病院・療養所の再編成・合理化の基本指針」（以下「基本指針」）をまとめ、翌86年1月にこの「基本指針」にもとづいて「全体計画」を発表した。10年を目途に、当時の13のハンセン病療養所を除いた239の国立病院・療養所のうち統廃合で40施設、他の経営体への移譲によって34施設の計74施設を切り捨てるという大規模な縮小・再編成攻撃であった。この国立病院・療養所の約3分の1を切り捨てる統廃合・移譲攻撃に対して取り組まれた、国立病院の存続・拡充と地域医療を守るたたかいの経過と結果について述べたい。

1　国民の願いに反する国立病院の統廃合・移譲計画

　政府・厚生省による国立病院の縮小・再編成攻撃は、1986年1月の「全体計画」に始まったのではない。
　戦後、当時の陸・海軍病院と傷痍軍人療養所が1945年12月に厚生省に移管され国立病院・療養所となった。その後、47年4月に日本医療団の療養所が厚生省に移管された。国民に解放されたのだが、厚生省は経営の「合理化」と診療収入の増加を押しつける独立採算の方向を打ち出し、49年に国立病院特別会計法を成立させた。この特別会計制度の導入は、国立病院における「合理化」の開始とともに大規模な縮小・再編成に導くものであった。採算の取れない、取りにくい国立病院は廃止し、地方自治体に移譲しようとする攻撃につながった。
　1952年、国立病院99施設のうち60施設を地方自治体に移譲する計画が打ち出されるとともに、「国立病院特別会計所属の資産の譲渡等に関する特別措

置法」が国会で可決された。全日本国立医療労働組合（以下、全医労）はじめ病院長、地方自治体などの激しい反対運動によって、厚生省の計画は10病院を自治体に移譲させるにとどまり、54年に終息せざるをえないところまで追い込まれた。これらの国立病院への大規模な縮小・再編成攻撃に続いて、1986年1月に前年の「基本指針」にもとづく「全体計画」が発表された。

　政府・厚生省は、増加し続ける社会保障費を切り捨て、医療費にかかる国庫負担を限りなくゼロに近づけていくために、保険制度の改悪で国民・患者の受診抑制をねらい、まず1983年に老人保健法を施行、84年に本人2割（当面1割）負担とした健康保険法等改悪を強行してきた。さらに、日本の総ベッド170万床を100万床に削減する医療提供体制の縮小をねらってきた。受診抑制と提供体制の縮小で、国民・患者から病院を遠ざけようした。その突破口と位置づけられたのが、国立病院であった。なぜ、国立病院が突破口と位置づけられたのか。

　第1は、「国立病院不要論」である。国立病院の全国の病院数に占める割合は1951年の7.1％から1984年にはわずか2.7％に減少していた。また、全国の病床数に占める割合は同じく30.3％から6.2％に激減している。厚生省は「基本指針」のなかで「我が国の医療施設は量的にほぼ達成されつつある」「全国の病院の中で占めている国立病院・療養所の割合を時系列的にみれば、他の公・私立の医療機関の整備・充実などにより、施設数、病床数とも減少している」と述べている。あたかも国立病院の存続意義は終息したものと言わんばかりである。つまり、「国立病院不要論」が厚生省にあったということである。しかし、国民・患者は国立病院が不要だとは思っていない。もっと身近な病院として機能強化してほしいと願っていた。国立病院の存続運動のなかで、国民・患者の願いが明らかになった。

　第2は、地域医療は他の医療機関に委ねるということである。廃止・切り捨ての対象に挙げられた病院は、離島、へき地・過疎地に所在する病院が多い。これらの病院は、いずれも地域住民の日常の暮らしに欠かせない健康といのちの拠りどころとなっている。しかし、今後の国立病院の役割に地域医療を担うことはふさわしくないという考えがあり、さらに厳しい財政事情もあり切り捨てるというのである。国立病院は、「特殊・専門医療」「高度・先

駆的医療」に特化するとして、地域医療を担う国立病院を廃止・切り捨てようとしたのである。

　第3は、国立病院は今後、「特殊・専門医療」「高度・先駆的医療」を担うということである。「保険衛生基礎調査における"医療に対する要望"によれば"難しい病気を安心してみてもらえる専門の医療を"という要望が昭和48年には19.6％でしたが、昭和58年には32.4％と上昇しており、より高い医療を求める声が強くなってきているといえます」（厚生省）と、基礎調査の結果を国立病院が今後担うべきは「特殊・専門医療」「高度・先駆的医療」であるとの理由としていた。

　しかし、身近にある国立病院を「地域医療」と「特殊・専門医療」「高度・先駆的医療」の両方を担う総合的医療機能をもつ病院にしてほしいというのが国民の切実な願いであった。

　第4は、国立病院は国の所有するものであって、どう処分しようが国民には関係ないという姿勢にある。この厚生省の官僚的な姿勢は、国立病院の存続を求める運動のなかでますます明らかになっていく。

　1981年に第2臨調が発足し、翌82年に中曽根内閣が誕生する。83年に臨調「最終答申」が発表され、そのなかに国立医療機関の廃止・縮小が盛り込まれた。そして、「行革大綱」が閣議決定される。国立病院の廃止・切り捨て阻止、存続・拡充のたたかいは、臨調「行革」との真正面のたたかいでもあった。

2　全医労が取り組んだ「国立病院存続・拡充」決議

　1981年、第2臨調が発足し、国立病院の公社化・公団化が検討された。危機感をもった国立病院・療養所で働く職員で構成する全医労は、翌82年の中央委員会で地方自治体における「国立病院存続・拡充」決議、国立病院の存続・拡充署名を全組織で取り組む（「グリーン行動」と銘打つ）ことを決定した。83年には全医労235支部で国立病院の統廃合・移譲問題についての交渉議題で施設・支部の団体交渉を実施し、「国立医療機関の統廃合、移譲の計画には反対である。したがって、国立〇〇病院の縮小、廃止を招くような統廃

合、移譲等の『整理』には絶対反対である」の「確認書」を 235 支部で病院長と交わした。しかし、「確認書」は 92 年の厚生省が発出した「業務改善命令」よる全医労の弱体化攻撃とあわせて一方的に破棄された（詳しくは後述）。

1986 年に「全体計画」が発表され、統廃合・移譲の対象施設が明らかになるやいなや組合員の団結を固めた全医労は、外（地域）に打って出た。

全医労は、地域住民や患者の願いに反する矛盾に満ちた国立病院の統廃合・移譲計画の内容を明らかにしながら、他の労働組合との共闘組織（国公労連・日本医労連・全医労で構成する「国立病院・療養所統廃合・移譲阻止共闘会議」（以下、中央三者共闘））や地域住民と手を組んだ地元の国立病院を存続・拡充させる「国立○○病院を守る会」および「国立病院・療養所を守り良くする全国連絡会議」（以下、守る会全国連絡会議）、学者・研究者、知識人などで構成する支援組織「国民の医療と国立病院・療養所を守る中央連絡会議」（以下、国立中連）などを結成して、国立病院の存続・拡充運動を発展させていった。

しかし、存続・拡充運動が順風満帆に発展していったのではない。全医労組合員が国立病院の地元の家を一軒一軒訪問し、国立病院の存続署名の協力をお願いしたが、最初のころの地域住民の対応は冷ややかだった。「国立病院は『親方日の丸』だからな」「自分たちの身分を守るために来たのか」など皮肉を込めた言い方をされた組合員は多い。もちろんすべての国立病院職員が、「親方日の丸」の感覚で日々の医療に携わっていたのではない。自分の保身のために「署名」を集めようとしたのではない。しかし、全医労は、地域住民の中にそのような思いがある事実を真摯に受けとめ、苦情・批判や要望などを聞くことを徹底して、労働組合として応えられることに対しての努力を約束し存続運動を広げていった。

3　住民批判を受け泉北病院の改善へ

大阪府堺市の東南に位置する泉北ニュータウンの中央にある国立泉北病院は、地域医療の中核的役割を果たすことが期待されていたが、病院に対する住民の批判があまりにも多く、地元自治会は 1976 年に『泉北病院黒書』を発

行した。「子どもが夕方高熱を出したが、予約していないので2、3日後に来てくれと言われた」「日曜日に急性盲腸炎になり、泉北病院では診てもらえないと思い、実家近くの救急病院までいった。近くに大きな病院がありながら、利用できないのは残念です」など、アンケート結果をもとにつくられた。『黒書』のあとがきに、「この"さけび"にあるとおり泉北ニュータウンの医療体制は極めて貧困です。とくに夜間・救急・休日になると『無医村』と形容していいでしょう。これは、住民の生命と健康を守るべき国・自治体が責任を放棄していると言えます。私たちは、当面この泉北病院の改善を要求し、国立総合病院として充分な役割を果たすべく運動を展開していきます」と記されている。そして、医師や看護師等スタッフの配置人員の確保や患者サービスの向上などを求め、厚生省への要請等が取り組まれてきた。

しかし、厚生省は住民の願いを踏みにじる国立病院・療養所の統廃合・移譲の「全体計画」を発表し、その中で泉北病院を移譲対象施設として名指しした。

市民団体が労働組合を含めた共闘組織をつくろうと呼びかけ、「国立泉北病院を守りよくする会」を結成し、さっそく地域宣伝行動を実施した。事務局になった全医労泉北支部の組合員も、初めて地域に出た。しかし、返ってくる返事は批判ばかり。「予約制で診てもらえない」「夜間病気になっても診てもらえない。国がやっているのにおかしい」「サービス悪いし、近大(近畿大学)病院になったほうがいい」。

宣伝行動、署名活動、厚生省交渉など運動は進んできているが、なかなか地域の中から湧き出るような運動にはなってこない。組合員から「市民が医療を考える場をつくってはどうか」との意見も出され、市民レベルのシンポジウムの開催とあわせて、地元自治会の盆踊り大会や運動会に救護班として看護師たちが参加するようになり、住民との対話が始まった。全医労の組合員は、住民との対話の中で受けた「親方日の丸」的体質の批判に反発もあったが、地域住民に依拠しながら運動をすすめなければ病院存続の展望は開けないと批判に真摯に向き合い、国立病院の地域における役割や身近で頼りになる国立病院になるにはどうしたらよいのかなど、組合で話し合い何度も地域に足を運んだ。

また、「健康まつり」を準備するなかで、地元自治会もしだいに泉北病院に対する組合員の思いを理解してくれようになり、一緒に存続運動をするようになった。「健康まつり」は、国立泉北病院を守り拡充させ、地域医療をよくする運動を多くの住民に理解してもらい、交流を深めようという趣旨で

泉北・第一回健康まつり

計画され、健康診断や医療・生活相談コーナーなどのほかに「国立医療を守る運動」「医療はどうなる」などのパネルも展示され、回を重ねるごとに参加者が増え1万人規模で開催されるようになった。1万人動員の背景には、地元自治会が自治会員の家族ぐるみの参加を呼びかけた（泉北ニュータウンの住民人口は15万人）ことや「健康まつり」のうわさが広がると、ステージでパフォーマンスを披露したいという団体からの申し出や模擬店の出店などさまざまな市民団体からの参加申し込みが回を追うごとに膨れ上がり、年中行事として地域に根づいていったことなどがあった。

4　「守る会全国連絡会」の結成

　「国立泉北病院を守りよくする会」のような国立病院を「守る会」は全国117ヵ所で結成され、それらを束ねる全国組織として1992年5月に「守る会全国連絡会」が結成され地域住民とともに運動する組織が全国1つになって大きな力を発揮することになった。各地の「守る会」運動の教訓を学び交流し、全国統一の署名を取り組んで国会議員要請の中央行動を展開し、代表団による厚生省交渉を実施した。その事務局しての役割を発揮したのが「中央三者共闘」である。厚生省を中心とした政府の動向や各地の統廃合・移譲の進捗状況などの情報提供、存続運動の方針案の提起、署名活動の推進などを担って、「守る会」運動を支えた。117の「守る会」の結成には中央三者共闘の構成メンバーである国公労連・日本医労連・全医労の果たした役割が大き

い。全医労支部の役員を中心に、国立病院の退職者の協力を得ながら地元の町内会長、自治会長、老人会長など有力者に「守る会」結成の呼びかけ人や「守る会」世話人になってもらうことを頼んだが即OKとはならない。何度も足を運んで了解してもらい「守る会」結成に至った。「守る会」の運営を担ったのが全医労支部であり、支えたのが国公労連および日本医労連の地方組織である県国公、県医労連である。117の「守る会」のなかには、統廃合・移譲の対象施設でないものや、県レベルでの「守る会」もあった。

　運動の政策的バックボーンの役割を果たしたのが、「国立中連」である。統廃合・移譲対象施設の地域に出向き、現地「守る会」とともに「地域医療実態調査」を実施した。調査対象は、地元自治体や医療機関、老人会などの住民団体など広範な団体・個人に及んだ。聞き取り調査と地域医療に関する資料分析などを行ない、地域医療のあるべき方向性とそのなかで果たすべき国立病院の役割を明らかにした。調査終了後、地元で記者会見を行ない、調査報告を発表し、パンフレットやチラシにして地域宣伝行動や地域住民との懇談に活用した。また、講演会やシンポジウムを開催し、国立病院存続の地域世論構築に貢献した。

　1982年の秋から始まった「グリーン行動」における地方議会で取り組んだ「国立病院の存続・拡充」決議は、3323自治体中3004議会とじつに90.4%の決議を勝ちとった。全国すべての地方自治体決議を勝ちとる壮大な取り組みは、全医労の総力を注ぎ込んだたたかいであった。そして、この決議はその後の統廃合・移譲反対闘争の土台を固めることとなった。

5　「特別措置法」成立するも計画に歯止め

　厚生省は1986年3月、国立病院の統廃合・移譲を推進するための条件整備をはかる「国立病院等の再編成に伴う特別措置に関する法律」(以下、特別措置法)を国会に提出した。移譲先を地方自治体とそれ以外に分け、地方自治体が国立病院職員の2分の1以上を引き継ぐなら国立病院の資産を無償で引き渡す、地方自治体以外なら9割引きで引き渡すなどという内容で、あわせて移譲後5年間にわたって、移譲先の医療機関が赤字を出した場合その2分

の1を補助するという、"バナナの叩き売り"とも言えるきわめて乱暴な法律である。

全医労は、「特別措置法」反対署名を取り組み、1987年9月法案成立まで1年半にわたって450万を集約した。党派を越えて住民・患者の支持をうけ、国会での成立強行時には自民党を除く当時の全野党が「特別措置法」に反対するという貴重な成果を勝ちとった。また、法案が成立したとはいえ、国会論戦のなかで、当時の斎藤十郎厚生大臣から「地元のみなさまの大方のコンセンサスを得られるまで見切り発車するようなものではありません」という「地元合意」の答弁を引き出し、統廃合・移譲強行を安易には許さない大きな歯止めとなった。

「特別措置法」反対署名450万を集約し大きな力に

おおむね「10年計画」で進めようとした計画だったが、地域住民を主体とした「守る会」や自治体首長や地方議会の「国立病院存続・拡充」決議など国立病院存続・拡充の世論のまえに、計画は遅々として進まなかった。10年後の1995年は、統廃合で11施設、移譲で2施設の計13施設の廃止に止まっていた。達成率は17.6％で、国の政策としては破綻し、計画の撤回が当然であった。

6　権力を振りかざす厚生省の計画強行

しかし、厚生省は、なぜ住民や自治体が地域ぐるみで反対するのかについて再考することもなく、さらに強引な態度に出てきた。

「地元合意」の範疇を地元自治体首長と同議会および地元医師会と勝手に歪曲し、たとえば、自治体首長・議会については首長の国立病院存続の表明や地方議会の存続決議があろうが、厚生省の意向には逆らわせない対応、つまり権力をふりかざした圧力・恫喝で「存続決議」を覆し、「地元合意」を取りつけた。

その手法の1つは、全医労が命名した厚生省の「立ち枯れ」作戦である。厚生省は、統廃合の対象となった病院に対して建物を整備しない、新規医療機器を購入しない、医師等のスタッフの増員・退職後の補充をしないなど、医療機関としての機能低下を策す「立ち枯れ」を進めたのである。その病院の入院・通院する患者のいのちをもてあそぶような卑劣なやり方である。また、医療過疎で悩む自治体には、「移譲先が見つからないなら"さら地"にする」との脅しをかける。そして、地域医療のことを考慮するなら地元自治体で移譲を引き受けるようにと仕向けるのである。
　2つには、厚生省が、コンサルタント会社をたくみに活用して、地元自治体が移譲を受け入れた場合、「将来の地域医療は財政を含めて安泰ですよ」とのバラ色のプランを描かせ、懐柔するのである。
　3つには、1996年に移譲が受けやすくするための法的条件整備である特別措置法「改正」法の成立を強行したことである。地域住民・地元自治体が国の地域医療切り捨て政策に反対しているという問題の本質を省みず、1999年3月には統廃合による廃止7、移譲による廃止5の計12施設の廃止を追加する計画の見直しを行なった。
　4つには、全医労の弱体化を策すことであった。厚生省は、存続運動の中心にいる全医労を弱体化させることで、計画は一気に進むと考えた。1992年、厚生省は経営「合理化」「営利化」をすすめるため北海道管内の国立病院に「業務改善命令」を発出した。賃金職員（常勤職員と同様にフルタイムで働く非常勤職員）の大幅削減と賃金引き下げなどの処遇切り下げである。
　国家公務員の定数（正規職員定数）削減が求められるなかで、国立病院の各職場では、国民の医療ニーズの高まり、また医療・看護の高度化・複雑化が進行し、職員の増員が求められた。そのため、1966年に配置されたのが賃金職員である。賃金職員はその後増え続け、全医労の組合員となっていた。賃金職員は、国立病院を運営するためにはなくてはならない存在となり、全医労は賃金職員の定員化（正規職員化）と定員職員と同様な賃金・労働条件を求めてたたかい、改善させてきた。しかし、厚生省は医療・看護現場における必要人員確保という自らの責任を投げ捨て、「業務改善命令」を北海道管内に、翌93年、全国の国立病院に出した。賃金職員であった多くの組合員が

職場から排除され、病院から去っていった。

追い打ちをかけるように、労使関係の「健全化」を口実に、国家公務員の労働組合には労働協約（確認書等）の締結権はないとして、これまで全医労支部と病院長との間で交わしてきた「確認書」を一方的に破棄した。さらに、全医労との団体交渉を労働条件であろうとなかろうと、「管理運営事項」「権限外事項」を理由に不当に拒否・制限してきた。労働運動の基本である団体交渉で要求実現を勝ちとることが困難をきわめた。

こうした厚生省の権力むきだしの攻撃で、地元自治体首長や議会、医師会が「やむなし」と統廃合・移譲に賛成させられていったのである。

7　「地域医療」と「生活と権利」を守る"2本柱"の運動

こうした情勢のもとで、全医労は「中央三者共闘」や「守る会全国連絡会」、「国立中連」とともに、国立病院の存続・拡充を基本としながら、①地域医療を守る、②職員の生活と権利を守るという"2本柱"で運動をすすめた。

仮に国立病院が移譲された場合、移譲先の病院において国立病院の担ってきた地域医療の水準（たとえば、医師・看護師等職員の確保、診療科目、医療機器など）を堅持し、さらに地域の医療ニーズに応えて充実させていく取り組みをすすめた。地域の医療ニーズについては、「国立中連」が実施してきた地域医療実態調査が生かされた。また、地域医療水準の維持・向上および職員の生活と権利、賃金・労働条件を守るため、厚生省や地元自治体、移譲先の病院当局への要請、交渉を重ねてきた。さらに、労働組合の結成が必要だとして、移譲先の病院に移行（再就職）する組合員・職員を中心に県医労連加盟の労働組合を結成していった。

職員の雇用については、統廃合・移譲が強行された場合、厚生省が職員1人ひとりに意向調査を行なう。「転勤しますか」「退職しますか」「移譲先の病院を希望しますか」との3項目を基本にした調査が行なわれた。

全医労は、①転勤は、全国にある国立病院を希望することができ、宿舎も確保する等、②退職は、厚生省の都合によって今働いている職場を失うこと

になるので、退職金の割り増しを支給する、③移譲先の病院への移行（再就職）については、厚生省の責任において希望する職員の雇用の確保と賃金・労働条件の維持を要求して、ほとんど実施させた。

　1986を初年度としておおむね「10年計画」で進められた国立病院の統廃合・移譲計画であったが、結局、香川小児病院と善通寺病院の統廃合が2013年5月に終了し、計画は完了した。じつに28年の歳月を要した。

　「中央三者共闘」と地域の「守る会」を中心とした「地域医療を守れ」の運動は、国立病院の廃止後も国立の医療水準を守らせてきた。移譲先の分類は、自治体病院（一部組合立、管理委託含む）30、日赤病院など公的病院10、医師会5、公益法人16、大学病院5、その他（福祉の森など医労機関以外の施設等）21となった。

8　たたかいの経験と教訓に学んで

　全医労の歴史は、国立病院の縮小・再編攻撃とのたたかいの歴史でもある。戦後、278あった国立病院は、現在164病院（ハンセン病療養所13施設含む）に削減された。国立病院の国民医療に果たす役割が減ったわけではない。むしろ増していると思う。

　統廃合・移譲攻撃とのたたかいを通して、全医労組合員が成長したくましくなっていく姿に感動を覚え、このたたかいの経験と教訓がこれからの国立病院の存続・拡充につながっていくと確信した。

　組合員は、計画が発表された当初は、批判を恐れてなかなか地域に足を踏み出そうとしなかった。出れば、ほとんどが医師をはじめとした職員や国立病院そのものに対する批判であり、自分の身分を守るために我々（住民）を利用するのかと言われた。あきらめようとしたり、悔しくて眠れない日もあったと思う。しかし、批判と真正面から向き合い、自らを奮い立たせ何度も足を運び地域住民との絆を深めてきた。組合事務所では地域からの意見や批判をどうやって運動にいかしていくか夜更けまで話し合う姿を何度も見た。その経験が、組合員を強くし成長させていった。

　地域の人々には、最初は労働組合に対する抵抗があったと思うが、お互い

に壁を乗り越えてともに運動をすすめたことが、大きな力を発揮し、統廃合・移譲後の地域医療を守る原点となった。

　たたかいはこれで終わったわけではない。あらたに厚労省および国立病院機構（2004年に国立病院は独立行政法人機構に移行）は、2015年2月に静岡富士病院と静岡医療センターの統廃合計画（静岡富士病院の廃止）を発表し、続いて6月に八雲病院を廃止し北海道医療センターと函館病院に統合する計画を発表した。今回は「地元合意」などお構いなく、決定を一方的に地元自治体に通告した。非常に乱暴なやり方である。富士・富士宮市の両市議会は存続の意見書を採択した。たたかいはこれからである。これまでの統廃合・移譲攻撃へのたたかいの経験と教訓に学んで、国民のための安心・安全の医療・看護を提供するために、国民とともに国立病院の存続・拡充をめざしていく。

第2節　群馬県・長寿園存続運動と大戸診療所の活動

今野義雄
医療法人坂上健友会常務理事
元全医労群馬地区協議会書記次長

はじめに

　群馬県吾妻郡東吾妻町坂上地区には、過疎と高齢化の進行のなかでも安心して住み続けられる地域をめざしてつくられた医療法人坂上健友会・大戸(おおど)診療所が運営されている。この診療所は、1984年8月から足かけ7年にわたり続けられた国立療養所長寿園の廃止反対運動を継承して、医療労働組合が住民とともにつくったものであり、創立から22年を経た今日、地域の医療・介護そして地域づくりの分野でも住民の拠りどころとしての活動を進めている。

　以下、国立療養所長寿園存続運動の経過と教訓、そして、地域住民と医療労働者・労働組合がどのようにして住民主体の診療所をつくりあげたか、そして、診療所の現状と課題について報告する。

1　大戸診療所のある東吾妻町・坂上地区

(1)　急速に進む過疎と少子高齢化の地域

　大戸診療所は、群馬県北西部の東吾妻町・坂上地区（面積110平方キロ）に位置し、八ッ場ダム建設地の一山越えたところにある。今は過疎と高齢化が進む地域だが、かつては中山道の裏街道（信州街道）として栄えた宿場の地であった。浪曲や講談で全国に知られた国定忠治が捕らえられ、はりつけとなった大戸関所があり、幕末の豪商加部安左右衛門や日本の近代化に尽くした幕臣小栗上野介など歴史上の人物とのかかわりも深い地域である。

　大戸の宿は、昭和の合併時には映画館やカフェなどもあり、近隣から人が集まる地域だった。しかし、高度成長政策による農林業破壊のなかで、こん

にゃくとみょうがが主な現金収入という地域となり、人口の流出が進んだ。1955年、昭和の大合併時（このときに坂上村など4町村が合併し吾妻町に）に7000人を超えていた人口は、今日では1200世帯、2780人余に減少している。

　また、高齢人口は43％になっており、しかも独り暮らし老人世帯170、老夫婦のみの世帯も180世帯と、3軒に1軒は高齢者のみの世帯となっている。子どもの数も減少し続け、5歳以下は20人足らず、2013年秋には地域唯一のガソリンスタンドも廃業、地域の商店も皆無に近い状況となり生活の不便は年々高くなっている。また、2015年4月には中学校が統合により廃止され、次は小学校も無くなるのではという不安や、後継者がいないことで限界集落はもとより消滅寸前という集落も増加している。

(2)　地域住民の命の綱——国立療養所・長寿園

　かつて、この地域には地域住民が命の綱として頼りにしていた病床数80の国立療養所長寿園があった。結核が亡国病として恐れられていた戦前の1939年（県立で発足・その後日本医療団を経て1947年国立療養所になる）、多くの自治体が結核病院建設に反対していた。しかし、無医地区であったこの地域の当時の先達が、「結核の病院であっても、医療機関なら他の病気も診てもらえる」と住民を説得し、多くの住民の協力で建設された長寿園だった。

　長寿園は時代とともに結核病院の役割を終え、地域の高齢化のなかで老人主体の病院として運営され、地域の人々は「人生の最後は長寿園で」と頼りにしていた。

　それが、国の第2臨調による行政改革の名のもとに、国立病院・療養所の統廃合計画が打ち出され、政府厚生省はその先駆けとして、1984年8月「建物が古い・交通の便が悪い・赤字運営だ」との理由で、長寿園を廃止し、40キロ離れた渋川の西群馬病院への統合を発表した。

　国が長寿園建設の経過を無視し、また、建物の改築もせずに放置しておいて一方的に廃止するとはとんでもない話で、建設時や戦後の食糧難のときに療養所を支えてきた地域住民の驚きと怒りは計り知れないものであった。

　この地域は、中曽根・小渕・福田と相次いで総理を輩出した地域（旧群馬

3区）である。ここで「命の綱・長寿園を守れ」、「建設経過を無視し、地域住民の医療を受ける権利を奪うな」と、全医労本部の指導援助のもと、当該の全医労長寿園支部、群馬地区協議会、患者（日本患者同盟）そして地域住民が中心となり、これを全国の労組や民主団体が支援し、大きく広がる長寿園の廃止反対運動となっていった。

長寿園廃止阻止住民総決起大会（1986年3月2日）

2　長寿園廃止反対闘争

（1）　住民とともに7年の大闘争

　この廃止反対運動は、それから足かけ7年にわたって、過疎と高齢化に悩む地域住民の生命と健康・生活を守るたたかいとして、そしてまた、国立医療の統廃合・移譲反対の運動として、全国の医療労働者と地域住民・患者との共同のたたかいとして果敢に続けられた。

　大型バス（バス会社の好意で格安で）を仕立て、厚生省への直接要請行動や国会議員要請行動がのべ29回も行なわれた。霞ヶ関の官庁街にムシロ旗を立ててのデモ行進をはじめ、地域で1000人規模の集会が数度にわたって開かれ、住民による厚生大臣との直接交渉なども行なわれた。

　当初はともに反対運動をしていた町や議会が、運動つぶしのために厚生省設置法にない特例の診療所を設置するという厚生省の方針を受け入れ、存続運動から離脱するという困難もあったが、住民は、入院もできない、いつまで続くかわからない診療所では受け入れられないと、医療労働組合との団結をいっそう強めがんばり続けた。

　何度も「もうダメかも」という局面に遭遇したが、困難なときには各地区ごとに住民懇談会を何度も開き、住民との話し合い、そして、住民の声や要

求を聞く活動を重ね、労働組合とともにがんばる決意を固め合あった。そのなかでは「仲間がいるからがんばれるんさね」「火事は最初の5分間、たたかいは最後の5分」など、地域の古老をはじめ多くの人々がわれわれを励ましてくれた。そして、住民との連帯は強さを増し困難な局面を乗り越え、これら地域住民の励ましや全国からの数次におよぶ支援オルグ活動に力を得て、「地域の医療を守るのはわれわれの使命だ」と、全医労長寿園支部も奮闘し続けた。

(2) 政府・厚生省の"廃止通告"

このように粘り強く決してあきらめない運動は3度にわたって廃止時期を延期させた。しかし、政府・厚生省は1990年3月をもって長寿園を廃止するという最後通告を行ない、患者移送は機動隊を導入しても行なうという態度で臨んできた。これまでは何とか廃止を阻止・延期させ続けてきた組合員・住民は、道路に寝そべってでも機動隊へ最後の抵抗をする気持ちとともに、患者を安心・安全に移送させるのも医療人の責務という気持ちや不安もつのった。

最終的には、移送を拒否し続けてきた患者の意志を最優先にしてのたたかいに期待を託した。そして同年3月31日の厚生省・全医労・日本患者同盟による徹夜のトップ交渉で安全で円滑な患者移送を行なうべく、さらに3ヵ月の延長を確認。同時に将来的に新たな医療施設をつくる際は厚生省としても協力する旨の確認を交わし運動の終結を迎えることになった。

この存続運動では、運動を広げるための住民懇談会や旺盛な宣伝活動が行なわれた。毎日の行動を翌朝の新聞に折り込んで住民に知らせるニュースの発行は86種・約120万枚、郡内全域の立て看板設置、地元紙での意見広告、存続を求める署名は3種・17万筆、住民集会、国会請願の取り組みなど、創意工夫を凝らし粘り強くたたかわれた。また、宣伝を兼ねての運動資金確保のためのテレホンカード作成、募金による意見広告の取り組みなど、考えられることは何でもやろうと取り組んだ。

なかでも大きな役割を果たしたのが「団結小屋」であった。地域のみなさんが労組事務所に来ることは立地条件などもあり難しいことから、気軽に地

域住民が寄り合える場所があればと土地が無償提供され、そして建物は住民手作りという存続運動事務所が長寿園入り口の国道沿いに設置された。地域のみなさんはこれを「団結小屋」と呼び、気楽に立ち寄って情報交換をしたり、対策を講じたり、また労働組合との共闘を進めるうえで決定的な役割を果たした。

(3) 新たな診療所づくりの運動へ

　結果的には、廃止阻止という目的は達せられなかったものの、この運動はその後の全国の国立医療を守る運動、地域医療を守る運動に大きな影響を与えた。この長寿園存続運動の最大の教訓は、生命と健康・医療を守るという私たち医療労働組合と患者さん、そして地域住民が一致する要求のもとに、思想信条を乗り越えて文字どおり一体となってたたかいを展開したことである。過疎と高齢化の進行のなかで、長寿園の果たす役割がきわめて大きく、「長寿園守れ」の要求で一致できたからこそのたたかいでもあった。

　そして、それは、住民が「皆さん（医療労働組合）との付き合いのなかで、政治や行政を見る目が養われました。また、皆さんの活動が住民の医療と健康を守るということを真面目に追求している姿に敬服しています」と語ったように、住民が、住民の要求を自らの要求として運動する医療労働者と労働組合に信頼と期待を寄せてくれたからこそできた共闘であった。

　また、当該の労働組合員は、たたかいのなかで学び成長し、自らの生活・職場を守るとともに、地域医療・国民医療を守ることを自らの使命としてたたかうまでに成長していったことも、この長寿園闘争を通した医療労働運動の大きな教訓であった（47ページ「資料」参照）。

　このたたかいは、長寿園の廃止によって終わらなかった。この7年に及ぶ存続運動を基礎に、医療労働組合と住民の共同の力で、自らの生命と健康・生活を守るために新たな医療施設をつくろうという運動に発展し、ついに住民主体の大戸診療所をつくりあげた。これは、全国各地の統廃合反対闘争にはみられない、長寿園存続運動の大きな特徴であった。

3　新たな診療所づくりへの挑戦

(1)　住民主体診療所をつくる背景

　なぜ、自分たちの手で自らの医療施設をつくろうとしたのか、それには、3つの背景と7年間にわたって住民と私たちが苦楽をともにしつつ、培ってきた"絆"があった。

　第1の背景は、地域の総人口（当時4200人）比で65歳以上の高齢人口がすでに25％と他地域より高く、医療・介護への要求が切実になっていたことである。加えて、国の医療費削減政策のもとで、お年寄りが病院から追い出される状況が強まっており、医療に対する不安と同時に医療・介護に対する要求がいっそう強まっていた。さらに、町の中心にある医療機関までの交通の便がきわめて悪く、バス代も高いうえに、このバス路線さえ廃止が検討される過疎と高齢化という地域状況にあった。

　第2は、この地域には長寿園廃止の代替として国立診療所が特例でつくられたが、その運営は週5日（午前10時～午後3時）だったものが週3日に減らされ、しかも医師は近くの国立病院からの日替わりで派遣され、地域の医療要求に応えられないこと。そしてまた、特例ということもあり将来の運営が疑問視されていたこと（大戸診療所ができた時点では週3日で午前10時～正午までの運営になっていたが2009年に廃止となる）。

　第3は、ここには長寿園存続運動の財産があり、しかも、長寿園の廃止にあたっては、厚生省と「新たな施設を作るときは厚生省としても最大限の協力をする」との確認を取りつけており、存続運動の中心になってがんばった住民と医療労働者には、この確認を絵に描いたモチにしてはいけないという思いや、存続運動であれだけがんばったのに何も残らなかった、残せなかったということにはしたくないとの強い思いがあった。

　このような中で、地域住民の健康・医療を守ることは、本来的には国・自治体の役割だが、国や自治体に期待しているだけでは高齢化のいっそうの進行と医療不安は解消できないと判断、長寿園存続運動で知り合った多くの団

体・専門家のアドバイスも受け、自分たちの手で自分たちの施設をつくろう、自分たちも汗を流そうと、新たな施設づくりへの気持ちが強まっていった。

そして、私たち医療関係者に診療所づくりへの決意を固めさせたのは「お前さん方は、長寿園が無くなっても転勤で他所へ行けるが、俺たちはこの地域から出ることはできないんだ」との住民の言葉であった。それは雪が降って数日経つのに、だれも訪れない足跡の無い一人暮らしの家、保険証を持っていても交通の便がなく簡単に受診できないお年寄りなど、長寿園存続運動で見てきた地域の姿であった。

さらに、新しい施設が実現したら、そこで働くと決意した組合員もいたこともあり、7年にわたっての住民と労働組合の苦楽をともにしてきた運動が深い信頼関係を築いていたからにほかならない。

(2) 先進的な地域医療運動に学んで

私たち労働組合にとって、この診療所づくりの運動は労働運動の延長であり長寿園存続運動の新たなたたかいの始まりだった。どんな医療施設をつくるかを住民とともに話し合い、ともに学んだ。地域に根ざした医療を進めている民医連や厚生連、岩手県沢内村などの経験を学ぶため住民とともに各地への現地視察も行なった。とくに長野県の佐久総合病院や小諸厚生病院からは多くのことを教わり、それらが大戸診療所の設立目標につながっていった。小諸厚生病院に行ったときに見た、正面玄関の「医療は住民のもの」とのスローガンに目を開かされ、これが大戸診療所の医療活動の基本になった。

(3) 地域住民の積極的な協力

しかし、診療所づくりの経験はもとより、資金も土地も医師のめどもないという、ないないづくしで本当に無鉄砲なスタートだった。

「金もないのに診療所ができるはずがない」「夢のようなことに踊らされていると身上をつぶすよ」などの陰口を浴びせられる一方、「無謀過ぎる」とか「建物はできても運営は困難だ」などの善意のアドバイスもあり、落胆することもあった。しかし、長寿園存続運動をたたかった全国各地の多くの仲間から続々と寄せられた建設資金や励ましの言葉に元気をもらいながら、地域住

民との対話と組織活動にまい進した。

　実際に設立資金を集めはじめると、地域からの期待と協力が次々に寄せられるようになり、100万円、200万円そして2000万円もの大金を出資してくれる人も現れ、25人で法人をつくる見通しも立った。

　長寿園存続運動、そして診療所づくりの運動にはたくさんの住民が関わったが、そのなかでも2人の方の印象が強く残っている。

　1人は故高太さんで「かどや」という酒等の小売業を営んでおり、腹の据わった頑固一徹の人である。自民党代議士後援会の郡連合副会長も務めていた。長寿園存続運動の中心の1人で、信頼していた自民党代議士に裏切られたと仲間とともに自民党を集団離党した。また、診療所建設の資金づくりでは自ら大金を拠出するとともに「友の会」の組織づくりにも中心になって取り組んだ。医師会への要請に行った際、「皆さんが診療所をつくるのは自由だが、つぶれたら皆さんの田畑は無くなりますよ」との医師会長発言に「それを覚悟でやっています」と平然と答えるほどの反骨と熱血の人だった。

　もう1人は故高橋定一さん。存続運動時は90歳、戦前、長寿園の建設に協力した方で、存続運動の集会などではつねに「たたかいは最後の5分」と励まし続けてくれた。診療所建設にあたっては、「50万円を用意したから取りに来い」と連絡をくれ、すぐに行かなかったら「50万円では不足か」と100万円を用意してくれるなど、診療所建設に大きな期待を寄せてくれた。

　このような住民や医療労働者が大勢いたからこそ、そしてまた、涙の出るような話が次々生まれるなかで、診療所建設運動は大きく加速していった。

(4)　住民の手による診療所オープン

　土地の確保、医師の確保、法人設立準備（当初は生協法人を検討）等々、何度も暗礁に乗り上げながらも、何としても診療所をつくるという決意で粘り強く取り組んだ。次々に現れる協力者の知恵と力が功を奏し、構想から4年目には、法人設立資金の約5000万円と坂上地域の一等地を確保できた。そして肝心の医師も結核予防会等の医師の協力が得られ、具体的に建設に取りかかるようになった。

　地元出身の設計事務所がボランティア価格で設計を受けてくれ、群馬のゼ

ネコンといわれる建設会社の社長も「儲けばかりが企業ではない。世のためになるなら採算抜きで建設をしてもよい」とわれわれの予算内（設計見積もりの6割程度、約7000万円）での建設を承諾してくれた。また、診療所の開設準備を進めるために、早期に職員を採

住民らによって設立された山間の大戸診療所

用する資金が必要になったときには、地元の蔵元にお願いして日本酒を安く仕入れ、全国に販売し職員の給与を確保した。こうして、1994年2月起工式が行なわれる状況になると、協力すべきかどうか迷っていた人々も、次々と「友の会」に入会し、協力の輪が広がっていった。

そして、同年9月ついに診療所が完成。同時に、困難をきわめた法人取得も長寿園廃止時に厚生省と確認した「新たな施設を作るときには最大限の協力をする」を手がかりに、県当局へ30回も足を運ぶうちに担当者も好意的に対応してくれるようになり、開業前の認可という前例のないかたちでの医療法人認可を取得することになった。

1994年10月3日、住民の手作りによる診療所がオープンした。テレビ、新聞などのマスメデアにも次々と取り上げられ、地域の大きな宣伝になった。

4 大戸診療所の医療活動

(1) 地域ぐるみの診療所

大戸診療所は人間ドックもできる設備を備えた診療所である。交通の便が悪い地域ゆえに、ちょっとした検査のために遠くまで行かなくてもいいように設置された。地域住民や患者さんの要望を積極的に取り上げ、取り組めるものは何でも挑戦してきた。近隣医療機関との連携はもちろんだが、在宅医療も保健予防活動にも積極的に取り組んできた結果、住民との結びつきも強まり、地域の特殊性もあって住民の約9割が利用する診療所となった。

「友の会」では保健講座や友の会旅行、そして健康まつりに花火大会などの取り組みも行っている。また、毎年「友の会」にも呼びかけて取り組んでいるインフルエンザ予防接種は、地域の高齢者の過半数を含めて約1200人が受けるという、群馬県内の診療所では飛び抜けた高接種率となっている。この取り組みの成果は、職員の年末賞与の大きな原資にもなっているため、職員も意識的に取り組んでいる。また、患者送迎車購入や新たな事業展開をするときには「友の会」が募金などの活動をして診療所を支えている。

(2) 無料の患者送迎

　高齢の患者さんは、足の確保なしには医療が受けられないという状況がある。保険証を持ちながらも交通の便がなく受診機会が得られない、近くに医療機関がないために受診できないというのでは、憲法に保障された健康で文化的な生活の保障・生存権が奪われているのと同じである。これを少しでも改善したいという思いを具体化したのが無料の患者送迎である。現在、診療所利用の70％程度の方が、玄関先まで出向く診療所の送迎車を利用している。当時、このような送迎をしている診療所はなく、医師会からの圧力も予想されたので、先に厚労省に確認をして「お金を取らなければ可」との了解を得た。そのうえで、開設当初から車での無料送迎を実施している。

　専任の運転スタッフとともに、事務や看護師なども必要に応じて送迎に出向く。経費もかさむが、これは地域全体を病室に見立て、車送迎は廊下の役割だとの考え方である。それは、患者確保という面でも効果を発揮した。もし、この送迎がなければ診療所の経営にも影響していたことだろう。

(3) 医師確保の難しさ

　大戸診療所は開設時から医師をどう確保するかという大きな課題を抱えている。常勤医師の不足を補うため、長野県厚生連・佐久総合病院からの医師派遣を含め、群馬民医連や国立病院の元院長など高齢だが実力も経験もある先生方の協力を得て運営している。

　このように多くの先生方の支援のもとでの運営であることから、一般内科、循環器・呼吸器・消化器・外科・整形外科・精神科など疾病別に患者さんの

予約が割り振られ、一週間を通せば大抵の疾病に対応できること、つまりは、毎日が専門外来であり毎日が総合診療科となっているのも大戸診療所の大きな特徴である。

　医師確保の困難さを工夫して運営をしているが、毎週月曜日の朝、午前4時半に渋川を出て東京の清瀬に先生を迎えに行き、8時半に診療所に着くことを開設から2年間行なうなど医師確保のための送迎は欠かすことはできない。

　また、法人理事長がすでに4人目となっている。交代時は、いずれも緊急時で法人の継続が危ぶまれる中での交代であった。しかし、その都度、理解ある先生方に救われ、法人と診療所の運営を継続してきた。

　これまでに、佐久総合病院からの派遣医師を含め、延べ41人の医師に協力をいただき、綱渡りの運営にもかかわらず1日たりとも医師がいなくて休診することがなかったことは、運がよかったというほかはない。大戸診療所の設立経過や運営も理解し協力いただいた先生方に深く感謝したい。

5　大戸診療所の役割と課題

(1)　診療所は地域住民のよりどころ

　開設から22年が経過した大戸診療所は地元の坂上地域のみならず近隣の患者を含めて、すでに6000人余に利用されており、坂上地区の住民の利用は90％を超えるまでになっている。しかし診療所を訪れる患者さんの70％以上が高齢者で、しかも、地域では、独り暮らしや高齢者のみの世帯が全体の3分の1にもなっている。

　「医療ばかりでなく介護もなければ生活できない」との地域の声を背景に、2000年4月の介護保険制度スタートにあわせて介護事業を展開してきた。地域住民が安心して住み続けられる、そんな地域づくりをめざすなら、地域での「介護」が欠かせないとの考えだった。そして、現在、大戸診療所を核に通所リハビリ（2015年3月休止）・訪問介護・居宅支援・通所介護施設を合わせ持つ施設となっている。とくに居宅支援ではケアマネジャーを4人配置

して地域の医療・介護要求に応えている。また、職員数も非常勤を含め 45 人程になっており、地域の雇用の場としても大きな役割を担っている。

　このように、大戸診療所は、医療と介護両面から地域を支える診療所になりつつある。大戸診療所に相談すれば、医療も介護も最低限の対応ができるということによって、高齢者からは子どもの世話にならずがんばれると喜ばれ、また子どもたちは、「親を住み慣れた地に安心して残しておける」という。「近くにこんないい診療所や介護施設をつくってもらって本当に幸せだ」「ここがあるから高齢で一人暮らしになっても住んでいられる」など、地域住民の信頼と期待の声は高く、診療所が地域住民のよりどころになっている。

　しかし、この地域においても、人口の減少と高齢化の進行は深刻で、診療所の経営を直撃している。冒頭にも記したように、1955 年の昭和の大合併時に 7000 人を超えていた人口は、今日では 2780 人余に、そして子どもの数も減少し続け、5 歳以下は 20 人足らずである。

　このような地域の人口減少は患者数減少に直結し、かつて 1 日平均 50～60 人の患者数は半数近くに減少している。介護事業の展開や保健予防活動を重視した取り組みは、診療所の減少する収入を補っているが、相次ぐ医療・介護制度の改悪、とくに介護報酬の引き下げは、経営をますます厳しくするとともに介護人材の確保も難しくし、どう経営を続けるか、いつまで続けられるか正念場になっている。

(2)　生き残り策として地域活性化へ挑戦

　人が住むかぎり医療・介護は欠かせないし、地域とともに診療所も生き残らなければならない。いま、私たちが、生き残りの方策として重視して取り組んでいるのが、地域活性化・地域づくりである。地域密着で地域とともに歩んできた診療所は地域と運命共同体であるとの観点から、3 年前に法人（法人社員 24 人）主体で地域の有志（郵便局長や元町職員等）とともに「地域づくり懇談会」を立ち上げた。町に対してガソリンスタンド設置や人が住み続けられる地域づくりに向けて要請を行なうとともに、人々を呼べる地域をめざして長寿地蔵（ポックリ地蔵・法人社員の住職の境内に設置）の建立なども具体化してきた。

すでに、長寿まつりを4回開催し、今回は400人余が集った。また、診療所のホームページを見たという埼玉の旅行者が長寿地蔵バスツアーを行なうなど、小さな動きだが目に見えるものになりつつある。八ツ場ダムの完成後には地域の交通事情が大きく変化するのを見越して、診療所から至近場所に日用品等の買い物のできる調剤薬局「坂上薬局」を誘致した。これは、地域おこしに共鳴した安中市の「つばさ薬局」の若社長が2015年6月に開設したもので、地域の商店が皆無になるなかで、買い物機能を持った薬局は重宝がられている。今後、①この調剤薬局の設置場所は、これからの交通の要衝になる所であり、ここに公衆トイレや直売所を設置し通行車両の立ち寄り場としていくこと、②廃校跡地に特別養護老人ホームをつくること、③介護保険から閉め出される要支援の高齢者を支えるボランティア組織づくりなど、具体化に向けて行政と協同できるよう取り組みを開始している。

　さらに、昨年発足した地域全体（行政区代表と有志による）での「地区活性化協議会」にも診療所から3人の委員を出すなど積極的に関わり、地域づくりの取り組みを開始している。

　私たちの「医療・介護活動を通じて安心して住める地域」をつくる活動が、今では、医療・介護活動はもとより、地域づくりそのもの、地域の活性化に挑戦する活動となってきている。これまでの「友の会」の諸活動は、地域の"まつり"として大きく発展してきた「健康まつり花火大会」なども含め、地域に夢と元気をもたらす取り組みとして、たびたび新聞や雑誌にも取り上げられてきた。2014年には共同通信社と地方紙46社による「地域再生大賞」で準大賞を受賞した。皮肉なことに、中小企業庁の編集する「地域活性化100」や地域創生の政府公報にも掲載され、他からみると元気な診療所として注目され取材も続いている。

(3)　30年のたたかいの歴史を継承して

　長寿園存続運動から新たな診療所をつくり運営してきた30年余の歴史は、国の貧困な医療政策と地域の生活の下で健康・医療を守るたたかいの歴史でもあった。

　同時に、30年のときは地域の過疎と少子高齢化という課題をいっそう大き

くし、2040年には地区人口が1800人余（高齢人口は65％強）と推計されており、診療所の維持がいっそう難しくなることが想定される。

診療所設立から22年、創設時からのスタッフが去り、長寿園存続運動を継承した診療所創設の歴史や意義・地域住民とのかかわりの大切さをどう次の世代に継承できるかという大きな課題も生じてきている。また、経営の困難さもあり、いま、将来構想の策定を急いでいるものの、現状の運営をこのまま続けられるのかは、まさに、この数年の取り組みにかかっている。

過疎と高齢化の地域だからこそ挑んだ長寿園存続のたたかいであり診療所づくりの運動である。これまでの運動の貴重な経験を財産に「地域住民が安心して暮らせる地域」をつくるために、これからも多くの皆さんの力を借りながら正念場の医療を守るたたかいに挑みたい。

長寿園存続運動の歩み

〔1984年〕
8・17　厚生省、長寿園の廃止・西群馬病院への統合計画を発表
8・28　地元吾妻町長、県医務課長へ要請
8・29　地元代表、町長、県議、県医務課長が厚生省などに陳情
9・8　総決起大会（370人）
9・8〜　医療要求アンケート調査
9・12　第1号ビラ配布（吾妻郡新聞折り込み）
9・20　群馬県及び国会請願署名活動、県内各団体への支援要請活動開始
10・5　立看板の設置
10・15　県知事交渉
10・31　第2号ビラ配布（吾妻郡新聞折り込み）
11・9　「長寿園を存続・拡充させる会」発足
11・19　第3号ビラ配布
11・20　厚生省「診療所構想」を打ち出し、住民との分断を図る
11・25　長寿園廃止反対住民大会、870人の参加で成功
11・30　第4号ビラ配布
12・11　第1次国会要請行動
12・20　第2次国会要請行動
12・25　存続させる会役員会「診療所やむなし」と方向転換
12・29　存続させる会、緊急役員会
〔1985年〕
1・12　長寿園闘争、現地闘争本部設置
1・22　朝日新聞記事
1・29　第5号ビラ配布
1・30　長寿園支部臨時大会開催
2・　　第6号ビラ配布
2・3　須賀尾地区全戸訪問活動

2・19	第3次国会要請行動
2・20	共産党議員団（浦井・小沢）視察
2・21～	坂上地区全戸訪問
2・26	第4次国会要請行動、厚生省交渉
3・5	第5次国会要請行動
3・12	第6次国会要請行動、厚生省交渉
3・	全医労新聞特集号配布
3・14	「長寿園を存続させ吾妻の医療を守る会」発足
3・19	第7次国会要請行動、医団連代表団現地調査
3・26	第8次国会要請行動
4・3	第9次国会要請行動
4・10	第10次国会要請行動
4・27	シンポジュウム「吾妻の医療とくらしを考える」開催
4・	全医労新聞特集号配布
5・13	第11次国会要請行動
5・31	第7号ビラ配布（意見広告要請）
5・	全医労新聞特集号配布
6・12	吾妻町議員要請
6・24	第12次国会要請行動、上毛新聞、意見広告を掲載
7・1	患者の権利学習会（日患同盟と共催）
7・3	現地闘争本部会議
7・30	現地闘争本部会議
8・1	花火大会協賛要請開始
8・2	県医務課長との懇談
8・5	第8号ビラ配布
8・5	福田元総理要請（大宮会館）
8・16	健康まつり花火大会、4,000人
8・29	県議会要請
9・4	県医務課長要請
9・5	「朝日新聞」診療所予算を報道
9・5	県医務課申し入れ（各界連・統一懇）
9・6	厚生省交渉
9・10	坂上町議員団と懇談
9・13	吾妻町議会開会
9・18	坂上地区住民集会、80人
9・19	地元住民による町議要請申し入れ
9・19	町議会診療所予算決定（反対3）
9・19	長寿園を守る緊急集会（原町駅前）350人
9・25	県議会要請
9・27	現地、地方協、本部との打ち合わせ
10・1	第13次上京行動
10・2	現地、地方協、本部との打ち合わせ
10・7	厚生省交渉（西群馬病棟問題）
10・8	西群馬支部団交
10・15	闘争本部会議
10・17	第10号ビラ配布
10・19～10月末	全県団体オルグ
11・11	山田参議院議員（社）視察
11・11～15	全県キャラバン行動
11・21	長寿園闘争の現状と展望発表
11・22	須賀尾地区集会、30人
11・26	第14次上京行動（医団連中央行動と合流）
11・27	県交渉
12・4	県衛生部要請（日患と共同）
12・5～6	青年部キャラバン行動
12・16	丑ヶ淵住民集会
12・17	地方医務局交渉
12・18	関谷地区住民集会、60人
12・18～	患者家族訪問
12・24	第15次上京行動
〔1986年〕	
1・7	山口代議士（社）との懇談
1・9	全体計画発表、声明発表（記者会見）
1・12	現地闘争本部会議
1・13	県衛生部要請
1・14	団結小屋完成
1・16	第11号ビラ配布
1・16	団結小屋開き
1・20	TBS「朝のホットライン」放映
1・23	地元代議士事務所要請訪問

1・29	第16次上京行動
1・中旬〜	第3次立看板設置（200本）
2・1	長寿園職員家族の会
2・2	患者家族の会、山田参議院議員（社）激励
2・3〜7	全県キャラバン
2・8	地区決起集会（団結小屋）80人
2・10	TBS「テレポート」放映
2・10	共産党、林紀子激励訪問
2・13	第17次上京行動（バス2台、地元住民60人）
2・15	健康相談（関谷公民館）
2・17	全国オルグ受け入れ
2・18	共産党金子書記局長等調査と激励
2・18	関谷地区対話集会、70人
2・21	共産党国会議員団対策会議
2・21	地評申し入れ
2・22	長寿園支援集会、320人
2・25	大柏木・須賀尾対話集会
2・27	大戸・本宿・清水対話集会
2・27	健康相談（老人の精神）
2・27	山田参議院議員（社）激励
2・28	日向対話集会
3・1	飯米場対話集会
3・2	住民大会（廃止阻止総決起集会）1,500人
3・3	萩生対話集会
3・5	中央交渉・現地座り込み
3・8	健康相談（須賀尾・関谷）
3・11	町議会議長要請
3・11	参議院予算委員会、安武議員（共）質問
3・12	町長要請
3・15	中央社保協現地調査
3・18	長寿園存続群馬集会、1,700人
3・18	大柏木ビデオ観る会
3・20	全国カンパによる立看板1,200本
3・20	大戸・須賀尾ビデオ観る会
3・21	高杉参議院議員（社）視察
3・22	日本テレビ「反骨の人・高橋定一」放映
3・24	第18次上京行動（バス2台、地元84人）
3・24	全医労中央闘争委員会
3・25	萩生（堀井戸）ビデオ観る会
3・26	全医労松本委員長、地元への説明
3・27	大臣交渉
3・27	関谷地区報告集会、64人
3・27	本宿ビデオ観る会
3・28	地方医務局交渉
3・28	須賀尾・清水報告集会
3・29	兵庫平ビデオ観る会
3・29	日向・飯米場報告集会
3・30	県都集会
3・31	丑ヶ淵報告集会
3・31	存続報告集会184人（地元130人）
4・2	松本委員長現地入り
4・3	長寿園支部報告集会
4・4	地元代表等への報告説明（関谷公民館）
4・7	倉淵村ビデオ観る会
4・12	弾圧問題学習会・現地闘争本部会議
4・24	西群馬支部団交・長寿園職員意向調査
4・30	県統一労組懇、現地激励集会
5・12	関谷地区花見会
5・18	日患法律学習会
5・22	群馬民医連激励調査団
6・6	患者映画会
6・7	共闘会議現地会談・患者移送開始（特養へ）
6・13	患者移送（西群馬）
7・31	分棟規模決定
8・1	一部職員西群馬へ移動
8・6	地方局小池次長説明に来る
8・8	職員意向調査・施設折衝

8・11　一部職員移動発令
8・16　第2回健康まつり・花火大会（約5,000人）
9・25　患者数29人に
9・30　闘争本部会議
9・30　中央・現地共闘会議
10月～　患者確保にむけての施設交渉等に全力をあげる
10・8　西群馬施設長要請
10・14　長寿園昼休み集会
10・21　厚生省へ要請電報（厚生省交渉）
11・8　「群馬3者共闘」結成
11・12　中央3者共闘会議
11・22　長寿園支部大会、住民代表との懇談会
11・28　中央3者共闘会議
12・2～4　団体要請行動
12・5　坂上の医療を守る会準備会
12・9　地区支部合同忘年会
12・26　支部団体交渉

〔1987年〕
1・10　団結新年会、80人参加
1・23　支部団体交渉
2・2　町長選公開質問状提出
2・3　第19次上京行動
2・14　県衛生部要請
2・16～20　全県自治体要請行動
2・25　中央共闘厚生省要請
3・7　患者激励行動（中央・県内団体）
3・18　第22次上京行動
4・1　県3者共闘会議
4・6　看護助手丸山さん分棟へ配置換
4・27　団結花見会、80人参加
5・9　長寿園存続・地域医療を守る決起集会、200人参加
6・1　吾妻町長との懇談
6・5　第21次上京行動、テレホンカード発行

6・15　看護婦霞さん分棟へ配置換
6・16　県3者共闘会議
6・29～30　県選出国会議員地元要請
7・12　平和行進（長寿園より）
8・15　第3回坂上花火大会、5,000人参加
8・25　東久留米教職組来訪
9・9　吾妻町陳情
10・3　長寿園存続現地激励決起集会（450人）
10・20　宣伝ビラ吾妻全域配布
10・26～30　全県自治体要請行動
10・30　対県要請行動
11・11～18　全県団体要請行動
11・24及び11・27　地評・各界連対県交渉
11・28　長寿園全員集会
12・16　長寿園職場懇談会、地元住民との懇談会
12・21　施設長団体交渉
12・22　県3者共闘幹事会
12・25　患者激励

〔1988年〕
1・9　団結新年会、65人参加
2・3　団結「節分会」
3・26　長寿園存続地域医療を守る決起集会（220人）
5・9　患者花見会
6・2　対策会議
6・9　大角副院長退職問題での施設長交渉
7・7　七夕宣伝行動
7・25　医大ゼミ現地調査
8・13　第4回花火大会
9・5　守る会が厚生省へ出向く
9・22　対策会議
10・12　対策会議
10・21　対策会議（中央3者）
11・4　住民懇談会
12・5　患者移送通告
12・12　施設長交渉

12・13　地方医務局交渉
12・14　児玉代議士（共産）現地調査
12・16　第23次上京行動
12・26　厚生省患者移送断念

〔1989年〕
1・23～26　老人医療等の実態調査活動（9町村）
2・3　団結節分会（70人）
2・21　県拡大3者共闘会議
3・3　患者激励ひなまつり行動
3・12　支部団交
4・1　地域宣伝行動
4・22　長寿園存続決起集会（163人参加）
5・15～20　区長・町議要請
5・25　町長・守る会会長・全医労との3者懇談
5・26　診療所医師問題で長寿園対策会議
5・30　緊急上京行動
5・31　西群馬院長への申入れ県要請・マスコミ発表
6・1～6　坂上宣伝行動・区長要請
6・5　団体への要請、分棟患者家族との懇談会
6・6　診療所週1回の運営となる地元選出国会議員要請
6・8～11　地域署名行動（4日間で地域の85％の署名）
6・12　県要請
6・13　緊急上京行動厚生省へ
6・17　長寿園対策会議
6・19　吾妻町議会傍聴
6・21　西群馬院長との話合い
6・27　群馬民医連要請
6・30～7・3　区長要請
7・3　守る会会議
7・9　長寿園より平和行進
7・14　町長との懇談
7・14～22　守る会・町が二者択一アンケート実施、二者択一批判の宣伝行動
7・19　長寿園対策会議
8・8　支部と西群馬当局との話合い
8・13　第5回坂上花火大会（5,000人以上参加）
9・20　町長が議会で診療所のみの存続を表明
10・9　長寿園支部団交
11・5　全国キャラバン患者激励訪問
12・8　診療所医師確保要請
12・16　診療所課長分棟へ
12・28　小渕代議士文書配布

〔1990年〕
1・17　本部と厚生省の会見
1・18　一方的廃止通告
1・19　地元選出国会議員要請
1・19　県知事要請
1・21　患者家族との懇談
1・23～25　団体要請行動
1・28　坂上地区宣伝行動
1・30　第26次上京行動
1・31　長寿園支部団体交渉
2・3　団結小屋節分会
2・5　老人医療問題学習会
2・9　中央・現地3者共闘会議
2・19　意見広告座談会
2・20　吾妻地域の医療現地調査
2・28　全医労本部交渉
3・4　現地大集会・意見広告掲載
3・5　町長・県知事要請
3・6　地方医務局交渉
3・9　第27次上京行動
3・10　地域宣伝行動
3・15　保健医療局長来る
3・16　第28次上京行動（大型バス2台）
3・17～　宣伝署名行動
3・21　住民懇談会
3・22　厚生省交渉

3・23	第29次上京行動
3・22〜23	医労連関東ブロック宣伝行動
3・24	患者家族懇談会
3・25	県民集会（前橋公園）
3・27	厚生省クイ打ち強行
3・27	西群馬病院長交渉
3・27	町長・県知事要請
3・28	厚生省交渉
3・29	厚生省交渉・現地交渉断続的に続く現地騒然
3・30	未明、患者移送延期決る
3・30	分棟6月末で廃止決定
3・30	現地報告集会
3・31	地域宣伝行動
4・2	西群馬病院長申し入れ
4・3	支部全員集会
4・3	住民説明懇談会
4・4	県拡大3者共闘会議
4・12	県医務課要請
4・13	厚生省要請第30次上京行動
4・19	支部要求書提出
4・20	中央3者共闘会議
4・23	老健施設見学（大宮）
4・26	県衛生部交渉
4・26	地方医務局交渉
5・2	町保健課長との懇談
5・8	支部窓口交渉・院長釈明
5・8	職員意向調査開始
5・8	群馬民医連との懇談
5・9	患者花見会
5・10	老健施設見学（佐久）
5・11	小諸厚生病院への視察・懇談
5・14	西群馬病院当局との交渉
5・17	中央3者共闘会議
5・17	県拡大3者共闘会議
5・18	支部での老健施設学習会
5・19	老健学習と住民懇談のつどい（関谷公民館、28人参加）
5・23	町保健課長等との懇談
5・25	県国公患者激励訪問
5・30	県拡大3者共闘
6・7	全医労現地対策会議
6・8〜15	団体要請訪問行動
6・11	吾妻町長との懇談
6・12	老健学習会（関谷公民館、40人参加）
6・19	地方医務局交渉
6・20	厚生省交渉
6・23	感謝のつどい
6・29	患者移送
6・30	長寿園（分棟）最後の日

第3節　和歌山県・国立田辺・白浜病院の統廃合反対闘争

松江　仁
元和歌山県医労協事務局長
元和歌山県地方労働組合評議会事務局長

はじめに

　政府は、「臨調・行革」路線にもとづき、医療提供体制の縮小による医療費削減のために、国立医療機関の統廃合・移譲計画を打ち出し、先行させる8ケースの1つとして国立田辺・白浜病院を第3地点で統合することを打ち出した。

　これに対して地元では、全医労組織を中心に、広範な団体を組織した「地域医療をよくする会」を立ち上げ、地域住民や行政、地域医療機関などと共同して地域医療を充実させる運動を展開した。1983年から92年にかけて新統合病院の開院、その後の新統合病院の充実と白浜温泉病院の後利用の取り組み、地域医療充実を目指す取り組みなど10年余にわたる運動は、現在に至るまでこの地域の医療の充実を図るうえで大きな役割を果たした。

1　運動の背景

(1)　「臨調・行革」路線による医療保険制度の改悪

　政府は1981年、第2次臨時行政調査会（"土光臨調"）を発足させ、鈴木善幸内閣が掲げた「増税なき財政再建」を達成すべく、行財政改革の審議を行った。そして、国鉄分割民営化や電々公社の民営化（1983年）、3K（コメ、国鉄、健保）赤字の解消などを答申した。政府は老人医療費有料化（1982年）、健康保険10割給付を8割（当面9割）とし、あわせて国保に対する国庫補助金を45％から38.5％に切り下げた（1985年）。

(2) 医療供給体制の再編「合理化」

1985 年に医療法が「改正」され、各都道府県に「地域医療計画」策定が義務づけられた。第 2 次医療圏ごとに必要病床数を定め、それを上回っている医療圏では知事が病院の新増設の中止を勧告できるというものであった。これは、これまでの自由開業制にブレーキをかけ、地域のニーズ如何にかかわらず病床数の増加を強制的に抑えるという意図をもっていた。

(3) 国立医療機関の統廃合移譲計画策定

政府は「第 2 臨調」の答申を受けた 1985 年 3 月、「国立病院・療養所再編成・合理化の基本指針」を発表した。その内容は、国立医療機関は政策医療や高度総合診療施設に特化し、近接した病院や規模の小さいものは統廃合もしくは移譲するというものであった。同年 8 月には「1986 年着手分」として、国立田辺・白浜病院をはじめとする全国 8 ケースの統廃合計画が発表された。さらに、1986 年 1 月には、統廃合で 40 ヵ所、経営移譲で 34 ヵ所、合わせて 74 ヵ所の国立病院を廃止する「全体計画」が発表された。政府は同年 3 月、「国立病院等の再編成に伴う特別措置に関する法律案」を国会に提出し、すべての野党が反対するなか、1987 年 9 月、自民党単独で強行成立させた。

しかし、全国的な反対世論の盛り上がりで「地元合意を尊重して大方のコンセンサスが得られるまで見切り発車はしない、合意が得られない場合は国立医療機関として運営していく」とする厚生大臣の答弁が出された。これは 1986 年度を初年度とする「全体計画」を具体化させない「土台」となるものでもあった。

2 運動の概要

国立田辺病院と白浜温泉病院は和歌山県の中部に位置し、田辺市は和歌山市に次ぐ人口約 8 万人の県下第 2 の市であり、白浜町は白浜温泉を中心とする人口約 3 万人の観光と農業の町である。この地域には公立紀南病院（350

床・田辺市他周辺市町村の一部事務組合で運営)、国立田辺病院(225床)、白浜温泉病院(135床)の3つの公的病院があり、ほかに民間病院が2施設ある。県の地域医療計画ではベッド不足地域となっており、とくに脳外科などの救急医療の体制が手薄な状況にあった。

1983年第2臨調答申が出されてから、92年新統合病院オープンとその後の取り組みを含め10年余にわたる運動の概要を以下の3つの時期に区切って述べてみたい。

(1) 第1期 第2臨調答申を受け「先行8ケース」に指定

1983年、第2臨調答申は国立病院の縮小を打ち出した。県内3国立病院の組合でつくる和歌山地区協議会(全医労和歌山支部・同田辺支部・同白浜支部で構成)は、県内の3つの国立病院の立地状況や病院機能からみて統廃合の対象となる可能性が高いと判断し、全医労中央の方針のもといち早く統廃合反対の運動に立ち上がった。

① 議会での意見書採択、宣伝活動

全医労和歌山地区は、県下各市町村議会での「国立医療を守る」意見書採択運動に取り組み、11月には県医労協と共同で県下すべての市町村を訪問する全県縦断行動を行ない、51議会中県議会を含む44議会での採択を得た。県内各自治体はそれぞれ自治体が設立する病院を抱えており、その運営にはどこも苦労していた。国のさらなる援助が欲しいところなのに、逆に地域医療からの手を引くという国の方針への反発も強く、意見書採択では超党派の賛同を得ることができた。また、田辺市周辺の市町村7万所帯に向け新聞にチラシを折り込み、地方紙に意見広告を載せるなど積極的に宣伝行動を行なった。

② 「地域医療をよくする連絡会・準備会」発足

1984年11月には、全医労和歌山地区協が田辺西牟婁地域の患者組織や労働組合、民主団体などに呼びかけて「地域医療をよくする連絡会・準備会」を発足させた。「国立病院を守れ」という運動は、「国立病院に働く労働者の

生活を守る」こととともに、「国の地域医療切り捨て政策から地域住民医療を守り、充実させること」であり、「住民や地方自治体、医療機関全体の運動に広がってこそ勝利の展望が開かれる」との議論の結果であった。

　この「地域医療をよくする会」には、患者組織である「和歌山県振動病をなくす会」（1600人）、和歌山県地評西牟婁支部（19組合1869人）、「田辺西牟婁地区労」（12組合1735人）、田辺市職員労働組合（自治労567人）、「紀南病院職員労働組合（同491人）、「新婦人」「民商」などの民主団体（4団体885人）が加入し、これに全医労和歌山地区協議会（460人）を加え総数は8000人を超える幅広い構成となった。

③　国立医療問題懇談会のスタート――自治体ぐるみの運動に

　1985年1月22日、「準備会」は「国立医療問題懇談会」を開催した。この懇談会には県からは衛生部長など3人、田辺保健所長・次長、田辺市・助役など3人、田辺市議会・副議長など3人、県内国立3病院の院長・事務長が参加した。県衛生部長は、両病院長が出席すること、統廃合に反対する請願が採択され、県としても国に要望を出していることから懇談会参加に踏み切った。懇談会は3時間にわたる議論を通じて、①行革をめぐる情勢は厳しく、県下の3国立病院についても"対応"が迫られるのではないか、②単に存続だけでなく、真に必要とする救急医療の確立に向けて国立病院がその役割を果たす。③実現のために関係各機関は協力する、の3点にわたる一致点を確認した。

　この懇談会が、国立田辺・白浜病院の統廃合反対運動が住民ぐるみ、自治体ぐるみの運動に発展する出発点となったのである。

④　「国立病院シンポジウム」や厚生省への陳情（要請）

　「準備会」は5月、野村拓大阪大学医学部助教授を招き、紀南病院院長や県衛生部長がパネラーとなった「国立病院シンポジウム」を開催するなど、住民からの医療要求と、医療関係者、保健衛生担当者等の行政との関わりも含めて国立田辺・白浜温泉病院の役割と機能強化についての地域合意づくりに努力してきた。そのうえにたって、両病院の整備・充実を求める厚生大臣宛

の署名運動に取り組み、この署名をもって8月には田辺市、白浜町の行政・議会代表とともに厚生省への陳情を行なった。陳情にあたり、県選出の国会議員に同席を要請したところ、行政・議会代表も参加していることもあり、共産党の野間代議士のほか自民党の東代議士秘書も同席した。

(2) 第2期 統廃合の指定から新統合病院開設まで

① 機敏な運動の展開 広がる共同

　1985年8月、厚生省は和歌山の田辺・白浜病院を含む全国8ケースの統廃合計画を発表した。それは、田辺・白浜病院を第3地点に統合し、がん、循環器、救急医療等のベッド数330床の総合診療施設とするものであった。これに対し「準備会」は、この統合案は、人員計画など何ら明らかにせず、高度医療という名目で白浜温泉病院の廃止と田辺病院の一般医療の縮小を図るものであるとして、統廃合に反対し、両病院の存続拡充を求める運動にただちに取り組んだ。

　当該組合である全医労は、10月8日、全医労近畿地方協、県医労協、和歌山地区協議会からなる地区闘争委員会を発足させ、「地域医療をよくする会・準備会」への方針提案の原案を協議するとともに、近畿医務局交渉や和歌山県国民要求実現大運動実行委員会（略称・県大運動実行委員会）の全県縦断行動への代表派遣などを決定した。

　「準備会」は、まず田辺市長、白浜市長に統廃合反対の申し入れを行なうとともに、10月29日には100人を超える参加で統廃合問題の学習会を開催。同時に、「統廃合反対、単独整備強化を」のチラシ10万枚の配布、県知事、厚生大臣への要請署名、集会開催や、県・厚生省交渉の実施などの方針を確認した。

　「準備会」は11月30日、田辺市町内会連絡協議会、白浜町自治連絡協議会が後援し、田辺市、白浜町が協賛する約1000人が参加する「郡市民集会」を開催、文字どおりの市民集会を成功させた。集会には田辺市長、白浜町議会議長、医師会長、地元県会議員代表、国立病院長、全医労本部委員長が来賓挨拶を行ない、国立田辺・白浜温泉病院の存続・拡充を求める集会宣言を採択し、大きな盛り上がりをみせた。

田辺・西牟婁地域のみならず全県的な共同の運動が広がった要因は、第1には和歌山県における共同行動の歴史がある。1957年の勤務評定反対闘争では、県地評や社共両党などの6者共闘が全国拠点として最後までがんばり、これが安保共闘、沖縄共闘と引き継がれてきた。生活要求に関わっては、

1988年12月2日　田辺・白浜病院統廃合反対の近畿医務局前集会

県地評を中心に多様な市民団体も加わって「いのちと暮らしを守る県民会議」が各郡市（県内8つの行政単位）と県レベルに結成され、公害反対闘争をはじめとする住民要求を取り上げた運動を行ない、行政に対しても大きな影響力をもっていた。1980年、労働戦線問題が浮上したのち、これらの運動は県統一労組懇や県国民要求実現大運動実行委員会に引き継がれてきた。これらの運動の盛り上がりのなかで国立病院統廃合反対闘争がたたかわれたのである。

　また第2に、県医労協は県内8行政区に加盟組合をもち、自治体病院の半数と国立、日赤などの公的病院を組織しており、県や市町村の医療行政に影響力と信頼関係をもっていたことが、行政や医療関係者との共同を広げるうえで一定の役割を果たしたのである。

② 統廃合「全体計画」発表に抗して

　国は1986年1月、全国の国立病院40ヵ所の統廃合、34ヵ所の移譲という「全体計画」を発表した。こうした状況のもとで、県医労協と全医労和歌山地区協は、2月24日〜28日、国立統廃合問題で全県縦断行動を実施し、県下各労働組合に国立病院の統廃合反対、単独整備充実を求める署名の依頼や各地域医師会との懇談を実施した。

　「準備会」は同年7月、「国立田辺・白浜温泉病院の『統廃合計画』批判と、単独整備・機能強化についての『提言』」を発表した。この『提言』は、数ヵ月の検討を経て、この間の住民アンケート調査や地域自治会、行政、医師会、

医療機関との懇談やシンポジウムを踏まえ、医療実態と医療要求を明らかにし、国立病院の今後の方向を提言したものであった。

　この年、和歌山市には日赤病院に第3次救命救急センターが開設されたが、紀南地域には脳出血や、急性心筋梗塞など一刻を争う救急医療に対応できる体制がなく、高度な診療機能を備えた医療機関と第3次救命救急センターの設置が切実になっていた。大運動実行員会は数年にわたり、県民10大要求の1つとして、和歌山市と田辺に第3次救命救急センター設置を掲げて署名運動や自治体交渉、厚生省交渉を続けており、和歌山市への設置実現が確信となり、紀南地域へもという運動に弾みがつくことになった。

　『提言』は、このような実情をふまえ、一般医療機能を備えた総合病院である国立田辺病院の診療機能を充実させるとともに、救急医療施設を併設すること、国立白浜温泉病院は廃止するのでなく、クワハウスなど貴重な温泉治療を継続するとともに、地域から要望の強い一般医療機能を充実させることなどを提起した。この『提言』は、全医労組合員と「準備会」の構成員に運動への確信を与えるとともに、地域住民や行政への働きかけ、県や厚生省との交渉に大きな役割を発揮した。

　地元では「準備会」を中心に署名運動を展開し、6万人を超える署名を集約、県や地方医務局との交渉を積み重ねてきた。この結果、厚生省は安易に統廃合の具体案を提示することができず、地元との矛盾を広げていった。

　③　「特別措置法」の強行──全県的な運動展開

　1987年には、国立医療施設を切り売りする「特別措置法」が強行成立させられたが、全医労本部は国会答弁をもとに「再編問題は自治体・地域住民と話し合い、職員団体とは誠意をもって労使協議を行う」との確認をとりかわし、今後のたたかいの足がかりをつくった。和歌山でも県大運動実行委員会や県医労連、全医労和歌山地区、「準備会」が共同して、全県縦断行動（3月9～11日）、住民集会（田辺市8月12日）、交流学習会（田辺市11月28日）、対県交渉（12月2日）など地元はもとより全県的に運動を展開した。

④　新統合病院の青写真説明

1988年3月9日、厚生省は地方医務局が作成した新統合病院の青写真を示し現地説明会を行なった。説明を受けた地元自治体が動揺するなかで、全医労中央、近畿地方協、現地が対応を協議、反撃のたたかいを開始した。4月28日には、地元住民など300人が参加するなかで、厚生省近畿地方医務局の担当者が出席し「公開討論会」を開催した。地元からは切実な医療要求が出されたが、建物の計画はあっても具体的な人員計画は明らかにせず、参加者のなかからは「見かけだおし」との声がだされた。

7月と11月には県大運動と地元「地域医療を良くする会」が厚生省交渉、8月9日には田辺市の扇が浜公園で住民集会が開催され1200人が参加した。また、12月には、白浜温泉病院の存続拡充を求める「温泉シンポ」が開催され、地域住民など200人が参加し、難病患者などへの温泉治療の重要性が確認された。こうした運動の盛り上がりにもかかわらず、厚生省は12月2日千葉と和歌山での新統合病院建設の入札を強行した。

⑤　西日本集会に全国から2700人参加

1989年2月10日、建設予定地の塀をめぐらせたなかで秘密裏に起工式が行なわれた。地元紙の1つは「新統合病院は高度医療のみで、今まで国立が担ってきた地域医療が切り捨てられるのではないか」との危惧を表明し、起工式について「なぜ秘密にせねばならないのか」と批判した。地元住民のなかには「もう決まってしまったこと」というあきらめと、「今後、地域医療はどうなっていくのか」という不安が広がった。入札が強行されたことで、統廃合やむなしとの動揺があったが、「地域医療をよくする会」は、国立病院を守る運動だけではなく、住民の医療要求を実現する運動としても取り組まれてきた経過をふまえ、統廃合反対というスローガンを掲げながらも、全国の「合理化」反対闘争の経験から学んで、住民の医療要求、職場労働者の要求を全面的に掲げて攻撃を押し返すという立場で方針を組み立てた。

県医労連と全医労和歌山地区は2月28日、県統一労組懇や県国交共闘の支援も得て和歌山県庁前集会を開催、国立病院の存続・拡充を求める知事宛の要請署名を提出し県衛生部長との交渉を行なった。

3月19日には、西日本規模の「国立田辺・白浜病院の存続・拡充を求める西日本集会」が開催され、県下各地や西日本から2700人が参加した。大阪からは臨時列車が仕立てられ、県内からは観光バスで田辺市の集会会場に結集し、地元では「1960年の安保闘争以来の大集会」と話題になった。

(3)　新病院の充実を求める運動へ――統廃合強行後

　統廃合は強行された。しかし、「地域の医療を良くする、充実させる」という住民要求を基本にした運動は、統合された新病院充実の運動へと引き継がれていく。

①　医療の実態調査と政策提言

　1991年2月4〜6日までの3日間の日程で「和歌山県及び田辺・西牟婁地域医療現地実態調査」が行なわれた。この調査は「国民の医療と国立病院・療養所を守る中央連絡会議」「国立病院・療養所統廃合・移譲阻止共闘会議」および「国民の医療を守る共同行動推進本部」「地域医療を良くする会」の4者の主催で行なわれ、学者や各団体の代表103人が参加した。

　調査団は県および田辺・西牟婁地域を中心に健康実態、疾病構造や地域医療の実態を調査し、患者、住民、老人クラブ、和歌山県、田辺市、白浜町をはじめ、田辺医療圏10ヵ市町村自治体、医師会、医療機関等医療関係者、関係団体と幅広く懇談し、その数は42ヵ所に及んだ。

　調査団は最終日の6日、「報告書」を作成し記者発表を行ない、新統合病院は高度先駆医療を担うとしながらもきわめて不十分な体制しか予定されておらず、このまま推移すれば白浜温泉病院の機能が消失することをはじめ、地域医療にとって重大な後退となることを明らかにした。

　そして、県および周辺市町村に対して、田辺・白浜両病院を存続・拡充させたうえで、新病院ががん、脳神経外科等の診療センターとし、あわせて第3次救命救急センターの機能を有する高度医療を担うものとなるよう国に要望することを提起した。この調査報告にもとづいて地域医療を良くする会、全医労、県医労連は関係市町村や県、近畿地方医務局、厚生省への申し入れや交渉を積み重ねた。11月には、白浜温泉病院存続署名3万5000人分を白

浜町長に提出、存続を国に働きかけるよう申し入れた。

　これらの取り組みのなかで和歌山県は、新統合病院について「1プラス1は2ではなく2以上に」「第3次救命救急センターとはいかずとも、2.5次以上」になるよう国に働きかけると回答、国に申し入れることになる。

② 新病院の開設とその後の運動

　1992年5月厚生省は現地説明会を開催、7月には「国立南和歌山病院」を開設、田辺、白浜両病院を閉院した。職員は全員新病院に引き継ぎ、雇用は確保されたものの、医療内容は貧弱な人員体制のままのスタートとなった。

　地域医療を良くする会は、新病院開院後も体制の充実に向けて県や厚生省との交渉を継続するとともに、1993年には田辺市で「高齢者の保健・医療・福祉を考えるフォーラム」を開催する。県社会保障推進協議会や県保険医協会が協賛し、田辺市や白浜町など近隣5市町村、田辺市社会福祉協議会、田辺市老人クラブ、紀伊民報が後援した。立命館大学の真田是教授が記念講演、国立霞ヶ浦病院整形外科医長関氏や大津市医師会今村氏が特別報告、地元からは福祉事務所参事佐武氏、紀南総合病院中村名誉院長が報告し、230人が参加した。

　1994年には、再び新統合病院をはじめとする地域医療実態調査を行ない、国立南和歌山病院の充実を求める『提言』を行なった。

　白浜温泉病院は、白浜町が中心となり、白浜温泉旅館共同組合や労働組合の福祉団体である県労働者福祉協議会（田辺西牟婁の組合員は1人1000円出資）などが出資し財団法人（理事長・白浜町長）を設立、国から施設を引き継ぎ、「白浜はまゆう病院」として、1994年2月1日開院した。現在、一般病棟、リハ病棟、療養病棟、介護療養病棟など258床を有する地域になくてはならない医療施設となっている。また、温泉治療を引き継ぎ、リュウマチなどの専門的治療も行なっている。

　国立南和歌山病院は、「独立行政法人南和歌山医療センター」と改称し、2006年第3次救命救急センターを開設、2010年にはICU8床、HCU15床に増床、受け入れ体制の強化をはかってきている。

3　統廃合反対闘争を振り返って

　1980年代から90年代にかけては、労働戦線再編問題もあり、第2臨調の答申が出て、社会保障の一斉改悪、国鉄分割民営化、国立医療機関の統廃合などに対する、さまざまな運動課題を重複してたたかった時期であった。

　国立統廃合闘争をたたかっている時期は、老人保健法改悪、健保改悪、国保法改悪など医療制度の改悪が連続し、国立統廃合闘争と合わせて他労組や老人クラブ、医師会や病院協会、自治体などに運動を広げていった。また、看護婦確保闘争も高揚し、とくに和歌山では看護学校設置が民間医療機関も含めた切実な課題となり、地域医師会や自治体との共同が広がった。

　1983年の第2臨調最終答申の時期から1992年の新統合病院開院までの約9年間、その後の取り組みを含めると10年以上にわたって私たちの運動が続けられたのは、多くの方々の支援とともに、当該組合である全医労の奮闘ぶりが思いだされる。支部の役員のみならず1人ひとりの組合員が地域に入りビラを配り、ポスターを貼り、署名をとり、さまざまな集会に参加していった。

　組合員が、統廃合反対の、そして地域医療を守ろうとする運動で、住民たちとの集会に参加すると、そこには、市長や県の部長、病院長らも参加している、また、地域へ出れば町内会や老人クラブが運動に協力してくれる、そのような状況を目の当たりにして、自分たちの運動への確信を深めていった。組合員は、積極的に地域に足を向けるようになり、統廃合闘争のみならず、健康保険の改悪に反対する運動、看護婦確保や看護学校設置の運動、地域の労働組合との共同闘争などにも積極的に参加していくようになった。このような組合員の積極的な活動が、広範な「地域医療を良くする会」の活動をも支えた力となっていった。

　そして、こういう運動の高揚のなかで、この間に和歌山労災病院や日赤血液センター、民間精神病院など6つの労働組合が組織され、県医労連の組織人員は1700人台から2000人台へと前進した。

　国立病院統廃合反対闘争をたたかった原動力は、全医労組合員の職場と生

活を守るというエネルギーを、患者・住民のために地域医療を良くする運動、国の医療制度を良くする運動と結合させ、産別、ローカルセンター、地域住民とともにたたかうという路線の正しさにあったように思える。

〈参考資料〉
全日本国立医療労働組合『全医労50年のたたかい』1989年。
広木清「国立病院守れと自治体・住民ぐるみの運動」『住民と自治』1985年7月号。
和歌山県・田辺西牟婁地域医療をよくする会「住み慣れた街で、豊かなおいを！」日本医労連『医療労働』1993年12月号。
和歌山県・田辺西牟婁地域医療をよくする会『国立田辺・白浜温泉病院の『統合計画』批判と単整備・機能強化についての提言』日本医労連『医療労働』1987年6〜7月号。
和歌山県及び田辺・西牟婁地域医療現地調査団『報告書』1991年2月6日。

第4節　福岡県での労災病院存続運動

門馬睦男
福岡県医労連副委員長
福岡県労働組合総連合副議長

はじめに

　臨調行政「改革」の名のもとに、厚生省（当時）は1986年1月、国立病院・療養所の再編成全体計画を発表し、1980年代後半から90年代にかけて、国立病院の統廃合移譲が全国的に進められた。

　福岡県では、1989年10月に県内の国立9施設のうち、まず、国立阿久根病院が鹿児島県に経営移譲された。そして、1994年には国立久留米病院（久留米市）が国立福岡中央病院（福岡市）に統合され国立病院九州医療センターとなった。国立久留米病院の施設は久留米大学に移譲され久留米大学医学部付属医療センターとなった。また、国立療養所田川新生病院は2002年3月、社会福祉法人へ移譲され、柏芳会田川新生病院となった。さらに、国立療養所筑後病院（筑後市）は2004年12月、国立病院機構大牟田病院（大牟田市）に統合された。

　当該労組の全医労は福岡県医労連（以下、「県医労連」）とともに、地域医療を守ろうとする患者・住民との共闘を組織し、反対運動を粘り強く展開した。久留米、田川では、国立病院としての存続は叶わなかったが、医療機関としては存続させることができた。

　一方、福岡県では、2002年9月の福岡県行政改革審議会第2次答申（福岡県立病院改革に関する答申）にもとづいて、県立病院の民営化が全国に先駆けて強行され、県立4病院の民間移譲、1病院の指定管理化が2007年4月までにすべて行なわれた。

　2004年からの10年間は、国立病院に続き、県立病院、そして労災病院の統合廃止、社会保険病院の売却、公立病院改革ガイドラインによる自治体病院の地方独立行政法人化や指定管理制度導入など、県医労連加盟組合のすべ

ての公的医療機関に民営化の波が押し寄せた。これらの公的医療機関の民営化に対して県医労連は、国立病院統廃合・移譲反対闘争を患者・地域住民とともにたたかった全医労に学び、労災病院や自治体病院でも当該労組が住民・患者組織とともに「守る会」をつくる取り組みを支援、すべての「守る会」に役員を派遣し、病院存続運動をともにたたかった。

　本稿では、それらのたたかいのうち、福岡県の医療に重要な役割を果たしている県内4つの労災病院（2000年当時、①九州労災病院600床、②門司労災病院250床、③筑豊労災病院250床、④大牟田労災病院150床）の再編成に対するたたかいの経緯と教訓について報告する。

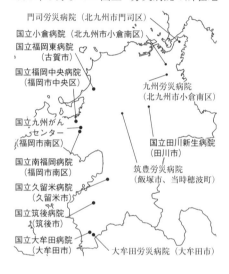

1994年7月までの国立・労災病院の所在地

福岡県下の国立病院・療養所の動向

1986年1月	国立病院療養所再編成全体計画発表
1989年10月	阿久根病院経営移譲（鹿児島）
1994年7月	久留米病院を福岡中央病院に統合、九州医療センター新設。久留米病院は久留米大学へ経営移譲され、久留米大学医学部附属医療センター開設。
1999年3月	国立病院療養所再編成「全体計画」見直し
2002年3月	国立田川新生病院、社会福祉法人柏芳会へ経営移譲
2004年12月	国立筑後病院廃止、国立大牟田新病院開設

1 労災病院統廃合の動きに抗して

(1) 市民とともに統廃合計画を阻止

　労災病院（労働福祉事業団、2004年より独立行政法人労働者健康福祉機構）をめぐっては、国立病院に続いて、公的病院縮小再編成の政府方針のもと、1998年11月の全国病院長会議で「同一の2次医療圏で近接して設置」されている場合の統合・分院化が検討され、1999年12月21日、総務庁（当時・現総務省）からの「勧告」が出された。「勧告」では、①福岡県内では、九州労災病院と門司労災病院の統合・民営化、②九州リハビリテーション大学校の廃止が検討内容に入っていた。また、この再編成計画からは外れたが、大牟田労災病院も、2001年度から50床を削減する計画が明らかとなった。

　全国労災病院労働組合（全労災）の九州支部と門司支部は、県医労連との合同会議を持ち、統廃合に対して、北九州市議会への請願行動と団体・個人署名を広げていく意思統一を行なった。また、大牟田支部でも同様に取り組むことになった。

　署名は、九州支部5万筆、門司支部2万筆、大牟田支部2万7千筆を超えるなど、短期間に大きく広がった。また、2000年3月には、北九州市議会、大牟田市議会で、「労災病院統廃合・民営化、縮小反対」議会決議が採択された。当該支部と病院、地域ぐるみの運動の広がりが議会決議に結実した。

　筑豊支部では、近隣の2市8町への議会請願・町長要請に取り組み、2001年12月までに全市町村で存続を求める意見書が採択された。また、地元の穂波町（当時）では、多くの組合員が町内会や商店街をくまなく訪問するなど粘り強い取り組みで住民の過半数3535筆の請願署名を集約した。福岡の全労災各支部は出足早く取り組みを地域に広げた。

　こうした運動の結果、2000年12月、労働省（2001年より厚生労働省）は、門司労災病院の民営化を断念し2005年度末までに九州労災病院の分院として存続することを通達、大牟田労災病院も2000年3月末の50床削減計画を見送った。署名活動、議会請願、医師会への要請、シンポジウム開催など、

病院存続を広く世論に訴えた運動の大きな成果であった。

(2) 厚生労働省の反撃

しかし、厚生労働省は、2001年4月からの門司労災病院の50床削減を強行し、九州リハビリテーション大学校の2003年度末廃校を提示した。また、2001年10月、当局は「見直し案」で、特殊法人の「民営化・廃止」について「引き続き検討」するとした。そして、厚生労働省は、さらに再編計画を具体化し、大牟田労災病院と筑豊労災病院の廃止を打ち出してきた。

全労災は2003年12月、大牟田労災病院、筑豊労災病院廃止反対現地対策本部を発足させる。また、県医労連は労災病院廃止反対福岡県闘争本部を発足させ、大牟田、筑豊の2つのたたかいを全労災と県医労連が協力して支援していく体制を確立した。これらの闘争本部では、医療労働者だけでなく、患者・地域住民とともに運動をすすめる組織として、全医労が先進的に取り組んだ「守る会」運動の経験と教訓を参考にして、当該支部を中心に「守る会」の結成が追求された。

2004年3月30日、厚生労働省は「労災病院再編計画」を発表した。それは、福岡県内では、2005年度中に大牟田労災病院、2007年度中に筑豊労災病院を廃止、九州労災病院と門司労災病院を統合するという内容であった（門司労災病院については分院で存続）。

このようななか、2004年3月27日に「大牟田労災病院廃止反対連絡会議」、同年6月4日に「筑豊労災病院を存続・充実し、地域医療を守る会」が結成された。日本医労連は同年6月3日から4日にかけて、「筑豊・大牟田労災病院に関する地域実態調査」を実施した。この行動は、九州大学大学院の遠藤雄二助教授を団長にした30人の調査団で、25ヵ所を訪問、37団体と懇談した。

医療労働組合と患者・地域住民との連携による2つの「守る会」の活動が、それぞれどのように展開し、現在に至っているのかを個別に紹介し、そこに県医労連がどのように関わったのかを含め、以下、報告したい。

2 「筑豊労災病院を存続・充実し、地域医療を守る会」の運動

(1) 地域医療を守る会の発足

　全労災筑豊支部は、全労災本部とともに患者・家族、じん肺患者同盟筑豊労災支部、筑豊じん肺訴訟原告団・弁護団、嘉飯山地域の連合、全労連の地域組織などに働きかけ、2004年6月、「筑豊労災病院を存続・充実し、地域医療を守る会」（以下、「守る会」）を結成する。「守る会」は、筑豊労災病院の公的医療機関としての存続・充実と地域医療・勤労者医療をいっそう充実させるために、あらゆる活動を行なうことを運営要綱にかかげた。結成総会は地元の穂波町公民館で開かれ、嘉飯山地区2市8町（当時）の市長・町長のほか、250人の町民らが参加し、筑豊労災病院廃止計画の白紙撤回を求めるアピールを採択した。

　また、「守る会」は、穂波町在住の患者・家族関係者を代表幹事に選び、じん肺患者組織や地域町内の役員、弁護士、地域の労組役員らを幹事とし、事務局長に病院職員（看護師）の代表を選んだ。そして、全労災本部と県医労連が事務局を担当するという組織体制ができた。支部では、全労災本部の指導を受けながら、地域の関係団体の総結集を図るため、積極的に懇談を重ねてきた。

　支部は10月8日、労災病院存続を求める全労災の統一行動に合わせ、16時から1時間のストライキを実施して世論にアピールした。病院前での集会や、町内へのデモには患者家族、地域住民らも含め150人が参加した。

　「守る会」は、毎月の「看護相談」「宣伝行動」「みんなのメッセージ」運動などに取り組んだ。宣伝場所は地元のイオンなどのショッピングセンターの協力を得て、店舗入口に机を置いて行なうことができた。また、町民からのメッセージを「ニュース」などで紹介していき、11月には病院長との懇談を行なった。

(2) 私立大学病院の誘致

「守る会」は、2005年1月に穂波町との懇談を行ない、6月には第2回総会・決起集会を開催、「労災病院存続を求める10万人署名」に取り組むことを決めた。この署名は、地域宣伝や各団体、町内会・老人会への申し入れなどを経て、9月までの短期間で6万筆以上を集約し、嘉飯山2市8町に提出することができた。

こうした存続運動の最中、地元医師会が私立大学病院の誘致を推進しているとの話が伝わり、守る会のなかでも大学病院に期待する声が出はじめた。そして、9月、市町村合併後（穂波町も飯塚市と合併）、飯塚市の「筑豊労災病院後医療検討委員会」が筑豊労災病院の「後医療機関」として私立大学病院を誘致する方向を決定した。翌12月、「守る会」は、緊急学習会を実施し、あらためて私立医大ではなく公的医療機関としての存続が必要であることを再認識した。公的医療機関は、国からのさまざまな財政支援措置を受けながら、不採算医療や高度医療など民間では困難な医療を幅広く提供する役割を担っていること、リハビリやじん肺など筑豊労災病院が行っている医療は公的医療機関でこそ担えることを、「守る会」として確認した。

(3) 「公的医療機関としての存続」を求める運動

しかし、2月には、私立の福岡大学付属病院を誘致するため、「大学病院を誘致する市民の会」が発足し、後医療についての市民の世論は大きく分かれた。4月には、1市と穂波町など4町合併による（新）飯塚市の市長選挙が行なわれた。「守る会」は、労災病院を公的病院として存続していくことを争点とするため、各市長候補に公開質問状を出す。また、「後医療検討委員会」が、大学病院誘致に奔走するばかりで、じん肺対策など筑豊労災病院がこれまで果たしてきた医療内容を討議しないことを徹底して宣伝した。

6月、「守る会」は第3回総会を開き、労災病院に入通院している炭鉱の労災によるじん肺患者約60人に対する労災医療を守るためにも、「公的医療機関」としての存続・充実を求めて運動を進めることを決定した。また、7月には、「西日本石炭じん肺福岡・筑豊請求人団総会」が、筑豊労災病院と県立

嘉穂病院の「廃止・民営化」再検討を求める決議を行ない、国・県・市、労働者健康福祉機構に送付した。

　こうした「公的医療機関としての存続」の運動が広がるなか、福岡大学は7月に飯塚市に対し、「早急な決定は困難」と回答。8月、飯塚市は福岡大学への要請を断念し新たな移譲先を探すことになった。

　9月、飯塚市は、筑豊労災病院を市立病院として存続させ、運営については指定管理制度によって社団法人・地域医療振興協会に委託する方針を打ち出した。「守る会」は幹事会見解を発表し、労働者健康福祉機構が、2007年度末廃止の姿勢を崩さない状況のなかで、公的医療機関としてのかたちは維持されたものの、指定管理制度でじん肺医療などが引き継がれていくのかが明らかでないため、「名実ともに公的医療機関」とするよう運動を強化していくことを表明した。また、「守る会」は、11月に東京で厚生労働省交渉、国会議員要請を行ない、さらに「地域医療と筑豊労災病院の未来を考えるシンポジウム」を学者、医療関係者、法律家をパネラーとして開催し、指定管理制度の問題点やじん肺労災医療の継続の重要性を訴えた。

(4)　市民の声を反映した市立病院づくり

　2007年1月、飯塚市は、労働者健康福祉機構と基本協定を締結する。これに対して、「守る会」は見解を発表し、飯塚市が「直営」で責任をもって労災病院が果たしてきた医療内容を受け継ぐことなどを訴えた。

　「守る会」は6月に第4回総会を開催し、市立病院が「公的医療機関」として労災病院が行なってきた医療を引き継ぎ、市民の求める病院として発展させる運動を推進することを決定、これを受けて市長交渉などが継続される。そして、労働者健康福祉機構側の「立ち枯れ政策」のなかで休診を余儀なくされている診療科（整形外科、小児科）を再開させ、飯塚市が市民に公約している12診療科250床体制を実現させる運動など、市民の声を医療機関の充実に反映させる活動を展開した。

(5)　「市民会議」への参加、新たな段階へ

　2008年4月1日より、筑豊労災病院は指定管理による飯塚市立病院として

スタートした。「守る会」は4月、第5回総会を開催し、「飯塚市立病院を発展させ地域医療を守る会」として再発足した。

5月には市長と懇談、市立病院の運営に意見を反映させる「市民会議」に正式に「守る会」の代表を参加させることになり、市立病院と地域医療を充実させる新たな段階に入った。

第4回「守る会」総会で病院の充実へ決意を表明する全労災組合員（2007年6月3日）

現在、「守る会」は、役員の高齢化や活躍していた役員の他界が相次ぎ、幹事会が開かれていないなどの問題がある。しかし、全労災筑豊支部は飯塚市立病院労組に移行して福岡県医労連に引き続き結集し、労組は存続している。飯塚市立病院の充実は、市民の切実な要求であり、そのなかで当該労組と労組を支える県医労連の役割はいっそう重要となる。あらためて、職員と患者・地域住民のつながりを回復することをめざし、活動の再構築をすべきだろう。病院には存続運動をたたかった職員がいて、労組が継続することでその歴史は引き継がれる。そのことに確信をもって日常活動の活性化を進めることが求められている。

3 「大牟田労災病院廃止反対連絡会議」の発足と運動

(1) 「連絡会議」結成

一方、全労災大牟田支部では、2004年3月、全労災本部と大牟田支部の働きかけにより、「労災病院廃止反対」の一致点で、三池労組・大災害被災者の会、三池CO被災者の会、一般患者の会（当時のCO患者以外の一般患者の患者会）が団結して「大牟田労災病院廃止反対連絡会議」（以下、「連絡会議」）が結成された。当該労組と地域の関係団体との共同がつくられていくなかで、福岡県医労連も遅ればせながら6月に大牟田の共闘に加わることに

なった。

「連絡会議」は、三池炭鉱労働組合・組合長の芳川勝氏を議長に、三池CO被災者の会の沖克太郎氏、大牟田労災病院患者家族の会（一般患者の会）の徳永康博氏を副議長に、全労災大牟田支部の伊藤憲一氏（支部書記長）が事務局長となり、全労災本部と県医労連も幹事として参加した。労災病院廃止問題が起こるまではバラバラだった患者・家族の団体が、労災病院存続運動の推進で団結した。そして、地域ぐるみの運動に広がっていった。

厚生労働省が2004年3月に発表した「労災病院再編計画」に対し、連絡会議は4月1日に病院玄関前で140人の座り込み抗議行動を行なう。また、支部は4月15日に患者・家族とともに病院廃止反対のストライキを決行する。さらに、10月8日には、100床体制の50床休床および嘱託職員雇い止め問題に対し始業時2時間ストを決行し、患者・家族、地域住民、労組支援者ら150人で病院玄関前に座り込んだ。

(2) 再建への署名運動

三池炭じん爆発のCO患者が高齢化し、減少していく中で、支部としても病院の将来像を明示していくことが課題になっていた。CO患者後遺症の治療を続けてきた大牟田労災病院の実績は、交通事故患者に多くみられる高次脳機能障害の治療に生かすことができ、支部では高次脳機能障害に関わる医師・研究者との懇談を積み重ね、2005年3月、「新たなる展望―高次脳機能障害への挑戦」をテーマとした第1回シンポジウムを開催した。シンポジウムには全国から407人が参加。熊本学園大学の原田正純教授や城ヶ崎病院の三村孝一院長などがパネリスト・コーディネーターを務めた。これが契機となって、CO中毒患者の治療に関わる学者・医師の支援が広がっていった。

そして、このシンポジウムを受けて「連絡会議」は、大牟田労災病院を高次脳機能障害リハビリセンターとして再建するための署名運動に取り組み、わずか3ヵ月で8万筆を集約し、厚生労働省に提出した。

2005年には繰り返し地域での街頭宣伝行動や大牟田市・荒尾市、医師会への要請、国会議員への陳情を行なうが、厚労省は2005年度中の強行実施をあきらめようとしなかった。「連絡会議」は、厚労省に対して8項目の要求を示

「連絡会議」の8項目の基本要求要旨

① CO中毒患者特別対策事業を委託するに当り、毎年CO特別対策事業費を予算化すること。問題が生じた場合は国が責任を持ち今後も必要な場合は連絡会議との協議の場を設ける。
② 新病院はCO患者及び一般患者については安心して療養、診療、リハビリが行えることを保証すること。
③ 新病院は分院や付属病院ではなく責任ある院長のもと単独施設として運営されること。
④ 新病院は高次脳機能障害の診療を積極的に対応する医療機関として、一般病棟50床、療養病棟50床の100床体制を確保し、有明医療圏で高次脳機能障害に対応できるよう機能を整備すること。
⑤ 新病院には神経内科、精神科、内科、リハビリテーション科、循環器科、消化器科、整形外科など必要な診療科を配置し、各科の医師は常勤とすること、さらにパラメディカルスタッフの充実と画像診断部門の充実をすること。
⑥ 労災管理課と福祉部と連携し高次脳機能障害のセンター化に向けて努力すること。
⑦ 大牟田労災病院の職員で希望する者については新病院で正規職員として雇用すること。また解雇された職員で希望するものは同様に雇用すること。
⑧ 労働者健康福祉機構が運営している間においても、診療制限や不適切な発言等がないように国が監督指導すること。

し、9～12月に交渉を重ねるが、厚労省は移譲先（福岡県社会保険医療協会）を内定する。

(3) 「確認書」の締結、厚労省は履行せず

「連絡会議」は、2006年に入ってからも厚労省との交渉を続け、3月9日、診療4科100床体制の病院として運営することなどを定めた「確認書」を締結した。さらに、3月30日の交渉で「確認書」の履行を再確認することによって、大牟田労災病院は2006年4月1日より、財団法人・福岡県社会保険医療協会（本部福岡市・県内6病院2診療所、介護施設、看護学校を運営）に経営移譲された。

しかし、2006年10月までに実行するとしていた「確認書」の履行が実行されず、「連絡会議」は、経営移譲後「三池高次脳連絡会議」（略称；連絡会議）と名称を変更し、確認書の早期履行を求めて運動を継続している。また、全労災大牟田支部は3月31日、全労災大牟田吉野病院支部と名称を変更し、

引き続き労災医療を守る運動を継続した。

「連絡会議」は、厚労省交渉を現地、中央で繰り返し行ない、シンポジウムや学習会で、大牟田吉野病院を高次脳機能障害の中核的な医療機関として充実させることの重要性を訴えてきた。また、「確認書」の早期履行を求める署名運動にも取り組み、その結果、2008年7月に厚労省の現地調査が行なわれ、2009年11月には厚労省副大臣との面談が実現し、国会議員についても党派を超えた賛同を得ることができた。これまでに国会請願が2回採択され、毎年の中央行動、集会、シンポなど粘り強く運動を進めている。それでも、厚労省は「確認書」の履行を行なわないで、現在に至っている。

(4) 新たな「病院政策」をめざして

現在、社会保険大牟田吉野病院は、CO患者の高齢化で入院患者の減少が続き、当初31人いた患者が13人となっている。外来・入院の新規受け入れが行なわれない状況が続き、「確認書」で示された「地域医療に貢献するため高次脳機能障害の中核的医療機関を目指す」とする内容は反故にされたままである。

しかし、2014年4月に現地で開催した「確認書」の実現を求める決起集会が大きく成功し、マスコミにも取り上げられ、地元国会議員も超党派で参加した。また、同年10月、翌15年7月には超党派国会議員で「確認書履行を求める会」が参議院議員会館で開催された。15年5月の第6回シンポジウムでは福岡県をはじめ地元3自治体の後援を得るなど、ねばり強い運動が展開されている。

労災病院としての存続はできなかったが、民営化後も全労災大牟田吉野病院支部（数年後に大牟田吉野病院労組として独立、引き続き福岡県医労連加盟）はCO患者と家族の思いを実現させるために患者組織や地域と一体となって運動を進めている。医療労働者の労働条件は民営化で後退した。しかし、この間の運動を通して労働組合は、厳しい労働条件のもとでもCO患者の医療を守り、新たな高次脳機能障害の中核的医療センターを目指すという「病院政策」と、その実現の道筋をしっかりと組合員に示してきた。それは、現在の労働組合と組合員21人が結束して運動する"絆"ともなっている。

4　住民とともに地域医療を守る運動の継続を

　これまで述べてきたように、福岡県内の労災病院は、2008年4月より門司労災病院が九州労災病院門司メディカルセンターとして分院となり、九州労災病院は、2011年5月に現在の小倉南区曽根に新築移転した。

　炭鉱の街であった筑豊と大牟田の労災病院は、政府の公的医療機関の民営化政策のなかで、筑豊労災病院は飯塚市立病院（指定管理制度により飯塚市が地域医療振興協会への委託）に、大牟田労災病院は、社会保険大牟田吉野病院（福岡県社会保険医療協会への経営移譲）へと労災病院から経営主体を変える結果となった。

　しかし、労災病院の医療を引き継ごうと新病院に残った組合員らは、地域住民・患者とともに病院の充実を求めて、新たな経営者との労使交渉や自治体、政府への要請など、地域医療を「守る会」を継続させて運動を進めている。

　また、労災病院時代に比較すれば労働条件は後退したが、職場の要求を掲げ新しい経営者との交渉を行ない、労働条件の改善に向けて奮闘している。それができているのは、全労災本部の指導のもと、経営主体の変更後も労働組合が継続され、引き続き地方の医療産業別組合である福岡県医労連に加盟し、県下の医療労働者とともに運動ができているからであると思う。

　しかし、「公的病院」としての医療が後退したことで、地域の要望に十分に応えられないことも少なくない。問題の根幹には、政府の医療政策があり、改善にはその転換が必要である。医療労働者が労働組合に結集し、職場の仲間とともに、患者や地域の人々と今後ともしっかりと向き合い、地域医療の充実に力を合わせていく方向を維持・発展させることができるならば、労災病院のこれまでの医療を維持・改善していくことも可能ではないかという期待を、両支部のたたかいは示唆しているように思う。

　国公立公的医療機関の存続運動は、いずれも「勝利」といえる到達をつくりだしたわけではない。しかし、福岡県内の労災病院では、民営化の方向を阻止することはできなかったが、病院は残り、組合も残り、地域医療を守る

たたかいも続けられている。民営化されたら終わりではない。患者・住民の求める医療要求を受けて、医療労働者が「医療を守り充実させる」運動を継続しなければならない。これは、福岡県における労災病院をめぐる運動で実践され、今もがんばって続けられている地域医療を守る運動の教訓でもある。

第5節　社会保険病院・厚生年金病院等存続のたたかい

濱田　實
全日本地域医療機能推進機構病院労働組合（旧健保労組）
中央副執行委員長・特定社会保険労務士

はじめに

　2001年12月7日坂口力厚生労働大臣（公明党）の「社会保険病院の3割整理合理化」表明に始まる第1次小泉内閣（自公連合政権）による、社会保険庁が所有する社会保険病院・厚生年金病院・船員保険病院・社会保険介護老人保健施設・看護専門学校・保養ホームの売却廃止攻撃は、政府の思惑どおりには進まなかった。いくつかの病院および診療所・健康管理センターが売却・廃止がされたものの、ほとんどの病院等は、全国の地域住民など広範な人々の13年にも及ぶたたかいで、社会保険庁に替わる新たな運営法人の法制化となる独立行政法人地域医療機能推進機構（地域医療機構）法が成立し、この法律にもとづく地域医療機構が運営する「全国一体の経営の公的な病院」として存続した。それは、売却廃止攻撃を跳ね返し、存続運営のための新たな法律をつくらせるという画期的なたたかいであった。

1　売却・廃止攻撃の背景

(1)　小泉内閣「構造改革」の社会保障の解体攻撃

　2001年4月26日に発足した小泉内閣は、「構造改革」の名で国民の社会保障の解体攻撃を行なった。このなかには社会保険病院など公的病院の解体が含まれていた。小泉首相が、第2次橋本内閣（1996年11月〜97年9月）の厚生大臣（当時）のとき、健康保険の患者自己負担を1割から2割に増やし、また戦後早くに既存の民間病院等を買収して開設してすでに老朽化していた社会保険病院の新築計画をストップさせたことがあった。そして、内閣総理

大臣となった2001年4月26日の最初の記者会見で「総理大臣は、厚生大臣のときより凄いことが出来る」と表明した。そして、同年12月7日、坂口厚生労働大臣が記者会見で突然、「社会保険病院の3割程度整理合理化を検討する」と述べ、地域住民、職員等を震撼させたのである。この坂口大臣の「3割」という数字は厚生労働省内でも寝耳に水で、国会に提出を予定していた患者自己負担増（2割から3割へ）を中心とした健康保険改悪に対する国民の反対を意識したものであった。

「小泉構造改革」は、医療制度「改革」として、まず、30兆円を超える国民医療費の膨張に歯止めをかけるためとして、①労働者の医療費自己負担の2割から3割への引き上げ、②70歳以上の高所得者（夫婦世帯で年収約621万円以上）の窓口負担の2割から現役世代と同じ3割への引き上げ、③政管健保の保険料率を引き上げるという、健康保険法等改悪法案が2002年3月の通常国会に提出された。小泉首相は、多くの国民の反対にもかかわらず、①患者、②医療機関、③保険者が「痛みを分かつ」「三方一両損」だとして、国会最終日の同年6月「健康保険法等の一部改正案」を強行した。

同時に、健康保険法の「附則」に、「概ね2年を目途に健康保険の保険者である政府が設置する病院の在り方の見直し」をするとの一項が挿入された。「政府が設置する病院」とは社会保険病院のことであり、これが社会保険病院を売却・廃止する根拠として活用されるのである。

(2) 健康保険法に「社会保険病院の見直し」（廃止）を規定

当時、与党（自民党、とくに医系議員）は、日本医師会総合政策研究機構（日医総研）前田由美子研究員レポートによる社会保険病院等（ほかに国立病院、労災病院など）の財政分析を活用し、「健康保険法の一部改正案」の国会提出前の2002年2月、「医療制度改革に関する政府・与党合意」を行ない、「開業医を圧迫している」と公的病院を敵視し、着々と社会保険病院売却・廃止への理論的、体制的準備を進めていた。

そして、健康保険法の「附則」に社会保険病院売却・廃止の根拠とする一項を挿入し、自民党の一部の医系議員が、自民党医療基本問題調査会で社会保険病院売却・廃止の方向を繰り返し発言、また厚生労働省や社会保険庁を

も執拗に攻撃し、社会保険病院や厚生年金病院等の運営を受託していた社団法人全国社会保険協会連合会（全社連）を意識的に同一視し、その売却・廃止攻撃を行なった。

　同年10月に厚生労働副大臣に就任した木村義雄衆議院議員と呼応して、自民党の医系議員は社会保険病院や全社連を問題にする質問を国会で繰り返し行なった。これに押され厚生労働省と社会保険庁は同年12月5日、『社会保険病院の在り方の見直し』を発表した。

　また、健康保険法に「社会保険病院の見直し」規定が盛られたことから、厚生労働省は同年12月25日、「医療保険制度の運営効率化について」の「報告書」を取りまとめた。そのなかで、社会保険病院については、各病院の経営実績を評価し、①単独で経営自立ができる病院、②単独で経営自立は困難であるが地域医療にとって重要な病院、③その他の病院に分類したうえで、地域の実情を勘案しつつ、①及び②については、それぞれの経営状況等に応じた新しい経営形態への移行等を、③については、統合、移譲（売却）等を検討し、平成18年度において、その検討結果を整理合理化計画として取りまとめるとした。

　この「報告書」を発表した2日後の12月27日、厚生労働省と社会保険庁（社会保険病院等の所有者）は、社会保険病院の売却廃止の第1弾として「東京都品川区にあった社会保険都南総合病院は、翌年3月31日で廃止し、職員は整理解雇をする」と発表した

2　基本方針「全国一本の経営、公的病院として存続」を確立

(1)　自民党医系議員の攻撃と全社連の動揺

　その後も自民党の医系議員は、社会保険病院や全社連廃止への執拗な主張を繰り返した。また、坂口厚労大臣は2003年3月、名古屋で行なった講演で、2004年度の厚生年金保険の財政再計算にからめて「厚生年金保険は給付に特化すべきで厚生年金病院など『福祉施設』を廃止すべきだ」と発言し、今度は厚生年金病院にも矛先を向けた。

社会保険病院等の運営受託をしていた全社連は、「社会保険病院等の一括委託の終了」を3年後に実施する旨、厚生労働省から宣告された。これを受けて、全社連は地域における社会保険病院などの役割のビジョンを提示せずに、なりふりかまわず、むしろ「社会保険病院などの黒字化」で「生き残る」方針をとった。

　しかし、「黒字化」は逆に医療機関としての質の低下と職員の労働強化を招き、医療事故の危険性を増加させ、安全な医療の提供に重大な支障をきたす結果となった。病院長たちも地域で存続充実運動を行なうのではなく、増収対策よりも労働条件の引き下げで、「即効性のある黒字」にすれば病院は「生き残り」できるとの立場をとり、売却反対・存続運動を進める健保労組、地域住民の会等の地域運動を攻撃した。そして、職員の側にも、改善への要求をすることに萎縮する傾向が顕著に表れた。これらが、攻撃深部の本質を見ない間違った方針であったことは、後の経過で明らかとなる。

(2) たたかう基本方針の確立へ

　幸いにも、健康保険病院労働組合（健保労組・単一）の前身である健康保険病院労働組合連合会（健保労連・連合体）は、その歴史編纂において過去の統廃合反対運動を以下のように総括していた。

　　「統廃合は単純に経営の赤字によって起きるものではなく、国家の政策によって行われる。従って統廃合のすきを与えないためには、健康保険病院が日常的に患者・地域住民・国民から愛される施設となっているかどうかにかかっている。」（『健保労連33年の記録―動脈―』1997年、277頁）。

　その後、健保労組は、この総括を基本に、地域住民との協力に力点を置き、「地域住民から信頼される社会保険病院と老人保健施設をつくろう！」との行動スローガンに発展させてきた。また全国で行なわれた国立病院などの統廃合反対運動の貴重な教訓があった。これら諸教訓を活かし、産業別組織である日本医労連と都道府県医労連、健保労組本部と支部が基軸に、「地域住民の会を立ち上げ、自治体当局への要請、議会の意見書採択、自治会・町内会、

商店会、地域医師会、各政党等の自治体議員と議会、与野党の国会議員など、できるだけ広範な人々と協力して運動する」との運動方針を決めた。

そして、これらの"地域運動"を通じて、地域の医療要求を知り地域の医療を守ること、社会保険病院等の分割・廃止に反対して各地域の医療要求に沿った特色のある医療機関をめざすことなど、調査・政策活動を強め、『全国一本の法人による経営確立、社会保険病院・厚生年金病院等を公的な病院として存続させる』との基本方針を確固なものとしていった。

3　社会保険都南総合病院におけるたたかい

(1)　始まった廃止、売却攻撃

たたかいの「第1ラウンド」は、都南病院の東京北社会保険病院への移転取りやめ・廃止攻撃に対するたたかいであった。前述したように、自民党のとくに医系議員の攻撃に恐れをなした厚生労働省・社会保険庁は2002年12月、①東京北社会保険病院の全社連への委託を取り消す、②都南病院の東京北社会保険病院としての新築移転を取りやめる、③2003年3月31日で都南病院は廃止する、との「政治決断」を行なった。

この政治決定は、国立王子病院の後医療として社会保険病院が移転してくることを期待していた東京都北区住民の長年の希望を打ち砕き、都南病院職員の新病院での夢を消した「大事件」であり、多くの北区住民の怒りをかった。

日本医労連と健保労組は、都南病院問題で「社会保険病院闘争委員会」（2003年2月）を結成し、同年6月には統廃合対策会議を開き全国的運動に拡大する意思統一を行なった。

日本医労連と健保労組、地域住民の会は、共同で建築中の北病院の門前に『東京北社会保険病院の早期開設を求める連絡センター』を開設、運動を展開した。

(2) 東京北社会保険病院の存続

「地域にとって重要な役割を果たしている」とTBS『噂の東京マガジン』など多くのマスコミが「都南病院問題」を頻繁に報道し、社会問題化、政治問題化していき、坂口厚生労働大臣、木村副大臣、堤社会保険庁長官、自民党の医系国会議員らの企ては大きな打撃を受け、東京北社会保険病院を売却・廃止できないところまで追い込まれた。

そして、東京北社会保険病院は社会保険病院として残り、全社連に代わる新委託事業者の選定が同年3月28日に東京都北区に示された。こうして、病院は、同年6月13日に自治医大の卒業生でつくる公益法人「社団法人地域医療振興協会」へ経営委託された。都南病院は移転できなかったものの、東京北病院を社会保険病院として開設させることができたのは、労働組合と地域住民の会が連帯してたたかった大きな成果であった。

一方、全社連は、厚生労働省・社会保険庁の暴挙に抗議するのではなく、事実上同調し、2003年3月17日に都南病院職員に整理解雇通知を出し3月31日に全員整理解雇した。この事態は「全社連は職員の雇用を最後は守らないこと」を赤裸々に院内と世の中に示すこととなった。都南総合病院職員9人は国と全社連を相手に雇用確保と慰謝料を求めて裁判に訴えた。また、賀古眞・都南病院長も国を相手に4月28日に慰謝料を求め裁判を起した。賀古裁判は棄却されたが、判決の中で裁判長は、厚生労働省と社会保険庁の「政治決断」を断罪した。

(3) たたかいから得た教訓

東京北社会保険病院が新たな委託法人のもとで社会保険病院として残ったことは、社会保険病院が「つぶれるかも」と落胆していた全国の仲間を励まし、また当局のやり方に怒りをつのらせた。そして、私たちは、都南病院・東京北社会保険病院に対する攻撃と徹底してたたかうことで、社会保険病院、厚生年金病院等の存続と充実を求める運動への自信と展望をもつことができた。「地域運動」を機軸にして、「地域にとって重要な病院」づくりを合言葉にしてたたかえば、社会保険病院の存続・充実の展望が切り開かれることを

経験したことは、その後のたたかいへの大きな弾みとなった。

　逆に、全社連や施設管理者が推進する「経営改善計画」に沿った労働条件の引き下げと労働組合攻撃では、社会保険病院が地域での信頼を築けないことを明白にした。私たち医療労働者が、先頭にたって、安全・安心・信頼の、質の高い医療・看護・健診・介護を地域住民に提供できるようにがんばることの必要性をたたかいは教訓として示した。

(4) 厚生年金病院、船員保険病院なども売却対象に

　最初、問題にしていなかった年金福祉施設の厚生年金病院（10施設）について、2004年の通常国会で議論された。与党年金制度改革協議会は同年3月10日、「年金福祉施設等の見直しについて（合意）」を取りまとめ、①今後年金保険料は福祉施設の整備費等には投入しないこと、②福祉施設の整理を行なうための独立行政法人を設置し5年を目途に整理合理化を進めること、などの方針を示し、厚生年金病院については、「平成16年度中に各施設の経営状況を明確にし、平成17年度に整理合理化計画を策定し、地方公共団体や民間への売却を進める」とする一方、「地域医療にとって重要な病院については、地方公共団体等と協議の上、その機能が維持できるよう十分考慮する」こととし、社会保険病院に先行して売却する方針を示した。また、厚生労働省は2006年、船員保険の福祉施設については、船員保険病院についても、整理合理化を進め、地域医療に果たす役割にも留意しつつ、今後関係者の意見を十分配慮して、検討を進めることとした。

　さらに、2005年10月、社会保険診療所7施設と健康管理センター15施設が、発足したばかりの独立行政法人年金・健康保険福祉施設整理機構（RFO）に出資され売却の対象とされた。健保労組加入の東京の4センター（新宿、葛飾、鶯谷、八王子）、大阪の長堀、福島も含まれており、健康管理センターは、2010年1月末までにすべてが売却された。ただ、新宿診療所は、存続を求める地域運動（署名）によって新宿区議会で2回にわたり「意見書」が採択され、国会でも大きな問題となった。しかし、厚生労働省も民主党政権も売却方針を変えず、2009年10月22日の一般競争入札で民間に売却された。

4 年金・健康保険福祉施設整理機構（RFO）発足

(1) 法案阻止へ僅差まで追い込む

　2005年7月、売却のための「独立行政法人年金・健康保険福祉施設整理機構（以下、RFO）法」が5年間の時限立法として成立し、同年10月に発足した。

　自民党は、このPFO法を姑息にも参議院先議で提出した。濱田實健保労組中央書記長が参議院の厚生労働委員会の参考人として出席して社会保険病院・厚生年金病院等の重要性を強調した。また、「日本の医療は、ほとんどが公的な医療機関であるヨーロッパ型ではなく、私的医療機関がほとんどのアメリカ型でもない。日本の医療機関は、8割の民間の医療機関と2割の公的な医療機関が協力して明治以来世界にもユニークな形で発展してきた。これを大切にすべきである」（要旨）と意見陳述した。

　法案は、まず、2005年4月19日の厚生労働員会で採択された。可否同数を避けるため公明党は売却に批判的な議員を入れ替え、自民党・公明党の13人が賛成、民主党・共産党・社民党の11人が反対と僅差での可決であった。また、法案は翌日の参議院本会議で、自民党・公明党の賛成多数で可決されたが、当日に採択された法案のなかでは反対が一番多かった。この状況は、まさに私たちの地域運動がつくりあげたものであった。法案は6月20日の衆議院本会議で成立した。

　衆議院厚生労働委員会では、「政府は、厚生年金病院の整理合理化計画については、地域の医療体制を損なうことのないように、十分な検証をした上で作成すること。」との「附帯決議」がされた。また、先に、法案提出に当たっては、与党社会保障政策会議において、①地域医療にとって重要な病院については、地方公共団体等と協議のうえ、その機能が維持できるよう十分考慮する、②病院の譲渡にあたっては、病院機能の公益性を損なうことがないよう十分に検証したうえで、適切な方法によって結論を得るべきである、等を内容とする「合意事項」が確認されていた。

こうした「合意事項」や「附帯決議」の背景には、地域における広範な公的存続を求める住民運動があった。しかし、売却法人ができた以上、もう私たちには、全国で「壮大な地域運動」をつくりあげるしか『全国一本の経営・公的な病院』での存続はできない事態となった。

(2) 存続へ高まる世論

社会保険病院等の整理合理化が保険料の無駄遣いなどの観点から議論される一方、医師不足、診療科の休廃止などを背景に、各地域では医療提供体制の確保に対する不安が高まっていた。そうしたなか、急性期医療や産科・小児科等を担う医療機能の確保が困難になり、これまで地域医療を担ってきた社会保険病院などについて、その機能維持・存続を求める声が大きくなってきた。

これらの事情をふまえ、2008年4月2日の与党社会保障政策会議において、①社会保険病院および厚生年金病院については、RFOに出資する、②出資された病院については、地域医療の確保を図る見地から、個別の病院または病院群として安定的な経営を図ることを基本に適切な譲渡先を検討し、その確保を図ることとする、旨の合意がなされた。

これを受け、厚生労働省は、2008年9月29日、厚生年金病院（10施設）、社会保険病院（53施設）、介護老人保健施設（29施設）、看護学校（11施設）、合わせて103施設をRFOへ出資することを決定し、同年10月1日これらの施設をRFOへ移管した。

出資された社会保険病院および厚生年金病院等はRFOの保有となったが、病院の運営は現状どおりで社会保険庁が運営委託していたこれまでの団体に委託し、これまでと同様の医療提供が行なわれることとなった。私たちの大きなたたかいの成果であった。

(3) 社会保険浜松病院の売却

一方、2008年12月13日、突然、全社連が社会保険庁から経営を委託されていた社会保険浜松病院（静岡県）の経営放棄を自ら決めた。そのため浜松病院は、初めて厚生労働大臣に譲渡対象施設として選定され、RFOに売却が

通知された。同病院は、同年 7 月 31 日に移転用地が入札に付され、同年 10 月 23 日、医療法人弘遠会により落札された。全社連の社会保険病院・厚生年金病院等の経営者としての地位は完全に失墜した。

一方、船員保険病院は、船員保険の保険者が社会保険庁から全国健康保険協会となることにともな

全国連絡会第 2 回総会。講演する日本福祉大学牧野忠康教授（2009 年 11 月 17 日）

い、2010 年 1 月以降、社会保険庁として事業を行なうことができなくなり、全国健康保険協会も病院経営は行なわないと表明、船員保険病院の取り扱いが宙に浮くので、今後の検討が求められた。健保労組は全国連絡会とともに海員組合とも連帯して運動することになる。

(4) 「住民の会」と「全国連絡会」の結成

日本医労連は、2008 年 5 月 21 日～22 日に「医療再編・統廃合問題全国活動者会議」を大阪で開催し、9 月までに各地に「住民の会」をつくること、50 万人署名を進めることを決定。同年 7 月の健保労組大会でも「50 万人署名」に取り組むことを決定した。

地域住民の会は全国 38 ヵ所で結成された。「住民の会」の結成とその運動は、日ごろ行きつけの飲食店主たち、患者・患者団体、国会議員の親族、町内会と連合町会、地域医師会、団地自治会、地域労連、住民となった病院のOB や OG、地域のテレビ局や新聞、地域の大学の教授、自治体首長などさまざまな地域の人々を結集したものであった。また保守系の元県会議員など地元の有志も、「住民の会」の会長や役員を引き受けてくれた。組合員たちも、地域商店街の祭りなどの行事に積極的に参加していった。

このような、地域からの運動と組織を土台に、2008 年 10 月、「社会保険病院・厚生年金病院の存続をめざす全国連絡会」（以下、全国連絡会）を、各地の住民の会、労働組合など 95 団体 105 人の参加で結成した。この全国連絡会の結成が、全国的な運動の"発信基地"となり、私たちの運動を飛躍的に発

展させることになるのである。

「50万人署名」は、59万3300筆と目標の50万人を超えた。そして、先に取り組んだ「30万人署名」（48万6789筆）と合わせ108万89筆と100万筆を突破した。これが、国会議員や厚生労働省に対する大きな請願行動となった。

(5) 譲渡基準の通知

政府は、RFOの存続期限である平成2010年9月末までに病院の譲渡を進める一方、結果的に譲渡が決定しなかった病院の取り扱いについては、引き続きその運営形態を検討するとした。それに向けて、2009年3月6日に、社会保険病院および厚生年金病院の譲渡基準が桝添要一厚生労働大臣からRFOに「通知」された。その内容は、①社会保険病院等の譲渡の際、年金資金等の損失の最小化を図りつつ、地域の医療体制が損なわれないように十分に配慮すること、②地域医療の確保を図る観点から、各地域医療における各社会保険病院等の機能をふまえ、その所在地の地方公共団体の意見聴取のうえ、譲渡対象となる社会保険病院等を選定すること、③譲渡の相手方は、地方公共団体、公益性のある法人または医療法人とすること、④医療機能の維持を社会保険病院等の譲渡条件とする場合には、所在する地方公共団体の意見も聴取して譲渡条件を設定すること、などである。この「通知」で、「地元の意見を聴く」としたのは、病院の存続を求める地域の人々の声が反映したものであった。

(6) 病院問題が総選挙の焦点に

自公政権が社会保険病院等を譲渡する方針を示す一方で、当時野党の民主党は、私たちの地域運動を反映した「厚生年金病院及び社会保険病院は公的に存続させることを原則に、新たに『地域医療推進機構（仮称）』を設置して両病院の管理、運営にあたらせます」との記述を、選挙公約「民主党政策集INDEX 2009」に盛り、2009年7月に発表した。それとあいまって各党が衆議院選挙の公約・マニフェストに社会保険病院・厚生年金病院についての政策を記載する状況となった。これも、私たちの運動が影響した画期的なこと

2009年総選挙での各党の公約

◇**与党**（当時、2009年総選挙で野党へ）
【**自民党**】社会保険病院・厚生年金病院については、地域医療の確保の観点から必要な病院機能を維持するよう対応する。(注：公的病院での存続かどうかがあいまいである。)
【**公明党**】社会保険病院・厚生年金病院について、医師不足や診療科休廃止などを防ぎ地域医療の確保を図る観点から、公的医療機関としての機能を存続できるよう、早急に対応します。（注：公的「機能」が維持できれば売却もあり得るとの表現になっている。）
◇**野党**（当時。民主党と社民党は2009年総選挙で与党へ）
【**民主党**】4疾病5事業を中核的に扱う公的な病院（国立・公立病院、日赤病院、厚生年金病院、社会保険病院等）は政策的に売却しません。厚生年金病院及び社会保険病院は公的に存続させることを原則に、新たに「地域医療推進機構（仮称）」を設置して両病院の管理、運営にあたらせます。
【**日本共産党**】不採算部門やへき地医療をになう公的医療機関の役割を投げ捨てる政府のやり方をあらため、国公立病院、厚生年金病院、社会保険病院など公的医療機関の乱暴な統廃合や民営化をやめ、地域医療の拠点として支援を強めます。
【**社民党**】国公立病院、厚生年金病院、社会保険病院などの公的病院の統廃合・民営化を行わず、小児・産科・救急等の地域医療を守ります。

であった。

5 「独法・地域医療機能推進機構法案」の成立をめざして

(1) 法案の提出と廃案

　政治家の年金未納問題や年金記録不始末問題などの不祥事が相次ぎ、社会保険庁は2009年12月31日をもって廃止され、社会保険病院等の所有者が消滅し、このままでは「全ての施設は廃止になる」状況に至った。
　このようななか、2009年の総選挙で民主党が圧勝し、9月に鳩山由紀夫内閣が発足して政権交代が実現した。民主党・社民党政府は、選挙公約にそって深刻化しつつある地域医療の確保のために「独立行政法人地域医療機能推進機構法案」を閣議決定し、10月の第173回臨時国会に提出した。
　法案の内容は、新機構を2011年4月1日に設立し、①社会保険病院および厚生年金病院、船員保険病院等の運営を担わせること、②新たな機構設立ま

でRFOの存続期限を延長すること、③公益法人等への病院運営委託を2013年3月末までとすることなどであった。法案は継続審議となり、翌2010年の第174回通常国会で、衆議院厚生労働委員会および衆議院本会議（一部修正）で賛成多数で議決された。

　参議院においては、5月31日、厚生労働委員会に付託され、6月1日に趣旨説明が聴取され、6月会期末までに法案の採決が予定されていたが、6月2日の鳩山首相の突然の辞任表明で、その後、参院厚生労働委員会や本会議が開かれないまま、6月16日の会期最終日を迎え、法案は審議未了により無念にも廃案となってしまった。

(2)　参議院選挙で民主党敗北

　長妻昭厚生労働大臣は、「2010年秋の臨時国会で再度法案を提出し成立を期す」と表明していたが、管直人首相が参議院選挙を前に公約にもない消費税引き上げを述べたことから国民の反発を受け民主党は参議院選挙で敗北、与党は参議院で過半数を割る「ねじれ国会」となってしまった。

　そのため、選挙後の臨時国会には法案の再提出ができず、やむをえずRFO法を一部改正し、RFOを2年半延ばす法律を通すにとどまった。先の通常国会での地域医療機構法案廃案、秋の臨時国会のRFO法延長という、惨憺たる状態であった。私たちは、いったんは落胆したが、気を取り直し新たな法案の成立のために国会議員への要請行動を強めるとともに、国会議員会館での「院内集会」や「報告会」を重ねていった。

(3)　3・11東日本大震災への支援

　2011年3月11日、「東北地方太平洋沖地震（東日本大震災）」が発生し、全国の医療機関も人命救助のために支援にかけつけたが、社会保険病院、厚生年金病院等は東北病院、宮城病院、仙台病院、二本松病院に対し医師、看護師等医療スタッフの派遣と物資の支援を行なった。また、仙台病院等は、健診車を「ミニ診療所」として派遣し被災地の住民の医療活動にも従事した。この震災支援が、あらためて全国ネットワークの公的医療機関、社会保険病院・厚生年金病院等の存在意義を浮き彫りにした。また、食糧・医薬品の備

蓄、人員など、国からの経営改善圧力のため、これまで削られてきた部分であったが、直営の給食部門が自前だからこそ食糧を緊急に援助できたことから、給食部門の直営は災害時に重要であることも明確となった。これらも、「全国一本の経営で、公的な病院」として存続させることの必要性を示すこととなった。

「機構法案」早期成立要請行動（2014年4月14日）衆議院議員総会室

(4) RFO法の一部改正の成立

『全国連絡会』の国会議員要請、厚生労働省要請で、1年近く遅れて、前年の通常国会で廃案となった「地域医療機構法案の骨格」を盛り込んだ「RFO法の一部改正案」が2011年6月10日、国会に与野党の議員立法として再提出された。

この第177回通常国会中に、私たちは4回院内集会を開催し法案成立の追い込み体制をとった。2月2日の「なんとしても通常国会で公的存続法案の成立を！」めざそうと開催した館内集会には、民主党、国民新党、自民党、公明党、共産党、社民党、みんなの党より国会議員等が参加した。公明党からは厚生労働部会長が初めて参加した。各党の議員は、3月4日の院内集会、5月19日の参議院議員会館内報告集会などにも参加した。

これら、一連の「院内集会」と与野党の国会議員への要請行動により、ようやく与野党による全国ネットワーク・公的存続の議員立法提出の基盤が確立するのである。そして、与野党の議員が提出した法案（議員立法）が、衆議院本会議2011年6月10日可決、6月17日の参議院本会議で賛成228人、反対11人で可決される。なお、衛藤晟一自民党参議院議員が党議に反し一人棄権した。

こうして、「全国一本の経営・公的な病院」として存続される、RFO法の一部改正が与野党の賛成多数で成立したのである。

(5) 目的の達成とその後のたたかいへ

「ねじれ国会」のもとで地域医療機構法案を成立させるためには内閣法の提出はどうしても無理で、与野党の議員立法とすることにしたために妥協して「RFO法の一部改正案」とした。そのかわり法案の第2条に廃案となった地域医療機構法案の内容をほぼそのまま入れた。ただし、運営費交付金の不支給と、売却できる条項の条文への記載についてはやむを得ず妥協した。

こうして『独立行政法人年金・健康保険福祉施設整理機構法の一部を改正する法律』は、売却勢力を封じ込めて成立した。一度廃案となった『独立行政法人地域医療推進機構法』の内容がほとんど盛り込まれたじつに巧みな法律案であった。これは全国一本の経営で、かつ、公的な病院として存続させる法律案の成立を望んだ与野党の国会議員の知恵であった。「ねじれ国会」のもと、私たちも法案成立を優先させた。

国会議論では、施設売却を進めたい勢力は、衆・参の厚生労働委員会で「厚生労働省は、売却に努力すべき」との激しい追及を展開したが、2011年、与野党の圧倒的賛成で法案は成立した。しかし、法律では、RFOから地域医療機構への移行は2014年4月1日とされた。また、厚生労働委員会の「付帯決議」で移行まで売却することが努力義務とされた。

私たちは、10年に及ぶ売却・廃止の攻撃に負けず、労働組合と地域住民の共同の運動で、「全国一本の経営による公的な病院による存続のための新たな法律をつくらせる」運動を展開し、その目的を達成する大きな成果をあげたのである。

しかし、厚生労働委員会の「付帯決議」で移行まで売却に努力することが盛られたため、私たちには、売却させないための運動の強化が求められた。

6 新機構移行期における売却反対のたたかい

(1) 売却をめぐり"綱引き"

たたかいの「第3ラウンド」は、地域医療機構法成立から新機構への移行

期の売却反対の激しいものであった。2012年3月14日に、地域医療機構法の施行日を2014年4月1日とする政令が官報で公布された。この約2年後の法の施行日まで、すなわち新機構への移行までの2年間が病院を売却しようとする勢力と、これに反対する私たちとの激しいたたかいとなった。

　厚生労働省は、地元自治体に対して売却に「賛成か反対か」を問う「自治体アンケート」を2回行なった。これに対し全国連絡会は、自治体に対し、売却に反対するよう求める運動を強化した。

　このようななか、地域医療機構法成立後の2013年5月、小宮山洋子厚生労働大臣は川崎社会保険病院を、地域医療と職員の雇用確保を前提にした随意契約ではなく、多くの住民の反対を押し切って、なんと、地域医療と職員の雇用確保の保障のない「一般競争入札」での医療法人社団葵会への売却を強行した。そのため、職員の確保ができなくなり、政府は地域医療を確保するという法律の前提を崩した。しかし、川崎病院の仲間のたたかいと犠牲で、小宮山厚労大臣は、今後の売却は年内までとし、売却方法は随意契約とすると言明せざるをえなかった。

　その後12月末までに、①東北厚生年金病院（宮城県仙台市）が東北薬科大学へ、②健康保険鳴門病院が徳島県に、それぞれ売却され民間型の県独立行政法人として運営に移行した。また、社会保険鰍沢病院（山梨県富士川町）が一部事務組合運営で地方公営企業法の全部適用で経営されることとなった。しかし、随意契約で、全職員の雇用と労働条件はそのままで移行された。また、全社連以外の委託団体が関与していた社会保険病院は職員もそのままで売却された。

　なお、RFOに出資されていない船員保険病院は、社会保険庁が廃止されたことに伴い、国の普通財産として厚生労働省が保有したうえで、（財）船員保険会に管理委託され2014年4月1日に社会保険病院、厚生年金病院と同じく地域医療機構の運営となった。

(2) 解雇撤回闘争の回避、移行希望者全員を雇用

　初めての社会保険病院・厚生年金病院・船員保険病院の「院長会議」（2012年4月23日）において尾身茂・RFO新理事長は「整理機構の業務は水島前

理事長で終わり、これからは、地域医療推進機構を立ち上げ、その推進が自分の使命である」ことを強調した。

　ところが、政権が民主党から自民党に移るとともに、RFOに派遣されていた厚生労働省の官僚たちは、全員移行するとしていた国会での厚労大臣答弁には反し、職員は、2014年3月31日で「整理解雇し、退職手当を支払う」という方針を示したため、多くの職員に不安と衝撃を与えた。

　こういう状況下で、職員の雪崩的退職を防ぐため、2013年4月1日および6月1日（2回）に尾身理事長は、厚生官僚の考えを翻して「現職員は、基本的に全員採用したい」と表明した。それでも実際に移行する翌年の4月1日までの職員の雇用確保は官僚との激しいたたかいとなったが、2014年4月1日、地域医療機構への移行に際しては、移行希望者全員が雇用され解雇撤回闘争は回避された。

　そして、2014年4月1日、独立行政法人地域医療機能推進機構（JCHO〈ジェイコー〉）に社会保険病院（44施設）・厚生年金病院（10施設）・船員保険病院（3施設）・社会保険介護老人保健施設（26施設）・看護専門学校（7施設）・健康増進ホーム（3施設）・研修センター（1施設）、職員約3万人が移行した。

7　たたかいの評価と教訓

　（1）　なによりも「労働組合と地域住民の会との共同運動」ができあがり、売却廃止反対・存続充実運動がさまざまな大きな運動連鎖の土台となったことであった。この労働組合の運動と各地の住民の会の運動を結合した「社会保険病院・厚生年金病院の存続をめざす全国連絡会（全国連絡会）」は、各地の運動を孤立させず全国運動として広範に深く展開するうえで極めて重要な役割を果たした。この『全国連絡会』があったからこそ全国一本の公的なネットワーク病院として存続できたと言っても過言ではない。

　（2）　病院等の所有者の社会保険庁の解体のなかで、経営形態として「全国一本の経営（全国ネットワーク）による公的な病院つくろう」をスローガンに基本路線を粘り強く貫いた運動を展開したこと。

（3） 地域の人々や労働組合の協力を得て、目標とした数を上回る100万筆もの署名を集約し、また、自治体議会等の意見書採択は、516に達した。これは、厚生労働省や国会議員に強いインパクトを与えたこと。

（4） 報道各社への働きかけを重視し社会問題、政治問題化するように努めた。そして多くの新聞、雑誌、テレビが、社会保険病院・厚生年金病院等の売却は地域医療崩壊をさらに進める施策として政府・厚生労働省のやり方を批判する報道を行なった。

そして、全国における「全国一本の経営・公的な病院で存続せよ」という声の広がりのもとで、自公が与党であったときも、民主党が与党であったときも、選挙の公約・マニフェストで、各党が社会保険病院・厚生年金病院等の公的存続を「競って」掲げる状態をつくったこと。

（5） 暑い日も、寒い日も、風の日も、年配の地域住民、患者やその家族が厚生労働省前の座り込み宣伝行動を行なった。これは18回に及んだ。のちに厚生労働省から「地域住民のかたが座り込んでいるのを見ると忍びない」と感想が聞かれたように厚生労働省職員の心情にも影響を与えたこと。

（6） 経営主体側のRFOにも「売却するな、公的存続せよ」の要請を厚生労働省に粘り強く行ない続けたこと。

（7） 2010年通常国会で法律案は一度廃案となったが、「全国連絡会」は地域住民とともに国会傍聴行動、与野党の国会議員要請運動にねばり強く取り組み、それは43回にも及んだ。そして、与野党による議員立法提出の環境をつくった。それは、参議院本会議での可決が、賛成228人、反対11人という数値に顕著に現れている。10年の運動が凝縮された数値である。

（8） 政府の分割・民営化による医療機関の統廃合攻撃のなかで、住民とともにねばり強くたたかい続け、社保険病院・厚生年金病院等を「全国一本の経営 公的な病院」として存続させ、地域医療充実への展望を残した意義は大きい。独立行政法人地域医療機能推進機構病院（JCHO）は、戦後初めて分散型の病院毎の「独立採算性」を卒業し、全国一本で経営される施設として、地域医療機構という名称を名実とも体現する病院として、地域住民の命と健康、そして「生活を支える」病院として拡充する責務がある。

それは、健保労組（健康保険病院労働組合）の名称を全日本地域医療機能

推進機構病院労働組合（略称『全地域医療JCHO労組』）と改称した労働組合にも、地域医療拡充の使命に「魂を入れる」運動が求められているということである。

追記── 2016年4月 JCHOうつのみや病院の売却を阻止へ

　2014年4月1日に2年半の経過期間を経て「独立行政法人地域医療機能推進機構（地域医療機構JCHO）」がようやく発足した。戦後、それぞれのやり方で地域医療を提供してきた風土が異なる社会保険病院、厚生年金病院、船員保険病院等がJCHO（ジェイコー）病院として「統合」された。

　ところが2年目の後半、2015年12月11日栃木県宇都宮市にあるJCHOうつのみや病院を民間の医療機関である社会医療法人山中会が譲渡を求める申請書を厚生労働省に提出した。山中会は、自民党の政治家たちに政治献金をばらまき2年間周到な準備をして買収申請をした。第4ラウンドの攻撃が起こった。背景には厚生労働省の「病床削減策」がある。増床できないので、既存病院を買収し、増床しようとの働きである。

　わたしたちが、この事態を知ったのは2016年4月9日。売却反対のため、全地域医療JCHO労組・支部のJCHO病院の職員集会、県医労連・県労連や住民会（拡充させる会）による地域住民への宣伝、地元医師会の署名運動、与野党への要請などの地域運動で、短い期間に7万5000筆を超える署名を集約した。また、宇都宮市長への地域住民の譲渡反対の大きな声、市と県の医師会への譲渡反対の回答、このような地域運動によって厚生労働省から意見を求められていた市長と知事は、JCHOうつのみや病院を地域医療の中核病院として継続を求める回答を行った。こうして地域運動は厚労省に常識があるならもう売却は決定できないところまで追いつめた。

第2章
自治体病院の統廃合・移譲反対運動

第1節　岩手県立病院の市町村移管とのたたかい

　　　　　　　　　　　　　　　　　　　　　　　　　　　春山一男
　　　　　　　　　　　　　　　　　　　　岩手県医療局労働組合副中央執行委員長

はじめに——県立病院の歴史と労働組合

　1981年からの第2次臨時行政調査会による「行財政改革」は、上からの「地方分権」の嚆矢であり、岩手県政にも影響を与えた。その象徴が「県版行革」であり、1983年には「岩手県行政事務運営改善調査報告書」が提出され、そのなかで「中核となる公立病院は県営とし、その他の公立病院は市町村営とする」との方向が示された。これに対し県立病院の労働組合である岩手県医療局労働組合（以下、県医労）は、県立病院を市町村移管させないために大規模な県民アンケート等を行ない、住民といっしょに県営医療を守る運動をし、「現行28病院体制」（当時の県立病院数）を守った。

　岩手県は、県立病院が多い県として有名である。戦前は他県と変わることなく、住民が設立した産業組合の病院[1]等（病院、診療所など、以下同じ）、国策としての日本医療団の病院等、そして県立としての病院等が混在していた。戦後、こうした病院群については、多くは産業組合による病院設立の流れから、厚生農業協同組合連合会≒農協の経営する病院として存続された。しかし、岩手県は全国と異なった道を選択した。

　この経緯について、『県医労40年の歩み』[2]は、1948年のアメリカの社会保障制度調査団（ワンデル調査団）による『日本の社会保障制度の勧告』（1948年7月に日本に送達された）の影響で、2次、3次医療は国・公立病院を中核にするという構想を「岩手県をモデルにしようとの動きがあったのではないか」と指摘し、岩手県医療局の開庁記念式に、連合国軍最高司令官総司令部（GHQ）から担当将校が出席したことが紹介されている。こうしたことなどを背景に、1955年11月1日、3つの系列の全医療機関が他県で見られる厚生

1）　1900年（明治33年）の産業組合法によって設立された医療利用組合。
2）　岩手県医療局労働組合編『県医労のあゆみ』1993年6月刊行。

連等の経営ではなく、県営医療としてスタートし現在に至っている。

　労働組合は、戦後すぐの 1945 年 11 月、県農業会職員連盟結成準備会を皮切りに、各病院で結成され、翌 46 年 6 月には農業会病院 17 病院等の労働組合による、岩手県農業会医療関係従業員組合（各病院の労働条件の差が大きいため、共闘組織としての性格がある組織）が結成された。県立病院発足の翌年 1951 年 6 月、単一組織への切り替えを確認しつつ、当面、連合体組織として、岩手県医療職員組合連合会が結成され、1960 年の地方公営企業法全部適用後[3]、岩手県医療局労働組合と改称し今に至る。

1　国の「臨調行革」と県版「臨調行革」

　そもそも「臨調行革」とは、なんだったのか。地方を巻き込んだ行政改革の嵐は、数度にわたり国民、県民、市民を苦しめてきた。その 1 つが、岩手県出身の鈴木善幸首相が「増税なき財政再建」を掲げ、1981 年からの「第 2 臨調」（第 2 次臨時行政調査会の設置）による上からの行政改革である。概算要求の伸びをゼロとする「ゼロシーリング」の実施や、国鉄など三公社の民営化を提言した（実施は中曽根内閣時）。

　国の行政改革を中心にしながらも、「社会保障等の経費削減」「地方を含めた行政機構の再編成」も課題とされ、「医療費の適正化」「老人保健法の早期成立」などが「緊急に取り組む改革方策」[4] として示された。岩手県も、1982 年 11 月に「県行政改革懇話会」を設置し、県版行革への提言を求めた。また、83 年 9 月には、知事を本部長とする「岩手県行政改革推進本部」を設置し、84 年 2 月に「行政改革大綱」を発表した。そのなかで、県立病院について、財政運営の健全化を求めるとともに、「県、市町村、民間の機能分担、配置の適正化等あらゆる観点から見直しを行ない、改善について研究を進める」とし、市町村への経営移管をにじませた。

3）　病院、上下水道など地方公営企業の運営に関する法律で、病院については財務規程が強制的に適用され、職員の身分取扱は任意適用となっている。財務規程だけを一部適用、任意部分も適用することを全部適用という。
4）　臨時行政調査会「行政改革に関する第 1 次答申」1981 年 7 月 10 日。

この「行政改革大綱」のベースになったのは、岩手県が地方自治協会[5]に委託して作成された「岩手県行政事務運営改善調査報告書」（1983年1月）であり、ここでは、「機能分担を明確にし、たとえば中核となる公立病院は県営とし、その他の公立病院は市町村営とする」との方向を示していた。

2　県医労のたたかい

（1）　前史――2つのたたかい

県医労の歴史で、触れないわけにはいかない2つのたたかいがある。1つは、1965年の患者の人体実験をめぐる「南光闘争」である。県立南光病院での臨時職員の正規採用を求める団体交渉について、「病院長を監禁した」として組合幹部等4人が逮捕される「事件」がでっち上げられた。裁判闘争に取り組むなかで、人体実験が行なわれていた事実が明らかになり、国会でも取り上げられた。こうした事実を県民にも広く知らせ、団体交渉の正当性を訴えるなかで、全員の無罪を勝ち取り、処分撤回、職場復帰を実現した。6年余の歳月を費やした運動であった。

いま1つは、いわゆる夜勤制限の「ニッパチ」闘争である。夜勤を看護師2人以上で、月8日以内を求めたことから、2と8でニッパチと称された。1968年の新潟県立病院での「月8日夜勤を3年以内に実施」するという成果を受け、岩手でも、岩手医科大学教職員組合や盛岡赤十字病院労働組合とともに、県医労も「夜勤制限闘争」として運動を立ち上げ、県民への宣伝などをし、岩手県地方労働委員会（当時）による「3年で261人の看護師の増員」を含む調停案を引き出し、月8日夜勤を実現した運動である。

（2）　岩手県版「行革」とのたたかい

県医労が、「県版行革」に対するたたかいを開始したのは、まだ、その方向性も、行政組織もつくられない時期だった。1981年7月に第2臨調の第1次

5）　現在は地方自治研究機構となり、市町村、広域市町村圏、都道府県など各地方公共団体と共同で調査研究事業を実施している。

答申が出され、直後に県医労の中央執行委員会はその内容を討議した。そして、累積赤字82億円をかかえている県立病院に対しても厳しい「合理化」案が出されることが想定され、「座して待つより、みずから県立病院のあるべき姿を県民に訴えていくことが大事である」との結論を導き出した。

　その後、県立病院がどうあるべきかを議論し、半年の職場討議を経て、1982年2月の県医労第87回中央委員会（定期大会に次ぐ決議機関）に「岩手県立病院を真に県民医療を守る"医療・保健センター"として発展させるための提言」（以下、「提言」）案を提起し、職場討議を経て同年6月の県医労第36回定期大会で満場一致で決定した。それは、患者を診る病院としての機能だけではなく、県民の健康を増進させる地域の保健センターの役割も県立病院が担い、訪問診療の実施や「保健衛生委員会」の育成、健康講座の実施、さらに「病院運営協議会」等を県民・住民の意見が反映する機関に強化する、診療報酬の適正化、地方公営企業法、医療法の改正までも射程に入れたものであった。

　県医労は、定期大会で決定された「提言」を実現させるため、県議会の各会派に要請するとともに、中村直知事（当時）にも提出し、趣旨を説明し実現を迫った。また、医療局長、各市町村長、市町村議会議長、県選出国会議員にも要請した。しかし、当の岩手県医療局は懇談の場さえ設けず、累積赤字対策のためとして「経営健全化計画」[6]の策定作業に入った。これに対して、県医労は1982年7月、有権者の10%、10万人をめざして「提言」支持の県民署名に取り組むことを決定した。沼宮内病院支部が一番最初に目標を達成し、久慈病院支部では「210人の組合員中、150人が署名行動に参加」「機関紙（各病院支部で発行しているニュース）も日刊体制で発行」されたり、1人で1015筆の署名を集める組合員がいるなど、9月末には10万筆を突破。11月8日からは署名推進を柱に「秋闘勝利をめざす県内キャラバン」を実施。13日までに24病院支部を訪問し、学習会、職場集会を行ない、各地での街頭宣伝には350人余の組合員が参加し、署名・宣伝に取り組んだ。こうした取り組みにより、わずか2ヵ月程で署名が11万筆を超え、11月に11

---

6)　1981年度の単年度赤字が約20億円、累積赤字が約82億円というなかで、大「合理化」計画が想定された。

万 2501 筆を吉野二郎医療局長（当時）に提出した。多くの組合員がこの署名運動に参加し、「不安はあった」ものの足を踏み出すと多くの県民から激励され、県立病院を守る責任を自覚した。そして、この経験が、その後の運動につながっていった。

(3) 県民医療アンケートの取り組み

　こうした県医労の取り組みの一方で、岩手県は前述のとおり「県行政改革懇話会」を 11 万筆の署名が提出された直後の 1982 年 11 月に設置した。県医労では翌年 4 月、県民と連帯して県立病院を守る取り組みを進めるために、「県民医療アンケート」に取り組むことを決め、選挙人名簿から 50 人に 1 人を無作為に抽出するなどし、組合員が手分けをして夜討ち朝駆けのごとく訪問しながら実施した。「自分たちへの苦情を聞きに行くなんて嫌だ」という率直な声も組合員からはあったが、「まず聞いてみようと、二人組、三人組を作って苦情を聞きに行ってみると（アンケートでの個別訪問のこと）、出てくるのは病院に対する苦情ばかりが多く、看護婦（当時）に対してはあまり」なく、最終的には「相手からは大変感謝される結果に」なった。この時まで、労働組合として、組合員として、「外に出ることがまずなく、患者さんの声を聞くということがほとんどなかった」[7]と言われている。病院内での署名や街頭での署名から、戸別訪問で地域に分け入ってのアンケート活動は、地域になくてはならない県立病院の存続へ、労働組合、組合員を鍛えていった。

　地方自治協会の「中間報告」に続いて、秋には「最終報告」が出される動きがあったことから、県医労では 1983 年 7 月に県民アンケートの「中間集約」結果を発表した。調査には一般県民 1 万 559 人、患者 1281 人の協力があった。結果は、「市町村への移管を臨む」人が 1.4％にすぎず、「県立病院の存続支持」が 87.5％という高率であり、また、医療機関との距離が遠くなればなるほど病人を抱えている家庭が多いことも明らかとなった。マスコミでも大きく取り上げられた。一方、「県行政改革懇話会」は、同年 7 月から花巻市、宮古市などで「行革のつどい」を開催し、県民の意見集約を計ろうとし

---

7 ）『県医労 40 年のあゆみ』での座談会から。

ていた。

　県医労では、この結果を、岩手医科大学や岩手大学の専門家などの論評も加え、『県民医療のすすむ道―「提言」の実現をめざして』という冊子（Ｂ５判、104頁）にまとめ、２万部を作成し県議会や市町村議会議員、市町村長等に配布するとともに、さらにリーフレットとして10万部を作成し、県内での地域宣伝に活用した。各市町村長への要請では、異口同音に「県立病院を（財政基盤の弱い）市町村に移管されては困る。住民が安心してかかれる県立病院の充実こそ必要だ」との意見が述べられ、「提言」への理解も示された。

住民、行政、議会等、広く共感を得た「提言」（1983年）

　こうした宣伝、要請行動と並行し、９月県議会、各市町村議会に「県立病院の市町村等への移管に反対し、強化・拡充を求める請願」を提出。県議会では保健商工常任委員会で採択され、1983年12月８日に本会議で採択された。この請願採択は、県当局に大きな影響を与え、その後に出された「県立病院等長期経営計画」（1991年策定の10ヵ年計画）では、「県立病院等設置の歴史的経過をもふまえ、現行28病院体制で臨みます」という方針決定につながった。じつに、請願採択から８年後のことであった。

　この間には、県医労の各病院支部でさまざまな取り組みが継続された。1985年には大迫病院支部が「地域医療懇談会」を４回開催し、そのなかで参加した住民から医師を増やして欲しいという要求が出され、「内科医師の複数化」など４項目の署名運動に取り組み、大迫町の住民過半数を超える4500筆を集め、県議会に請願した。同年12月には、23病院支部で「地域医療懇談会」を開催した。1986年には大船渡病院支部が「県立大船渡病院を守り発展させる提言」を発表した。

　1985年12月に、県立病院の充実を求める請願署名に取り組み、５万7306筆で県議会に請願した。1989年には、再び「10万人署名」（職員の増員などを要求）に取り組み、中村直知事（当時）に10万1576筆を提出した。

3 県医労の運動から住民との関係を考える

(1) 県立病院の歴史——「おらが病院」

　県立病院の発足はそもそも、貧困のなかにあって、せめて死ぬときだけでも医者にみてもらいたいという、また、無医村で死亡診断書さえ医師からもらうことができず警察官の「死体検案書」で埋葬許可を得ていたというような状況のなかで、住民自らが金を出し合うことにある。

　産業組合法にもとづく医療利用組合[8]として、1930年の気仙郡矢作産業組合がその最初と言われている。近隣の町の開業医と契約し、毎週1回の診療と、看護婦（当時）と助産婦（同）を常駐させる医療事業であった。こうした診療所は、地域住民の出資や土地、労力の提供があり、まさに自分たちでつくった病院であった。

　しかし、前述したように、戦後の医療再編のなかで、県営医療・県立病院として再編され、より安定した経営や医師の招聘が可能になったが、その一方で、「おらが病院」という意識、自らの健康を守りつつ、医療提供体制を維持するという考えが、少し薄らいだのかもしれない。それは地域住民だけでなく、県立病院に働く職員にとっても言えたのかもしれない。

(2) 「住民が主人公」という先進的な考え

　県医労は、当時、すでに「住民が主人公」「住民参加」という先進的な考えをヨーロッパの医療視察から学んでいた。「提言」づくりや「住民アンケート」運動の中心になったのが、永井丈夫中央執行委員長であった。

　永井氏は、1973年から5年間の休職専従期間[9]を終え、78年に職場に戻り、非専従の副中央執行委員長となっていたが、81年に県立病院在職中に退職し、同年の県医労第35回定期大会で専従の中央執行委員長となっていた。

8） 病院等を利用するための出資を募り、医療サービスを提供する共同組合。
9） 地方公営企業等の労働関係に関する法律によって、職場を休職し最長5年間、労働組合の専従役員をすることができる（当時）。

運動は1人のリーダーだけで進められるものではない。しかし、リーダーの存在を抜きに、語ることもできない。県医労は、それまで地方公務員の休職専従制度を利用し、2～3人の休職専従役員を擁し運動を進めてきた。永井氏は、1973年6月の定期大会で専従書記長として選出される。当時38歳であった。書記長4期目となった1976年、上部団体である日本医労協（日本医療労働組合協議会。現：日本医労連）は、フランス、イタリアへの医療調査団の派遣を計画し、永井氏は代表団員6人の中の1人に選ばれた。これが、永井氏にとっても県医労にとってもかけがえのない経験となった。調査団に参加した永井氏が、医療は「住民が主人公」ということと、病院運営に住民の意見を反映させる「住民参加」が重要なことを学んできたのだ。後年、永井氏は、この経験が、その後の「臨調行革」へのたたかい、県政への「提言」とりまとめという方針決定に「大きな影響をもたらしたことはいうまでもない」と述懐[10]している。

　海外で「住民が主人公」「医療への住民参加」という取り組みを、自らの目で見、耳で聞いてきたリーダーが県医労にいたことが注目されるのである。もちろん、労働組合の役員は、県立病院の歴史を学ぶ機会が多く、そうした考えを受け入れる素地があったこと、そして地域住民にも、まだ直接、当時の体験を語る親戚がいたことが、労働組合の積極的な姿勢ともあいまって、響き合ったのではないだろうか。

　約40年前の海外視察は、まだまだ一般的ではなく、出国者も現在の15％程度（2012年度との比較）であった。市民運動のなかでは、「Think Globally, Act Locally」、「目は世界に、行動は地域、職場から」（その後の環境保護運動のなかで、「地球規模で考え、足元から行動せよ」というスローガンになった）という言葉があったようだが、当時のグローバルの響きは、近視眼的になるなということであり、必ずしも世界を見よということではなかったと思われる。そうした時代に、海外に代表を送る運動があり、それに応える人材がいたことは特筆すべきことであろう。

---

10) 永井丈夫「海を跨いだひらめき」『民主文学』第48号、日本民主主義文学会盛岡支部、2013年5月。

(3) 住民と医療労働者の対話

多くの医療労働者（組合員）が、自分が住み働く地域や職場で署名や「県民アンケート」に取り組んだ。10万筆という大きな目標を設定した署名運動は、それを達成するために、個人的なつながりや、みんなの力を合わせて病院の外来や、地域での街頭で、さらに個別訪問をしての署名活動となった。さらに、県民アンケートでも、自分の回りにいる人に、聞きやすい人に聞いて結果を求めるのではなく、選挙人名簿で50人に1人を無作為に抽出し、その名簿で1軒1軒訪問した。

これらの取り組みは、住民への積極的な医療労働者の対話をともなったものであった。そして、こうした医療労働者の姿勢が県民の信頼を得、地域住民の県立病院を守るための運動を高揚させたのである。

(4) 地域医療の守り手としての労働組合——主体的に考え行動する力

身近な課題であっても、とりわけ大きな方針になればなるほど、上部団体の提起待ちということが、往々にしてありがちである。国を挙げての「臨調行革」の嵐の中で、中央段階では第1次答申が出された2ヵ月後の1981年9月には、日本医労協（当時）など中央6団体の呼びかけで、臨調路線に反対し国民の生活と権利を守る各界連絡会議が結成されている。もちろんこれは、国鉄の分割民営化など労働者と国民生活に大きな影響を及ぼす内容だったことによる。

この時期に、県医労では自らの県立病院への影響を集団討議のなかで明らかにし、県立病院の歴史をふまえ、地域医療を守るために県版行革に労組として積極的に立ち向かうことを決めた。具体的な行政改革の方針が出されてからの運動ではなく、それらを予測し、運動を始めたのだ。そこに、情勢と課題を主体的に考える労組の主体的力量があったことが注目される。

終わりに

もう当時の運動の中心にいた現役の労働組合員は残っていない。しかし、退職される組合員の「励ます会」などで、必ず聞かれたのが、「南光闘争」で

あり「ニッパチ」闘争であり、臨調行革の運動での、署名や県民アンケートの体験談、苦労話、そして感動、喜びの声であった。たたかいが組織を強め、個人を鍛えるということを聞かされてきたが、まさにその手本がそこにあった。そして、そこには、県医労の組合員としての誇りと自信を感じさせるものがあった。

第2節　岩手県立病院縮小再編反対の運動と労働組合

春山一男
岩手県医療局労働組合副中央執行委員長

はじめに

　岩手での県立病院発足の歴史は前節で紹介した。ここでは、21世紀に入っていくつかの県立病院の入院ベッドをなくすことをめぐる、岩手県・県医療局と住民組織、労働組合、県民との攻防を紹介する。

　総務省が発表（2007年12月）した「公立病院改革ガイドライン」を前後して、県医療局では、県立病院の縮小計画を発表した。2004年からの「県立病院改革基本プラン」、2008年からの「岩手県立病院等の新しい経営計画」である。この2つの「計画」で、5つの県立病院の無床化が計画された。住民の大きな反発のなか、住民組織や労働組合による署名運動、県議会への請願・要請行動などが行なわれ、一時は無床化を認めない予算の修正案が可決されたが、議会で知事が土下座をする「事件」を経て、最終的には6つの県立病院が無床化されたが、地域医療を守る大きな運動の可能性を示唆し、今も地域医療を守る運動が継続されている。

　本稿は、岩手県立大学大学院における筆者の修士論文「「地域医療」への市民参加のあり方に関する研究―イギリス・ブレア政権におけるNHS改革及び生駒市立病院建設運動等からの検討―」の「第2章　岩手県医療局における市民参加」を土台に、加筆等したものである。

1　「けんびょうにいく」から縮小再編へ

　1999年に県立一戸病院と精神単科病院である県立北陽病院の新築移転・統合があり27病院体制となった。2003年には岩手県内の109病院、2万861ベッドのうち、県医療局の経営する県立病院が27病院、6161ベッドを占め、入院患者のおよそ3人に1人、外来患者の2人に1人が県立病院を利用し、

表1　県立病院の新築状況

病院名	完成年度	病床数
大船渡病院	1994	479
東和病院	1995	71
千厩病院	1995	194
胆沢病院	1996	351
久慈病院	1997	354
伊保内病院	1997	45
一戸病院	1999	374
沼宮内病院	2000	60
大迫病院	2000	52
二戸病院	2003	300
磐井・南光病院*	2006	723
山田病院	2006	60
中部病院	2008	434

＊　2つの病院が併設されて建設された。

表2　無床診療所とされた県立病院

病院名	ベッド数
伊保内病院	45
紫波病院	65
大迫病院	48
花泉病院	75
住田病院	55

その後に60床の県立沼宮内病院も。

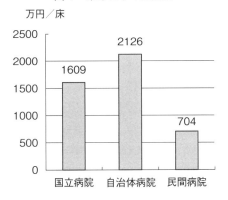

図1　床あたりの建設費

「けんびょうにいく」(県立病院に行く) という言葉が、日常的に使われてきた。

　1998年からの診療報酬の改定率の抑制、病院勤務医不足の静かな進行[1]、入院・外来患者数が激減する一方で、「1床当たりの建設費が高い」(図1) と言われていた自治体病院の例に漏れず、岩手県議会でも「民間病院の2.8から4.7倍」という指摘[2]があるなか、毎年のように病院の新築が続けられた (表

---

1) 小松秀樹、『医療崩壊—「立ち去り型サボタージュ」とは何か』(朝日出版社、2003年)。
2) 斉藤信県議は決算特別委員会で「この間の県立病院の建設費は1床当たりどうなっ

1）。その結果、2002 年には県医療局の累積債務が 100 億円を超え、内部留保資金が底を尽くかもしれないという財政状況の危機が顕在化した。そこで 03 年に県医療局が作成したのが 04 年度からの 5 ヵ年計画、「県立病院改革基本プラン」（以下、「改革プラン」と略）である。5 つの病院を診療所化（表 2）、別の 5 つの病院の各 1 病棟を閉鎖し、検査業務の集約化、調理部門の全面委託推進、医師以外の職員を削減するなど、病院を縮小し、経費支出を削減するという内容であった。

　時を同じくして、夕張市の財政破綻[3]を契機とした「地方公共団体の財政の健全化に関する法律」（2007 年 6 月）、総務省の「公立病院改革ガイドライン」（2007 年 12 月）[4]と矢継ぎ早に地方自治体の経営健全化、とくに自治体病院に焦点を当てた改革が進められた。岩手県、県医療局でも、「公立病院改革ガイドライン」が示した、経営の効率化、再編・ネットワーク化、経営形態の見直しという 3 つの基本方向をふまえた「岩手県公立病院改革推進指針」「岩手県立病院等の新しい経営計画」（以下「新しい経営計画」）が作成された。いずれも 2008 年度から 13 年度までの 5 ヵ年計画である。

　県医療局の内部の議論では、「県下にあまねく医療の均てんを」という創業の精神について、県医療局だけで「医療の均てん」を担うには（負担が）「重くなった」などとし、「県立病院等事業の運営に当たっては、創業の精神を基本理念に据えながらも、県立病院のみならず県全体の医療提供体制の中で果たすべき役割を明確にし、その役割に応じた機能を発揮するため、県民（患者）の立場に立って、より信頼され、愛される病院づくりをめざします」（「新しい経営計画」）と基本方針を決めた。これまで 2 次医療圏の中核を担い、さらに「地域医療」の第一線で役割を果たしてきた県立病院について、「役割に

ているか。県立病院は、この 5 年間で調べますと、1 床当たり 1996 万円から 3334 万円です。国立病院の場合は平均 1609 万円、国立病院の 1.24 から 2 倍です。民間病院だったら 704 万円、民間病院の 2.8 から 4.7 倍というのが県立病院のこの 5 年間の建設の実態です。私は、本当に深刻な財政危機だというなら、こんな過大な病院建設を見直すべきだと思います。」と発言（平成 16 年 9 月定例会　決算特別委員会（企業会計）会議録　第 1 号　平成 16 年 10 月 4 日）。
3）　2007 年 3 月 6 日、総務大臣の同意を得て同市は準用財政再建団体となった。
4）　「経済財政改革の基本方針 2007」（2007 年 6 月）において、「2007 年内に各自治体に対しガイドラインを示し、経営指標に関する数値目標を設定した改革プランを策定するよう促す」とされた。

表3 「県立病院改革基本プラン」発表後の経過（要旨）

```
2003年
11月    県医療局が県立病院の「県立病院改革基本プラン」を発表
        各自治体で署名運動、地方議会請願・意見書（19市町村）に取り組む
12月    パブリックコメントに5238通寄せられる
2004年
1月     住民組織など730人で県民総決起集会開催
2月     県医療局では無床化から19床に、ベッド削減を縮小したプランを決定
2006年
7月     小泉改革「骨太方針2006」、夕張市の財政破綻
2007年
6月     「骨太方針2007」で公立病院改革ガイドライン作成を指示
12月    総務省「公立病院改革ガイドライン」発表
2008年
8月     「地域医療の充実・県民の命を守る連絡会」結成
6月     地域を中心に県議会請願署名が取り組まれる
11月    県医療局が「県立病院等の新しい経営計画」公表
12月    県議会で無床化反対の請願一括採択
2009年
1月     住民組織など720人で地域医療を守れ！県民集会を開催
3月     「土下座事件」を経て、無床化を含む予算が可決される
```

応じた機能を発揮する」として2次医療圏の基幹病院への集約を事実上宣言し、1病院を新たに無床地域診療センター化するとともに、5つの地域診療センター（19床）の無床化を計画、実行した。また創業の精神についても「県下にあまねく良質な医療の均てんを」と、「良質な」という言葉を挿入し、穿った見方かもしれないが、医師不足が深刻さを増すなかで、限られた医師の集約により「良質な」医療を提供していくとも読み取れる表現の変更が行なわれた（表3）。

2 「改革プラン」「新しい経営計画」に県民が猛反発

(1) 「改革プラン」に反対し、地域で署名運動

 2003年11月13日、県医療局は50余年の歴史をもつ県民の財産である県立病院を、大病院中心のサテライト・システムによる縮小・再編するとの方針を固め、県民の意見聴取(パブリック・コメント)[5]を開始すると発表した。県医療局の説明によると、県立病院は国におけるさまざまな医療制度改革や、入院・外来患者の大幅な減少あるいは診療報酬のマイナス改定などにより、経営収支が大幅に悪化。この改善のために2003年に医療局内に病院長、医師、薬剤師、看護師など、各職域の代表26人で構成する県立病院等長期経営計画推進検討委員会を組織し、年内を目途に改革・改善の方策を取りまとめることとした。
 この検討委員会で方策を取りまとめるに当たり、より幅広い見地から意見、提言を聞くために、外部の医療関係者、有識者等で構成する県立病院経営懇話会を設置(委員構成は、県立病院関係者は中央病院院長など2人、他の12人は医科大学、民間病院等各種団体代表)し、2003年10月30日に『報告書』が提出された。『報告書』では、経営悪化を打開する方策として、職員給与の見直しとともに、組織と機能のあり方としてサテライト・システムの構築をめざす方向が示された。これは広域基幹病院を中核にして、地域基幹病院とサテライト施設(病院、診療所)に再編しようとするものであった。「サテライト施設」化という周辺病院の規模縮小は、山形県置賜圏域で広域病院組合(山形県と2市2町)を設立して医療再編を成功させたと喧伝された方式であった。県医療局はそれからわずか2週間余で縮小・合理化計画である「改革プラン(案)」を発表した。
 その内容は、2次医療圏ごとに、県立病院を広域基幹病院とサテライト施

---

[5] 「県民の多様な意見を考慮した意思決定を行う仕組みを確立し、意思決定過程の公正性と透明性の向上を図」ることを目的に、平成12年3月28日庁議決定された「パブリック・コメント制度に関する指針」にもとづく手続き。

設に分け、医療圏ごとに病棟単位で入院ベッドを削減する。削減数は全病棟の1割以上の12病棟720床とし、職員は看護師150人、事務・管理127人、医療技術22人とされた。一方で、医師は101人増員し、14のサテライト施設は無床診療所にすることもありえる、という内容で、具体的に14の県立病院名が示された。

名指しされた県立病院のある地域では、老人クラブや婦人協議会など地域の住民団体が呼びかけ、「県立紫波病院の充実・強化を求める署名呼びかけ団体連絡会」「県立高田病院の縮小に反対し、機能強化・充実を求める会」「県立住田病院の無床化に反対し、診療体制の強化・充実を求める会」などが結成され、サテライト化に反対する署名が取り組まれた。九戸村では住民の7割から9割を超える5655筆の署名が集められ、17市町村議会で縮小反対の請願が採択された。

県医療局が行なった「改革プラン（案）」に対するパブリックコメントは、これまでにない5238通も寄せられた。これは住民の関心の高さを示すとともに、市民運動の高揚も背景にあった。その運動をつくった中心は、県立病院の労働者で組織する県医労であった。同労働組合では、関係する労働組合（岩手県労働組合連合会（いわて労連）、岩手県医療労働組合連合会（岩手医労連））と「県立病院の充実・強化を求める岩手県連絡会」を結成し、20数万枚のビラを配布、新聞意見広告、テレビ・コマーシャル、ホームページを立ち上げての、サテライト化による地域医療崩壊への警鐘、パブリックコメントへの葉書付きビラの配布などに取り組んだ。さらに、「県立病院の縮小・サテライト化に反対する県民総決起集会」（2004年1月24日、岩手教育会館大ホール）を730人で開催するなどした。

県議会での「地域医療からの撤退は許されない」などの議論、岩手県町村会（会長　稲葉暉　・戸町長）などの動きもあり、県医療局は2004年2月18日、サテライト施設を無床診療所から19床の有床診療所にし、ベッドの削減規模を12病棟720床から5病院5病棟599床に縮小する「改革プラン」と実施計画を公表した。

(2) 「新しい経営計画」反対の県議会請願を採択

　小泉政権による「骨太方針2006」[6]では、国、地方のプライマリーバランスの黒字化、「歳入・歳出一体改革」が目玉の1つとされた。夕張市の財政破綻[7]を最大限に「利用」した「地方公共団体の財政の健全化に関する法律」（2007年6月）が制定され、総人件費削減や公立病院、第3セクター等のリストラにより地方財政の「健全化」を図ることがめざされた。さらに、「骨太方針2007」において「総務省は、平成19年（2007年）内に各自治体に対し（公立病院に関する）ガイドラインを示し、経営指標に関する数値目標を設定した改革プランを策定するように促す」（カッコ内は筆者補記）とされ、「公立病院改革ガイドライン」平成19年（2007年）12月24日付総務省自治財政局長通知）として策定された。公立病院がある全自治体に対し、3年程度で経営効率化＝経常収支の黒字化、5年程度で再編・ネットワーク化と経営形態の見直しを求めた。

　「公立病院改革ガイドライン」では、2008年度中に計画を作成するという計画策定期限を定めただけではなく、3年間連続で病床利用率が70％未満の場合は病床数の削減を促す、3年以内に経常収支の黒字化をめざす、など、一方的な数値目標を示し、さらに公立病院の再編・縮小を促しているところに特徴があり、自ら進んで計画するよう「仕向け」られた。

　県医療局では、岩手県保健福祉部（岩手県としての計画＝「岩手県公立病院改革推進指針」策定の担当部署）と連携を取り、組織内部で計画を練り上げた。内部的に「県立病院経営委員会」を外部委員8人で設置して意見聴取をしたが、審議を非公開とし、県民への内容の周知も、説明もほとんどしないまま2008年11月17日に「県立病院等の新しい経営計画（案）」（以下「新しい経営計画」）を公表し、12月19日を期限とするパブリックコメントを募集し、政策決定の手続きを進めた。その内容は、前計画である「改革プラン」で有床診療所化された5病院に加え、県立沼宮内病院（60床）も地域診療セ

6）　「今後の経済財政運営及び経済社会の構造改革に関する基本方針」の略称、小泉首相によりキャッチフレーズとしても使用された。
7）　2007年3月6日、総務大臣の同意を得て同市は準用財政再建団体となった。

ンターにし、その全部を無床診療所にするというものであった。とくに県立住田病院は、08年4月に有床診療所にされ、住民説明会において「診療所化しても病床が19床に減るだけで、現行の診療体制、訪問診療・訪問看護などのサービス、救急体制は維持していく」と県医療局幹部が住民に説明、約束し、さらに08年2月県議会で、19床を維持し、常勤医3人体制を求める「県立住田病院の診療所化後の診療体制の維持と充実を求める請願」が採択（08年2月1日）されていたにもかかわらず、翌09年4月から無床化する方針は、地域の感情を逆なでした。

　2008年9月、県医労は、関係する岩手県労働組合連合会（いわて労連）、岩手県医療労働組合連合会（岩手医労連）、岩手県自治体労働組合総連合（岩手自治労連）と共に「地域医療の充実・県民の命を守る連絡会」（以下、「連絡会」）を結成し、地域での運動への情報提供、激励、ニュースの発行、県議会請願の統一対応などを進めた。

　無床化の方針を示された6地域では、自治体あげて反対運動が活発となり、住民組織も結成された。これまでの「改革プラン」での診療所化では、各住民団体が、独自に署名、県議会請願に取り組み、いずれも否決されてきたが、今回は「連絡会」の働きかけにより、地域での署名は合計約10万筆となり、それぞれの請願が12月県議会に「統一的」に提出された。それぞれの請願提出行動の都度、他の地域からの支援も行なわれた。請願を審査する常任委員会、本会議には、多数の傍聴者が組織され、ロビーや廊下にも住民があふれた。そして、08年12月10日の県議会本会議で請願が一括採択された。しかし、「4月実施を一時凍結し、広範な協議を継続」すべきとの付帯決議がつき、これが後述する「知事土下座事件」につながっていくこととなる。

　2009年1月24日、「地域医療の充実・県民の命を守る連絡会」等が6地域の住民組織にも呼びかけて「地域医療を守れ！　いのち輝く岩手を！　県民集会」を開催。岩手教育会館大ホールは、720人が参加。これが契機となり、6つの地域の住民組織が緩やかに連携する「岩手県地域医療を守る住民組織連絡会」（代表：及川剛氏・紫波町）が結成された。当初、「連絡会」としては、こうした地域の住民組織も入った「連絡会」にすることを想定していたが、住民団体が自主的に「住民組織連絡会」をつくってしまったのであり、

これ以降は、この2つの団体が協力し合い、それぞれが会議をもち、運動の発展が図られた。

(3) 市民参加から見た問題点

県民への説明不足の1つの象徴が「知事が県議会で土下座した」ことである。このニュースが岩手の「地域医療崩壊」の象徴として全国を駆けめぐったのは、2009年3月6日のことであった。この日の岩手県議会では、県が6つの県立病院の無床診療所化を前提とした予算を提案したことに対し、政和・社民クラブから提出された無床化を認めない一般会計補正予算修正案が賛成多数で可決された。達増知事は、県議会史上初となる再議権[8]を行使し、その際に議場の県議会議員席に向けて、都合4回もの土下座をして予算成立を「懇願」したものである。新年度予算を審議する2月県議会の最終本会議（3月25日）でもあり、予算否決で混乱を生じさせられないという思惑もあり、さらに再議での3分の2という壁もあり、無床化を含む予算が成立した。

「公立病院改革ガイドライン」を作成した総務省でも住民の意見を聞くべきことは、同省自ら作成した「公立病院改革ガイドラインQ＆A（改訂版）」（2008年7月31日）で「Q15　改革プラン策定に際しては、地域住民の意見を聴取すべきではないか。　A15　（略）各団体において適切に判断いただくべき事柄であると考える。たとえば『住民の意見聴取』も、その具体的な形態としては住民を代表する議会との意見交換をはじめさまざまな方法が考えられるため、各団体においてご判断いただきたい。」とし、否定はしないが、実施する場合の例示として住民を代表するとされている「議会との意見交換」という、住民の意見を聴取するには時代遅れの手法を示している。

県医療局の5ヵ年計画など、重要な方針決定の際には、外部の諮問委員会を設置し、計画の推進状況の確認と併せ、経営上の重要事項について意見、提言が出されてきた。名称は違うが、「改革プラン」の時には、「県立病院経営懇話会」、「新しい経営計画」の時には「県立病院経営委員会」であった。「県立病院経営懇話会」では、12人の委員で県立病院関係は中央病院長など

---

8) 地方自治法が定めている議会に対する首長の拒否権。一旦可決された修正案の再審議を求め、その際は、3分の2以上の賛成がなければ否決される。

2人で、他は外部委員であった。「県立病院経営委員会」では、8人の委員で県立病院関係は県立病院長会会長1人、7人が外部委員であった。「懇話会」や「経営委員会」も岩手県の審議会等の公開の基準である「審議会等の会議の公開に関する指針」（1999年3月31日制定）により、原則公開（指針第3）とされていたが、審議は全部または一部が非公開とされてきた。とくに、「新しい経営計画」に関しては、一貫して秘密主義が徹底され、未成熟な情報であり、公開すると県民に無用の混乱を生じさせる、率直な意見交換ができない、などと非公開の理由を弁明している。

パブリックコメントなどでも、こうした議論の経過、背景にあるものは捨象され、いわば「結果」だけが、それもその一部だけが、形だけの「情報提示」がされ、計画・方針への事実上の賛否だけが問われる結果となっている。

3　運動の教訓など

以下に、個人的なものではあるが、運動の教訓等をまとめてみたい。

第1に、市民運動と労働組合の関わりで、新たな運動を創り上げたことである。これまで、どちらかというと労働組合側に、市民運動、市民との垣根があったのではないか。「自主的」な市民運動に「介入してはいけない」という過度の思い込みに似た感覚である。しかし、運動のなかで見えてきた、住民組織と行政との関係を見ると、「お世話係」をどうこなすか、という点が大事なことのようである。住民組織が独立した「組織」であることは、独自の役員体制があり、独自の会議、総会を開催していることなどであろう。そこに、どう信頼関係を得ながら、黒子としてかかわっていくのか。ときには、本文で紹介したような、住民組織が想定外の動きをすることはあるが、それを「飲み込む」度量の大きさが、労働組合にも求められている。

第2に、議会請願の大事さ、可能性の大きさを再認識したことである。労働組合の運動では、請願署名を集め、こんなに賛同があるのだからと、請願の採択を求めるスタイルであった。今回の県議会請願では、署名を集めるだけでなく、署名を持って住民のみなさんが県議会に詰めかける、さらに地元県議に要請、懇談する姿が見られた。また、大迫の「会」では、県議の地元

事務所を訪問し、要請、懇談することも行なわれた。議会請願とは、こうした熱意ある運動によって、採択の道を切り拓くのだ、と認識させられた。
　第3に、全県の運動を組織する構え、方針の大切さを確認できたことである。6つの地域住民組織に加え、「連絡会」などの労働組合員の組織、数の力を一気に見せ、運動を励まし、運動を創り上げることの大切さが確認された。県議会請願等でも、テレビ、ラジオを使っての宣伝、パブリックコメントでのハガキ付きビラの活用など、運動の集中に沿った必要な労働組合の資金も使われた。集会への貸切バスの手配、補助なども住民組織から歓迎され、組合専従者のカンパで取り組んだ、貸し切バス参加者へのおせんべいの差し入れは、大いに歓迎された。
　いくつかの問題点も指摘しておきたい。県医労は、無床化された各病院にも支部を組織していた。しかし、当該支部として、どう地元の住民、住民組織に対応したか、できたかという点では、課題も残した。人事異動のある職員の労働組合であり、「純粋」な地元の職員、労働組合員がいなかった、ということも言えなくもないが、ややかかわりが弱かったのではないか。前節の80年代のたたかいで、地元での運動があったことと対象的であり、個々の組合員の自覚を高める取り組みが求められている。ただ、それでも大迫等では、退職した職員・組合員が、住民組織の役員を務めるなど、大きな力を発揮したことは特筆すべきことである。ただ、80年代の運動の残滓といえるかもしれない。
　また、運動の継続という点では、無床化後の対応などで、やや運動が弱まったのは残念なことであった。とくに、住民組織のあり方について、行政のやや「手厚い」支援で結成された組織については、無床化決定後は顕著に動きが鈍くなり、ここでの支援は課題である。たとえば、県南のある自治体では、住民組織といっしょに、「地域医療を守り・育てる住民活動全国シンポジウム」（主催は、財団法人地域社会振興財団）等に参加し、運動を継続している。願わくば、こうしたシンポジウムを労働組合のナショナルセンターや、あるいは地方版を労働組合やNPO組織、研究所などが開催することを期待したい。

第3節　青森県西北五地域医療を守る住民の会の取り組み

工藤詔隆

青森県医労連書記長

はじめに

　青森県は1999年、当時県内に30あった自治体病院について、その多くが抱える「赤字」や「医師不足」の解消を主な目的に「青森県自治体病院機能再編成指針」を策定した。しかし、示された計画では、目的とする赤字や医師不足の解消どころか、医療の質の低下を招き、住民生活に深刻な影響を及ぼしかねないものであった。

　私たちは、再編成計画のモデルとして位置づけられ、他の圏域に比べ計画の進行が早かった西北五圏域（圏域の中核病院の職員組合は医労連・自治労連に加盟）において、「地域住民の医療要求に応えられる自治体病院を存続・拡充させる」「地域医療の充実は住民の手で」をスローガンに「西北五地域医療を守る住民の会」を2004年に結成。以降、労働組合もその事務局的役割を果たすなか、約10年にわたって取り組んだ住民運動の経過を振り返り、感想を述べてみたい。

1　西北五圏域の特徴と自治体病院の現状

　この地域は日本海に面し、北は津軽半島から南は秋田県に接する広範囲（東西方向に約35 km、南北方向に約95 km）にわたる。人口15万8670人、面積1752.78 km²、県内6つの二次保健医療圏のなかでは、人口が5番目、面積は2番目の広さとなっている。就業構造も第一次産業の割合がとくに高く（県平均の2倍弱）、第三次産業の割合が低い。青森市、弘前市とも比較的近いため、両市の高機能病院への患者の紹介と通院が比較的容易に行なえる。ただし、医療機関の機能が弱い。たとえば、脳神経外科や心臓血管外科などの専門診療のみならず、小児科、産科、婦人科などの基本的な診療科も少ない。

西北五圏域では10病院が1市（五所川原市）4町（木造町、鰺ヶ沢町、金木町、鶴田町）に設置され、2町7村には病院が設置されていない。このうち、5病院が自治体病院（五所川原市立西北中央病院、鰺ヶ沢町立中央病院、鶴田町立中央病院、公立金木病院、木造成人病センター）で、ほか3病院が医療法人、2病院が個人病院となっている。救急告示病院は6施設で、そのうち自治体病院が5施設、医療法人が1施設となっている。
　また、全病床数1953床のうち1038床（53.1％）を自治体病院が占め、さらに一般病床についてみると1026床のうち858床（83.6％）を占めている。こうしたことからも、圏域における自治体病院は一般的な医療の提供はもとより、救急医療の大部分を担っており、地域医療のなかで大きな役割を果たしてきた。
　医師確保（医師充足率）の問題では、圏域内の5つの自治体病院の平均が68.1％と医師の派遣元である弘前大学医学部に近接している割には低く、県内の二次保健医療圏のなかでは最も低い。病院別にみても県平均の81.7％を超える施設が1つもないという厳しい状況である。累積欠損金も2002年度決算で圏域内5病院の合計は約63億円に達し、鶴田町立中央病院と公立金木病院では不良債務が発生している。医療供給体制をみると、救命救急センターなど救急医療に対応可能な医療機関や、がん、循環器、周産期、難病センターなど特殊医療を行なう医療機関はなく、人工透析、放射線治療装置を設置している病院もない。圏内のがん、循環器系疾患、脳外科系疾患の重篤な患者などに対する高度専門医療は従来、西北中央病院が担ってきたが、高度医療機器や専門スタッフの数が不十分で、患者の約2割が隣接する青森および津軽医療圏での治療を余儀なくされている。

2　再編成計画の内容と問題点

　西北五圏域では、2002年12月に青森県の自治体病院機能再編成プロジェクトチームにより「西北五地域保健医療圏自治体病院機能再編成計画」が策定され、04年3月には、この計画にもとづく「基本計画報告書」が提出され、各自治体首長らによって了承された。報告書では、①高度先進医療、救

急救命医療の充実、②行政対応を求められる医療の提供、③へき地医療支援体制の強化、等が謳われ、具体的な中身として、①再編成はサテライト方式を採用、②西北中央病院を母体とする中核病院の創設、③鰺ヶ沢町立中央病院および公立金木病院の縮小と後方支援病院化、④木造町立成人病センターおよび鶴田町立中央病院の無床診療所化などが示された。

　2006年2月には、運営母体となる「つがる西北五広域連合」(当時は14市町村、その後合併により2市4町へ)がより具体的な計画案として、西北中央病院に代わる中核病院(病床数492、事業費199億円)の2011年度開業を柱とした「西北五地域自治体病院機能再編成基本計画(マスタープラン)」を発表した。しかし、このプランは、中核病院の新設を最優先とし、ほかのサテライト医療機関については、どのような医療機能をもたせるのか、その提供体制や人員配置含め先送りされるなど、圏域全体の医療の姿や形が見えないというものであった。

　そもそも、この再編成計画は「累積欠損金(赤字)」と「深刻な医師不足」の解消を目的に策定された。しかし、サテライト方式の先進事例である山形県置賜地域の実態やデータをもとに計画の分析・検証を行なったところ、赤字はさらに増え、広域連合を構成する自治体の病院運営に対する負担がむしろこれまで以上に増えることが明らかになった。また、計画では必要医師数が87.0人となっているにもかかわらず、当時の圏域内5病院の合計医師数は69.7人であり、ただでさえ医師不足で確保が困難ななかで、さらに17.3人もの確保が必要となることも明らかになった。とりわけ問題なのは、大阪府とほぼ同面積でありながら、公共の交通機関の便が悪く日常生活に車が欠かせない当地域において、圏域内の総病床数の77.1％、一般病床数の90.6％が中核病院を有する五所川原市に集中することであった。特定の地域に病床が偏在することにより、救急対応をはじめ、地域住民のいのちと暮らしに深刻な影響を及ぼしかねないことは想像に難くないが、にもかかわらず、計画策定までのあいだ、住民説明会などは一度も開催されていない。この再編成計画が地域住民の目線からつくられたものではなく、ましてや住民不在のまま推し進められようとしていることが何よりの問題であった。

3 地道な地域懇談会から飛躍的な運動の発展へ

(1)「西北五地域医療を守る共闘会議」の結成と「地域医療懇談会」

　住民のあいだから、「みんな困るといっている。赤字経営だからといって（病院を）廃止するのではあまりに単純すぎる。町には町民の健康を守る義務があるはずだ。車のない私たち年寄りには五所川原は遠すぎて行けない」（木造町・女性）、「4月から急に産婦人科がなくなる（鰺ヶ沢町立病院）と言われた。もっと以前に知らせてほしかった。西郡ではもう産婦人科がないので、仕方なく五所川原（西北中央病院）まで検診に来ている。自分で車を運転しているので、すごく疲れる。出産が近くなり、陣痛が始まったときのことを考えるととても心配になる」（西郡・女性）などの声が高まった。

　いのちと暮らしに直結する問題でありながら、住民不在のまま進めようとするやり方に不安と疑問をもった私たちは、青森県医労連、自治労連青森県本部、西北五地区労連、西北中央病院職員労組の4団体で2003年3月、「西北五地域医療を守る共闘会議」を結成、行政主導の再編成計画を住民本位のものに改めさせようと活動を開始した。「この問題に関わるさまざまな立場にある人の意見を聞く」ことを取り組みの出発点と考え、まずはじめたのが住民の生の声を聞くための地域ごとの学習会であった。機能再編成の問題点を広く住民に知ってもらうことを目的にチラシも作成、新聞折込みをして配布した。懇談会開催当初は、コープあおもり主催のつどいに参加し、再編成問題の概要について学習した後、地域医療に関して意見交換を行った。

　その後は、病院が縮小もしくは無床診療所化される予定の地域を中心に学習会を企画、最終的には「地域医療懇談会」と名前を変えて圏域内全体で40回以上開催した。

　はじめこそ、「人が集まらない」「意見が出ない」などに悩みもしたが、回を重ねるごとに参加者も増え、不満や不安など率直な思いが少しずつ語られるようになった。とくに多かったのは「私たちにとって本当に必要な病院は身近にあり、いつでも安心して通える気心の知れた病院だ」といった、地域

に根ざした自治体病院の必要性を訴える声であった。なかには、開催時間や開催場所のアドバイス、運動に協力してくれそうな人を紹介してくれる人が出てくるなど、自らの問題として積極的に関わろうとする姿が見えはじめたのは、運動を進める私たちにとって大変勇気づけられることであった。

対話を柱とした共闘会議の取り組みは、地域住民の再編成計画に対する率直な意見や医療要求を可視化させ、示された計画の問題点をあらためて浮き彫りにさせることにつながった。また、情報が充分でなかったとはいえ、関心が薄かった住民がこの問題を自身のこととして考える1つのきっかけともなった。

(2) 「西北五地域医療を守る住民の会」の結成、「草の根懇談会」へ

地域医療充実のためには、行政・住民・医療機関の信頼関係が不可欠と考えた私たちは、住民参加による運動構築の必要性をあらためて強くし、労働組合による共闘会議を発展的に解消し、住民とともに地域医療を考える「西北五地域医療を守る住民の会」(以下、「住民の会」)を結成することとした。

この間の地域医療懇談会で協力を約束してくれた住民を中心に呼びかけ人を募り、26人の呼びかけ人参加のもと2004年1月、「住民の会第1回結成準備会」を開催、以後5回の結成準備会を経て、2004年6月、五所川原市中央公民館で「西北五地域医療を守る住民の会結成総会」を65人が参加して開催した。総会では、「いつでも、どこでも、誰もが、安心して医療を受けることは住民みんなの願いです。西北五圏域の住民のいのちと健康を守るため、地域住民の医療要求に応えられる自治体病院を存続・拡充させる運動を進めます」との活動の基調を確認、①情報を広める、②草の根懇談会を開催し理解を深める、③地域住民に会への加入を呼びかける、④地域住民の声を行政に反映させる、などの方針を決定した。

「住民の会」結成後の取り組みの柱となったのが運動の原点でもある「草の根懇談会」であった。この地域医療懇談会は住民の生の声を聞くことのできる貴重な機会として、多いときは週に1、2回、会への加入を訴えながら継続して取り組んだ。懇談会の1週間前には、開催地域(町内会単位など)を1軒1軒まわっての案内チラシ配布や宣伝カーの運行、町内会に回覧をお願い

するなどして参加を呼びかけた。ときには地吹雪のなか1人で100軒以上の家々をまわることもあった。チラシ配布の際の「ごくろうさん、頑張って」の声や、宣伝カーに駆け寄り「近所に配るから」とチラシを持ち帰ってくれるなどの対応にどれだけ励まされたことだろうか。配布した案内チラシがトータル3万枚を超えるなど、住

青森・地区懇談会での学習懇談会

民の協力と地道な活動のうえに地域医療懇談会は開催されてきた。

　懇談会では、「車のない人やお年寄りは身近に病院がないと不便」「安心してお産ができない」「地域医療の低下はおのずと町村の過疎につながる」「年寄りは死ねと言われているようだ」「少ない年金で通院も大変」「全町民にアンケートを実施したらどうか」「合併して市になるのに、なんで病院が無くなるんだ？」などの切実な実態や要求が数多く出された。

　関心の薄さやあきらめに近い反応に気持ちが落ち込むこともあったが、懇談会の開催地域、運動への協力者、会への加入者に関する住民の口コミや紹介などさまざまな協力を得ることができ、取り組みは大きく広がっていった。ときには、参加者が1人ということもあったが、この1人を大切に住民との対話を続けたことが、のちの運動の広がりをつくった1つの大きな要素であったと確信している。

(3)　住民との対話活動をもとに医師確保の運動へ

　住民との対話活動とあわせて、行政や医療機関、大学医学部、議員などとの懇談・要請行動、年1回の総会にあわせた学習会やシンポジウムなどにも積極的に取り組んだ。

　「地域医療の現状と問題点、機能再編成に関する見解」などテーマに行なった病院管理者との懇談（2004年7月〜8月、県内31自治体病院中27病院を訪問）では、ほぼすべての病院が県や国に対する医師確保対策の重要性・緊

急性を訴えたのが特徴的であった。それぞれの病院が地域における自らの役割を認識し、その努力を続けていることもあらためて明らかになった。

また、自治体病院の大きな問題点である医師不足についても、各自治体の努力のみでは必要な医師の確保が困難と考えた私たちは、「医師確保に向けた短期および中長期的な需給計画の策定することを県に求める」県内全自治体へのキャラバン行動（2006年1月～2月）に青森県労連、自治労連青森県本部、青森県医労連の3団体で取り組んだ。「県・大学に医師の欠員補充を求めているが難しい」「さらに経営難が強まるという危機感が強い」「産婦人科・小児科の医師不足が深刻だ」など率直な悩みや不安・不満が出され、私たちの考えた「医師需給計画」の策定には多くの自治体から賛意が示された。

後日、キャラバンで出された意見をもとに「医師確保に関する対県交渉」をマスコミ公開のもとで行ない、青森県として医師需給計画を策定するなど、医師確保に向けて積極的に施策を講じてほしいと要請した。しかし、県は「県内でも医師の地域格差、診療科ごとの偏在があり、需給計画を策定しても実態に即したものはできない。市町村にも医師確保に向けた取り組みを求めたい」と、終始、医師確保の第一義的責任は自治体にあるとの立場を崩さなかった。交渉の様子は県内のテレビ各局でゴールデンタイムのニュースで報道されるなど、あらためて県民の地域医療問題への関心の高さをうかがわせた。

県内に広く医師を派遣している弘前大学医学部とも懇談し、地域医療充実に向けた要望書を提出した（2006年5月）。懇談では、これまで政府が取り続けてきた医師数抑制政策に対し、「厚労省の医師充足論は医療現場の実態とかけ離れている。いまなお医師数の抑制策を堅持している医療行政は失政以外のなにものでもない」と発言があるなど、共通の認識をもっていることが確認できた。また、「国立大学の独立行政法人化と新臨床研修医制度の導入により、地方の大学医学部では深刻な医師不足に陥っている」とし、これら2つの政策が医師派遣を行なう大学医学部の医師不足に拍車をかけ、地域における医師不足および医師の地域偏在の一因になっているとの認識も示された。さらに、県の医師確保対策についても「青森県が検討しているドクターバンク構想は、県・自治体・大学の3者の連携によってはじめて実効ある政策となるのであり、行政が一人歩きしても効果は期待できない」との厳しい

意見が出された。そして、キャラバンでの地域医療に対する自治体要求に高い関心が示され、今後も懇談を継続していくことを確認した。

(4) 1万人を超える署名が行政や議会を動かす

2005年4月、住民・行政とも病院存続を求める声が根強く、運動が地域に根づいてきた手応えのあったつがる市で、市長宛の「つがる市立成人病センターの存続を求める住民署名」の取り組みを開始した。目標はつがる市の人口の4分の1にあたる1万筆である。しかし、同市において共同してくれる労働組合などの組織をもっていないことや、あまりに広すぎるエリアということもあって、スタート当初、いきなりつまずいた感じが漂った。

こうしたなか、取り組みに勢いをつけるきっかけとなったのはやはり運動の原点である地域医療懇談会であった。ある懇談会に参加した住民（町会長）から「用紙をもらえたら、町内会を1軒1軒まわって署名を集めてもいい」との申し出があり、お願いしたところ、わずか3日後には約2000筆もの署名が集められた。なんとありがたく頼もしいことか。ここにヒントを得た私たちは、つがる市の町内会、老人クラブ、社会福祉協議会などの組織に加え、商店、温泉、理髪店、整骨院など人が集まりそうな場所に足を運び署名への協力をお願いした。うかがう先々で快い返事をもらえるなど、当初、行き詰っていた署名活動は大きく前に進みだした。

知り合いを個別に訪問し1800筆以上もの署名を1人で集めた会員もいた。また、署名活動を聞きつけ「勤め先で署名を集めたい」という若者、街頭での署名活動に率先して協力してくれる老人、町内会会長宅まで同伴していっしょに協力を訴えてくれる住民など、そこには地域の財産である自治体病院を自分たちの手で守ろうとする姿があった。最終的には、つがる市の40の町内会、25の老人クラブをはじめ、さまざまな方々の協力を得て、わずか4ヵ月足らずで目標の1万筆を達成した。

署名運動と並行して同年7月、つがる市生涯教育学習交流センターで、5人のシンポジストを迎えて「地域医療を考えるシンポジウム」を開催、地域住民ら120人が参加した。開催の目的は、再編成計画を推進する立場の方、疑問を投げかけている方、地域医療の最前線で活躍されている方などに、そ

れぞれの立場から再編成計画問題を議論してもらい、その問題点を明らかにするとともに、地域住民にこの問題の判断材料を提供することにあった。それは、「再編成計画の先が見えない」など、身近な医療が縮小されることに不安を抱く地域住民と、広域的で効率的な医療体制の早急な確立をめざす青森県や、大学側の意向が大きく食い違うなかで、まさに住民が「自分たちの住む地域の医療がどうあるべきか」考える、貴重な機会となった。

同年9月、つがる市民の願いが込められた1万491筆の署名を市長に提出した。届けた署名の山に市長はじめ、対応した職員からも驚きの声があがった。署名を受け取った市長は、「（住民の会の）活躍は承知しており、とてもありがたく思っている……署名に書かれてある通りだ。圏域内に中核病院ができるのは結構だが、だからといって当市の病院が無床の診療所に転換されるのはいかがなものか……住民は不安になる。議会といっしょに考えていきたい」「12億円もの赤字はあるが不良債務はない。市民のいのちを守る観点から多少の赤字は仕方がないと思っている」「（医師確保について）奨学金・育英資金制度を創設し、何年か地域に勤めれば返済面で優遇するなどの措置も考えていきたい」「中核病院がどこに建設されるかを見極めながら、今後とも病院としての存続を訴えていく」と運動へのエールともとれる発言で応えた。私たちも、「苦労もしたけど、やって本当に良かった」そう本気で思えた取り組みとなった。

こうした市長の発言も受けて、住民の会では署名の提出に加え、つがる市立成人病センターの存続を求める議会請願にも取り組んだ。全会派が会長自ら紹介議員となることを快諾してくれ、請願は同年9月の市議会で全会一致で採択された。

その際、議員から「市議会で立ち上がって成人病センターを守る取り組みを強めよう」「住民の会の事務所は五所川原市だが、我々地元がもっとがんばらなくてはいけない」「合併で新たに市となったのに病院が無くなるのでは市民の理解は得られない」などの発言もあり、傍聴参加者から「本当に心強い。病院存続の展望が見えてきた」との声も出されるなど、地域住民と行政が一体となった今後の運動への手ごたえと可能性を感じることができた。

4　運動の柱は「住民の目線で、住民とともに」

　これまで紹介した取り組みのほかにも、住民の会は、月一度の事務局会議と幹事会、年一回の定期総会と学習会や講演会、公開質問状の提出、広域連合や関係自治体、構成する各病院への繰り返しの要請や訪問、開業医アンケート、保険医協会と協力しての健康教室等の開催など、運動は多岐に取り組んだ。

　それらの運動の広がりのなかで、再編成計画の推進側に「住民不在のままですすめるのはマズイ」と多少なりとも思わせることができたし、住民の声を反映させた計画の見直しの検討についても表明させた。このような運動の発展は、「住民の目線で、住民と共に」を運動の柱として据え、貫き通してきたことにあったと確信している。

　しかし、結果として、再編成を止めること、また住民の意見を十分に反映させた計画に見直させることはできなかった。そこには、地域医療を守ろうとする住民運動が、国の医療政策に抗しきるだけの社会運動的な発展を成す条件をもちえなかったことによるが、次のような側面も注視されなければならないだろう。

　この西北五地域医療を守る運動は、もともと、機能再編成によって中核病院となる職員の身分や労働条件がどうなるのかという不安から始まった。しかし、もし、この運動が自らの労働条件という視点からのみで進められていたなら、地域住民の理解も支援も、そして共同も共感も得ることはできなかったであろう。労働組合が、地域に入り、医療要求に対する住民の声を聞き、その声を実現させようとしたところに運動が飛躍的に発展した源があった。

　もちろん、その運動過程で、組織された労働組合が運動の事務局的かつ中心的役割を果たしたことは、人や金の問題含め運動に欠かせないものとして、労働組合の存在と役割は大きかった。しかし、弱点もあった。労働組合が運動の中心であるということは、先に述べたようなメリットの一方で、労働組合が動かない（動けない）という事態になれば、途端に運動に致命的な影響を与えるということである。

事実、2012年8月の総会を最後に、住民の会としての取り組みは残念ながら休止している。そもそも住民の会は、将来的に住民1人ひとりが地域医療を自らの問題として考えアクションを起こす、その母体となる組織へと発展させるという展望をもっていたが、結局これは実現できなかった。

　それは、住民の会（事務局）の体制や心構えの問題もあるとは思うが、やはり、医療運動の本来の目的である「患者・住民の要求に添った地域医療を目指す」という課題の追求というよりは、私たちの中に「再編成計画を止めさせる」ということを主目的としようとする無意識の行動規範があったのかも知れない。

　そのため、住民要求と結びつけた「どんな地域医療をめざすか」という継続的な医療運動を具体化できないまま、再編された後の運動の方向性というか、展望を見いだせなくなっていったのではなかろうか。

　五所川原市立西北中央病院は圏域の中核病院として「つがる総合病院」と名前も姿も変えて2014年4月からスタートした。圏域のほかの病院も計画どおり病床削減や無床となり、中核病院の完成を待たずにスタートとなった。私たちが運動のなかで指摘してきた救急医療の中核病院への集中も、懸念したように救急車が並び順番待ちをするという事態を招いている。もちろん、悪いことばかりではないが、医師確保や赤字問題も今後どのようになるのか、しっかりと見ておかなければならない。いずれにしてもこれまでの運動の総括と再編後の現状把握は不可欠である。

　私たちがめざし取り組んできた住民運動にゴールはあるのかどうか、それがどこになるのかは正直わからない。しかし、運動が単に地域の自治体病院を守ることだけではなく、そこに住む住民が医療を自らの問題として捉え、そこに積極的に関わっていくことが、最終的には国の医療費抑制策、社会保障改悪の動きにストップをかけ、だれもが幸せでいられる社会への転換につながるということは、運動のなかで確信にできた部分である。

　最後になるが、草の根懇談会に参加した方から「私たちは、あなたたち（住民の会）をわれわれ住民の代表者だと思っています」と言われたが、この言葉に今回の住民の会の取り組みが集約されていると考えている。

　私自身、この運動に事務局の一員として関わるなかで、もちろん苦労は多

かったが、それでもしんどいと感じたことがじつは一度もなかった。むしろ住民との対話を重ね、人とつながり、それにともなって運動に幅が出て、そのことが喜びや確信となって、次なる運動への推進力となっていった。このことが、これほど「楽しい」と感じることができたのは、とてもすばらしいことだと思うし、今後の大きな糧となることだろう。

第4節　地域医療と北九州市立病院の充実を求める運動

瀧川　聡
日本医労連中央執行委員、元福岡県医労連書記長

はじめに

(1)　北九州市誕生と市立病院

　北九州市は、1963年に5市（門司・小倉・戸畑・八幡・若松）が新設合併して誕生し、3大都市圏以外で初の政令指定都市となった。

　北九州地域は、1901（明治34）年に操業を開始した官営八幡製鉄所の設立を契機として、鉄鋼・化学・窯業・電機などの工場が集積する北九州工業地帯を形成してきた。しかし、八幡製鉄所の高炉が1972年に操業を終えるなど産業構造の変化のなかで、人口は、1979年に記録した106万8000人をピークに下降線をたどり、2007年以降は毎年平均4000人程度のハイペースで減少が続いている（2014年現在96万人）。高齢化率（総人口に占める65歳以上の割合）は25.4％（県平均22.5％、国平均23.2％）で、全政令指定都市のなかで最も高くなっている。

　人口の減少に比例するように、市の経常収支比率も平成16年度末決算の90.6％から、同21年度には99.8％まで悪化した。北九州市は、旧市単位で公共施設が整備されていたため、全国の政令指定都市20市のなかでも、人口1人あたりの公共施設面積が最も大きいという特徴をもっている。5市合併当初は市立病院が5つ存在し、それぞれの地域で住民要求に応え、地域医療を担ってきた。

(2)　北九州市立病院の民間委託・譲渡提案

　5つの市立病院は、採算が合わないために民間がなかなか担わない周産期・小児救急・結核・感染症・救急医療などをずっと担っていた。各病院は、5市合併以前から（若松・小倉は100年以上の歴史がある）「自治体病院で担っ

てほしい」との市民の要望で診療科が増え、守られてきた市民の財産であった。しかし、北九州市は、以前にも「赤字」を理由に、2 施設の結核療養所の閉鎖、戸畑病院の民間譲渡を行なってきた。そして今回（2007 年 12 月）、2 つ（門司・若松）の病院の民間委託・譲渡を提案した。その背景には、自公政権が推し進めてきた社会保障削減計画、入院病床削減のための医療再編、自治体病院「改革」、公から民への経営体の変更など、また、全国的に見られる勤務医師の過酷な勤務条件（名ばかり管理職、長時間勤務など）により、北九州市でも医師の病院離れが進行するなど、新臨床研修制度以降の自治体病院からの医師離れがあった。

しかし、本来、「地方公共団体は、住民の健康の増進を図ることを基本」を責務とするものである。地域住民のいのちと健康を守り発展させる立場ではなく、その責任を放棄し、委託・譲渡の姿勢に立った北九州市の責務が大きく問われる問題となった。

1 運動の経過

(1) 住民の声なき委託・譲渡の推進

北九州市は、市長の諮問委員会である「北九州市地域医療体制のあり方専門委員会」の答申（2005 年 6 月）を受け、市立病院のあり方を内部で検討を進めていた。しかし、2007 年 12 月 19 日、西日本新聞がこれをスクープ報道して「北九州市病院事業経営改革プラン・素案」を掲載し、「市立門司病院に指定管理者制導入」や「市立若松病院の経営改善に全力で取り組み改善が認められない場合は、経営形態と見直しを検討する」との「改革プラン」の内容が公になった。

この事態に市当局は、12 月 25 日に自治労連・北九州市職員労働組合（以下、市職労）に対し「素案」の概要説明を提示することになった。

(2) 市民会議・区民会議の結成

2008 年、市職労と自治労連北九州市病院局パート・嘱託職員労働組合（以

下、パ嘱労)は、市当局の「素案」説明を受け、「地域医療と市立病院の充実を求める提言―経営至上主義からの脱却について、医師不足解消について、各病院の在り方についてなど―」(2月19日)を発表し、市長への申し入れを行なった。同時に、市職労が北九州地区労連、福岡自治労連、福岡県医労連や民主団体などに呼びかけ、「地域医療と市立病院の充実を求める懇談会」(3月22日)を開催した。

　その後、市民の「いのち・暮らし・権利」を守り発展させる広範な市民運動の推進と交流を行なう「平和とくらしを守る北九州市民の会」(以下、市民の会)が中心となって、地域医療と市立病院のあり方を広範な地域住民とともに考えながら運動を進めていくために「地域医療と市立病院の充実を求める市民会議」(以下、市民会議)が結成された(6月8日)。当該地域でも「若松病院を守る会」(以下、若松の会)が4月22日に結成され、「市立門司病院と地域医療の充実を求める会」(以下、門司の会)も7月5日に結成された。

　市民会議・区民会議は、①住民の生命と生活を守るうえで、自治体・政府の果たす役割、そのあり方をどのように捉えるのか、②市場原理主義、「構造改革」政策のもとで追求されてきた低医療費政策、自己責任論と民活「福祉」論に立った地域医療体制の見直し・公的責任後退を従来どおりにつづけてよいのかを常に考えながら運動を進めた。

(3) 地域住民との対話、自治会への共同のよびかけ

　「市民会議」と「若松の会」「門司の会」は連携し、地域住民との対話を大切にしながら運動を進めていった。

　若松では、数回にわたり46自治会すべてをめぐり、運動の共同を呼びかけ、全戸訪問での署名活動、シンポジウム開催など、考えられるさまざまな運動を行なった。市民の会・若松の会の呼びかけに応え、若松区自治総連合会は、2008年4月24日の総会で「市立若松病院存続」と「市営バス残せ」の市長宛住民署名に取り組むことを決めた。また、区医師会も独自の立場から「若松病院の存続」要望書を北九州市に提出した。

　2009年11月18日、市当局が若松病院の譲渡を正式発表すると、市民の会・若松の会は、翌日、広く区民へ知らせる宣伝行動を若松市役所前で行なった。

運動の経緯(概要)

2005年12月		「企業会計・特別会計経営改善委員会」「北九州地域医療体制あり方専門委員会」提言
2007年07月		「市立病院経営改善検討委員会」が検討開始
	12月19日	北九州市病院事業経営改革プラン素案発表(門司病院へ指定管理者制度導入を含む)
2008年01月11日		労働組合へ北九州市病院事業経営改革プラン素案の説明
	02月19日	北橋市長へ申し入れ。市職労が「地域医療と市立病院の充実を求める提言」を発表
	03月05日	市職労・パート労組の共同で「市議会請願」を提出
	03月18日	第1次市議会請願署名開始
	03月22日	「地域医療と市立病院の充実を求める懇談会」開催
	04月26日	「地域医療と市立病院の充実を求める学習会」開催
	04月22日	「若松病院を守る会」結成
	04月24日	若松自治会連合会が市長へ要請書提出
	06月08日	「地域医療と市立病院の充実を求める市民会議」結成
	06月20日	「市立門司病院と地域医療の充実を求める会」準備会開催
	07月05日	「市立門司病院と地域医療の充実を求める会」結成
	08月21日	門司病院の指定管理者を発表(医療法人・茜会)
	09月01日	「門司の会」が市長へ申し入れ
	09月05日	「若松の会」が市議会へ陳情書提出(市立病院への存続を)
	09月24日	門司区内の病院訪問(地域医療充実と市立病院問題にて)
	10月17日	病院局が住民説明会(門司病院・指定管理者について)
	12月06日	地域医療調査団・意志統一学習会開催
2009年02月17・18日		地域医療調査活動
	03月	「門司病院の指定管理者制度をやめ、市の直営にもどすこと」の請願
	04月01日	門司病院・指定管理者制度導入
	06月	地域医療調査報告書を発表
	08月19日	「市民会議」が志賀副市長と懇談・要請
	09月09日	若松病院の2010年4月1日に民間譲渡計画が報道される
	09月11日	北橋市長が若松病院の民間譲渡を議会答弁で明らかにする
	09月16日	市議会棟前・緊急集会
	10月31日	「若松の会」学習・決起集会
	11月10日	「若松の会」の陳情が保健病院委員会で継続審議
	11月18日	市当局が若松病院の譲渡を正式発表
	11月19日	若松区役所前で宣伝行動
	11月21日	「若松の会」が市民シンポ開催
	12月17・18日	若松住民説明会(市民会館・島郷公民館)
	12月19日	「若松の会」総決起集会・地域ローラー作戦
2010年02月04日		若松自治総連合会が市長へ要望書提出(市立病院存続を)
	03月24日	譲渡検討委員会が公募要項を決定
	04月21日	若松病院の譲渡先を発表(産医大へ)
	05月21日	北橋市長へ申し入れ(譲渡反対)
	06月05日	「若松の会」シンポ開催(若松地域の医療を考える)
	06月15日	北九州市議会が若松病院の譲渡を議決
	09月13日	「若松の会」が市長へ申し入れ
	10月31日	「若松の会」が意見ビラを新聞4紙に折込
2011年04月01日		若松病院が産医大に譲渡される

同時に、市当局に住民説明会の開催を要請し、12月17〜18日に開催させた（2ヵ所300人参加）。参加者のだれもが「市立病院のままで残してほしい」「民間譲渡されたら、今の診療体制が維持できなくなって困る」など、切実な要望を訴えるとともに、北九州市の責任を追及する怒りの声があふれる状況となった。そして19日には、すべての若松区民との対話を進めようとローラー作戦で全戸訪問し、市立病院譲渡反対の訴えを地域住民に広げていった。

門司では、地域での署名・宣伝行動を広げつつ、区内病院訪問を行ない、「地域医療の充実と市立病院の在り方」での懇談と署名のお願いを行なった。どの訪問先でも「連携」の重要性と市立門司病院の必要性が共有される取り組みとなった。

(4) 市民会議による北九州地域医療実態調査

市民会議は2009年2月17〜18日、「地域医療」の実態をつかみ、市立病院の役割について認識を深めるために北九州地域医療調査を実施した。

今回の調査は、「なぜ、門司病院に指定管理者制度を導入しなければならないのか」という疑問から、北九州市の自治体病院および地域医療行政はどのようなビジョンをもっているのかを明らかにする必要性から取り組まれた。具体的には、①北九州市の地域医療のなかで市立病院が担う役割を明らかにする、②「北九州市病院改革プラン」、指定管理者制度導入など、北九州市が進める合理化計画の合否を検証する、③市民の要求に応える市立病院のあり方を明らかにすることであった。

調査団は、長友薫輝・津市立三重短大准教授（現在は教授）を団長に、元国民医療研究所所長・野村拓氏、同・岡田光久事務局長、自治労連本部はじめ地域の医療関係団体、自治労連、医労連各組織などで構成し、2日間で103人が参加した。

1日目の午前、「はたらきかける調査」「自治体病院を取り巻く現状と課題」について学習し、その後、6班に分かれ20ヵ所での懇談・聞き取りを行なった。

住民からは、「病院が赤字でも、必要であれば優先的に予算をつけて確保すべきだ」「医師を確保して医療内容や診療科を充実すれば患者も多くなり、赤

調査班と調査先

	1日目			2日目
1班	飯塚市立病院労組	飯塚市立病院守る会		茜会（指定管理者）
2班	患者（若松区）	市立若松病院	町内会（若松区）	北九州市医師会
3班	保健福祉局	北九州福祉事業団労組		
4班	市立門司病院	市立門司病院職員		春日病院（門司区）
5班	市立門司病院見学	門司区地元自治会	患者（門司区）	市長秘書室長
6班	市立八幡病院院長	病院局	医療センター院長	若松区自治会長

字も解消するのではないか」との声も多く聞かれた。

2　実態調査等で明らかになった北九州市の「3つのズレ」

　調査活動では、今回の指定管理者制度導入が住民要求や職員の声を聞くこともなく、市当局の一方的な方針で行なわれていることなど、市当局と、市民・職員との意識の「ズレ」が浮かび上がった。

　第1の「ズレ」は、市当局と市民の認識との「ズレ」である。自治体の主体である市民が、門司病院の指定管理者制度導入問題についてほとんど市当局から知らされていなかった。そればかりか、門司病院周辺の町内会はじめ市民を対象にした「説明会」も開かれていなかった。市当局は、市民に対して指定管理者制度導入の必要性や導入後の医療供給体制の機能変化など、重要な医療行政に対する説明責任すら果たしていなかった。公的責任を放棄し、市民病院の「委託・譲渡」の姿勢を既定路線のように考える市当局に対して、聞き取り調査では、「市立病院の機能充実を図ってほしい」「診療科が増え、みんなが利用するようになれば赤字も減るのではないか」などの要望が多くの市民から聞かれた。

　第2の「ズレ」は、市当局と病院職員の「ズレ」である。病院長や市立病院職員との懇談の中では、経営赤字や医師不足など個々の問題に対する考え方はさまざまであったが、自治体病院の「公共性」の重視や、市民のための医療を確保することが大切だという考え方が共通して語られた。病院職員等は、「市立病院の機能充実が市民の要求に応えることになる」と語り、ある病

院長は、「市立病院を医療機関として充実させることによって、医師にとっても魅力ある施設になる」「魅力ある職場になれば、新たに医師が確保できてさらに良い医療を市民に提供することが可能になり、経営状況も改善するのではないか」と話した。

第3の「ズレ」は、市当局内部での「ズレ」です。市の保健福祉局と病院局とのあいだですら基本的なビジョンが共有されていないことが明らかになった。市の管理運営が縦割り行政に陥り、「市民の健康保持に必要な医療を提供する」（北九州市病院事業の設置等に関する条例第1条）、「公共の福祉を増進するように運営する」（同第2条）という基本的な課題に沿って病院事業全体を総合的に推進する部署が存在しないことも明らかになった。

3 地域住民が求める自治体病院をめざして

(1) 運動の中での組合員の気づき

福岡県医労連は、同時期に、北九州市立病院の委託・譲渡問題、福岡市立病院・こども病院の独立行政法人化、社会保険病院・厚生年金病院を守る運動、労災病院の統廃合による後医療問題（2病院）などの課題を抱えていた。これらに対し、県医労連は、「医療・社会保障制度の拡充と、国公立・公的医療、地域医療の確保」の運動方針を確立してたたかった。

北九州市立病院の委託・譲渡問題では、市民会議の代表幹事に武石副委員長、幹事に瀧川書記次長を派遣し、共闘を重ねた。当該組織である市職労の組合員をはじめとして県医労連の仲間は、学習会・シンポジウムなどを重ね、確信を深めながら運動に参加していった。

そして、幾度となく地域に足を運び、患者さんや地域の皆さんと「地域医療の充実」「市立病院の役割」について対話を広げ、地域住民のいのちと健康を守り発展させる運動を発展させた。

県医労連としても、市民会議や区民会議に参加し、病院訪問や医療関係団体などと懇談したり、運動したりするなかで、一致点をつくりだし、地域医療充実への運動を前進させることができたことは貴重な経験であった。北九

州地域医療調査に参加した組合員は次のように語っている。

「私は、地域医療と市立病院の充実を求める運動としての調査活動の必要性がよく理解できていませんでした。調査をしても現状を変えられないと決め付けていました。それは、現場では医師確保ができず、今まで病院に受診していた患者が転院させられ、もうどうしたらよいのかわからずに不安だけが膨らんでいたからかもしれません。しかし、今回の調査を終えて、厳しい現状にあきらめることより、何も知らないまま、何もしないままで終わることの怖さと悔しさが込み上げてきました。いま、調査に参加する時に聞かされた2つの言葉が頭から離れません。それは、『調査団では人を育てることができる。調査の中で組合員の成長を図ろう』『仲間を職場からこれ以上失いたくない』ということです。私は、こんな言葉を仲間にかけていけるだろうか。でも、私の中ではこの運動は始まったばかりです。自治体病院で看護師として育ててくれた地域住民の皆さん、その財産をこれ以上失ってなるものかと心に刻み一歩を踏み出そうと考えています。」

今回の運動に参加した組合員がそれぞれに思いを刻み、その思いを県医労連のなかで共有し、医療・介護・福祉に関わる私たちが、地域住民のいのちと健康を守り発展させる運動に自覚的・自律的に参加していく機会になったことが一番の財産になったと思う。

また、各組織と組合員がそれぞれの地域医療を守る運動を進めるなかで、お互いの経験交流を深め合い、みんなの力で困難を乗り越え、地域医療の充実をめざしていく経験をしたことも貴重な機会となった。

(2) 地域医療と自治体病院の役割

市立門司病院は、民間委託（指定管理者制度）になり小児医療の入院が不可能な状況になった。また、血液内科・外科・泌尿器科が休診になり、いくつかの診療科で診療単位が減少している。

若松病院は、1891（明治24）年の病院開設以来、若松地域で唯一の総合病院として住民のいのちと健康を支え、地域住民からは「本院」として身近な

存在であった。しかし、民間譲渡以降は、救急医療や手術は行なわれなくなり、入院加療が行なわれない診療科もあり、地域の基幹病院としての役割を果たせなくなった。

北九州市には、まだ2つの市立病院が存続している。2つの病院が自治体病院としてセーフティネットの役割を果たし、不採算医療を担い、住民や病院職員の意思が反映される医療機関として運営されることをめざすことが大切である。また、委託・譲渡された病院の後医療の状況把握も重要である。

市民会議は、2011年6月11日、未曾有の東日本大震災を受けて「住民切り捨ての『構造改革』から、新しい地域づくりへの転換」と題してシンポジウムを開催した。①東日本大震災を受けての医療の在り方を考える、②門司・若松の医療状況を確認し、今後の充実・発展を考えることとした。

当日は、基調講演と6人のシンポジストの発言を受け、参加者との意見交換が行われた。全体を通して、①構造改革のなかで医療崩壊が促進され、平時でも国民の医療を受ける権利が失われていること、さらに、今回の大災害のように何かあったときの悲惨な状況が浮き彫りになったこと、②運動によって、憲法25条の精神に沿った施策を国や自治体に果たさせることの重要性が再確認された。

市民のいのちと健康を守り、地域医療を充実・発展させることは自治体の本来の役割である。また、市当局には、市民不在・職員不在のなかで医療に関するビジョンを推進するのではなく、その都度、市民の意向・病院職員の意見を集約し方針を検討していくことが求められる。また、私たちには、この間の運動の到達と教訓をふまえ、これから、北九州市立病院群を住民のいのちと健康を守る拠点として発展させていく運動の強化が課題となる。

第5節　広島・こども病院建設を求める運動の取り組み

冨樫　恵
看護婦・医療従事者をふやし市民の医療を守る会代表
元広島市市民病院労働組合委員長

1　広島市民病院と労働組合

　広島市民病院は広島市中心部に位置し、広島城、県庁、バスセンター、百貨店が隣接している。新交通システムアストラムライン県庁前駅、基町市営駐車場、紙屋町地下街「シャレオ」、そごう百貨店などにも地下通路で結ばれていて、病院駐車場、基町市営駐車場をあわせて約600台の駐車場を近隣に確保し、交通の便のよさから市内はもとより、広島県北部、山口県東部、島根県からの来院患者も多い病院である。

　病床数743床、診療科目25科を有し、医師数は研修医、嘱託医を含め250人である。一般病床では7:1の看護体制を取っており、読売新聞の日曜特集「病院の実力」では常に病院名が掲載されるなど高度先進医療を行なっている。1日外来患者数約1400人、病床稼働率約94％、年間手術件数は約8500件である。

　2006年12月25日より、救急外来を開設。内科等24時間体制で救急診療を行なっている。専任医師、看護師は3交代制、臨床検査、薬剤部、放射線技師は2交代制勤で、救急外来患者数は1日平日約70人、土・日・祝日は約120人からピーク時には200人にもなる。広島市消防局における救急車の心肺停止症例搬送数は市内トップである。

　総合周産期母子医療センターに指定されており、母体搬送、当院未熟児センターのドクターカーによる市内産科病院からの未熟児搬送症例も多い病院である。

　広島市市民病院職員労働組合は、市立4病院の職員を組織し、現在組合員数は1618人である。

2　1993年当時の広島市の小児医療の現状

(1)　未熟児の状況

①　乏しい看護体制

　広島市民病院では、1979年に「未熟児新生児センター」が開設して以来、市内周辺にかぎらず、広島県内各地から患児を受け入れてきた。超未熟児（400～1000g）や小児外科の重症患者を診ながら、未熟児センターは関連病棟を巻き込んで、フル稼働してきた。

　1993年になって、未熟児を受け入れている他の病院がベッド数を減らしたため、市民病院への患者が増え、受け入れられない患児は他の市に送ったり、入院している妊婦を救急車で60キロ離れた他都市の病院に送り出産させる、などの状況が続いた。

　未熟児センターは施設が狭く、専任の医師がたった3人という体制のため、看護師たちは、分刻みの看護が必要な超未熟児を、24時間騒音に囲まれた器械だらけのなかで守ってきた。

　状態が落ち着いても受け入れ機関がないため、そのままセンターに長期に入院する子どももいた。看護師の労働過重は他職場の群を抜いており、お母さんに替わって愛情をもってゆったり接したり、情緒を育んだりすることが困難な状態だった。そのため「いい看護がしたいのにできない」と、やりきれない思いで職場を去る仲間もあとを絶たなかった。

　広島県は、地域医療計画のなかで「充実をする」と言いながら、わずかに広島県立病院の母子医療センターの整備を行なっただけで、民間病院などの"儲からない医療"に対しては補助金を出さなかった。

②　夜間救急の状況

　広島市の小児科の夜間の二次救急は、市立舟入病院（広島市社会局）が医師会と一緒に行なって実施しており、広島市内はもとより県内、県外からも患者を受け入れていた。そのため患者数も年々増加傾向にあり、2時間以上

も待たないと診てもらえないのが現状であった。昼間は医療機関が充実していても、夜間や休日の体制が、広島市は十分対応できていなかった。

③　小児専門の医師の不足

少子社会の到来で子どもの数が減り、小児科では採算が取れない

署名をもって公立の小児病院設立を市議会議長に要請

ことから、小児科医をめざす学生が減少し、未熟児や小児の専門医師やスタッフが不足していた。

(2)　広島市市民病院職員労働組合の取り組み

前記の状況から、未熟児センターの看護師たちの「何とかして欲しい」と悲鳴に近い訴えが労働組合に寄せられた。そこで組合執行部で協議し次の方針を決定した。
① 職場実態の共有と、病院の職員の増員と施設改善を求めるための団体交渉を早急にする。
② もう1病院での対応では問題は解決できない。病院と労働組合が協力して県・市に対して改善を求める。
③ 県医労連・地域労連に相談し、協力を求める。
④ 県議会・市議会に「小児医療充実を求める請願署名」に取り組む。
⑤ 地域医療対策協議会・医師会にも協力を求める。
⑥ マスコミにも訴える。

など、「できることは全部やろう。職員と患者を守ろう。」と意思統一し運動を開始した。

3 「いのちを守る会」の結成と運動

(1) 「いのちを守る会」の結成

当労組の要請で「生まれた命を大切にしたい」を合い言葉に、1992年12月、「看護婦・医療従事者をふやして市民の医療を守る会」(呼称「いのちを守る会」)を結成した(構成団体:広島市民病院労組、広島市職労、広島地域労連、自治労連、広島県医労連)。

「いのちを守る会」では、当労組の考えを実行することを決定し、さらに、
① 「子ども病院の建設」をめざすこと。全国の子ども病院と、地域医療の実態を調査し、学ぶこと。
② 財政確立のためにテレホンカード・シールを作り販売すること。
③ 新聞広告を出し、シンポジウムの開催、患者アンケート、電話相談の受付などを行ない、患者家族・市民を巻き込んだ大きな運動をすること。
④ 単なる請願署名にせず、テーマを決めたタペストリーの署名にする。
など、できることすべて行なうことにした。

(2) 署名運動

「いのち守る会」は署名行動を行ないながら、小児医療や医療現場の過酷な実態を、関係機関や市民に訴え、なんとしても「子ども病院建設と医療体制の充実を」求めることにした。

街頭での署名行動を毎年5、6回行ない、「こいのぼり」「サンタクロース」「たなばた」「あじさい」「ぶどう」「原爆ドームとハト」「ひまわり」など、季節に合わせたテーマで工夫をこらし、16万筆をこえる署名を集めた。また、年2回は市議会、県議会に署名を提出し「こども病院の建設、小児医療の充実」を訴え続けた。

そのなかで、「昼夜を問わず子どもたちが病気になっても、安心して(医者に)かかれる体制を整えてほしい。子どもの専門病院をつくってほしい」と、多くの住民から運動への協力があった。子どもを亡くしたお母さんからは、

「ぜひ協力をしたい。うちの子どものようなことは２度と繰り返させないで」と署名やカンパを寄せて下さった。また、新聞に意見公告を出し、「こどもの医療110番」、「シンポジウム」などを行ない、広く県民に意見を聞いた。

また、運動を支える資金として、岩崎ちひろの絵のオリジナルテレホンカードを4000枚作り販売した。かわいらしさが好評で、この運動を広くアピールするのに大きな役割を果たした。

「七夕署名」を県に提出（1998 年 6 月 10 日）

(3) 「広島にこども専門病院建設を！」の声が県民の世論に

1993 年に行なった、お母さん方のアンケートや「小児医療110 番」などに寄せられた意見は、「こどもが難病をかかえており、東京まで通院している。交通費も宿泊費も負担が多い。広島にこども病院があると助かる」「夜中に熱を出したこどもを舟入病院まで連れていく間の不安は消せない。近くに救急病院があればと思った。昼夜を問わず、こどもたちが病気になっても安心してかかれる体制を整えてほしい。こどもの専門病院を作ってほしい」というものだった。

また、県・市の医師会に現状の打開を求めると、「現行の診療報酬制度は、十分な医療活動ができない。公的補助や政策が必要である」などの意見が多数出た。

私たちの要請に応えて、1994 年 5 月、県、市、医師会としても問題意識を持ち、広島県地域医療対策協議会に保健福祉対策（NICU）小委員会（医師会・大学・県・市の 4 者で構成）を設置し県内の実態調査を行ない、その結果から次の見解を出した。

① 母子保健、小児心身医療、周産期・未熟児医療、小児難病・重症疾患に対する高度先進医療、小児救急医療のすべてを包括する広島こども病

院の設立が必要である。
② 24時間体制の救急病院が必要である、
③ 各分野のスタッフの教育、研修体制の整備が必要である。

私たちの運動が広がるにつれて、1995年に小児医師会が県・市に対して要請書を出し、お母さんたちの市民団体も署名（18万人以上）を行ない、県・市に提出した。"小児医療の充実を"の声が広がり、それが県民の世論となり、県知事選挙、市長選挙では政策争点の1つにまでなった。

藤田県知事や秋葉市長は「小児医療を充実する」と公約し、尽力された。また、マスコミも多く取り上げ、新聞で特集を組み、署名行動や議会署名提出時は報道をし、世論形成の一翼を担った。

(4) 運動の成果

以下、この間の運動の成果である。
① 1993年、広島県、市とも、引き続き小児医療の充実をはかると確約。
② 1994年5月、広島地域医療対策協議会では、未熟児の収容実態が調査され、遅れている医療の実態が報告された。
③ 1994年、広島市議会では厚生委員の議員が福岡のこども病院を視察。広島県議会では厚生委員の議員が神奈川県立子ども医療センターなどを視察。
④ 1994年9月、広島市民病院、未熟児センターの医師当直が、開始される。未熟児センターのベッド数が5床増床。
⑤ 1994年10月、広島市立舟入病院では、小児科の夜間診察室を1診から2診に増診。
⑥ 1995年8月、県立広島病院母子総合医療センターが、1年早く稼働。
⑦ 民間の未熟児医療整備に対して広島県が補助金を助成。
⑧ 1996年2月、広島県高度専門医療施設基本構想策定委員会報告で、引き続き小児医療の充実をはかることを明記。
⑨ 1997年10月、県内10の医療機関の小児ネットワークづくりを開始。
⑩ 1997年、広島市は地域医療計画のなかで、安佐南地区に一次の小児夜

間救急を検討。
⑪　1998年4月、広島市立舟入病院を改築し、小児医療を充実。
⑫　2000年4月、広島市立舟入病院24時間救急医療体制開始。
⑬　2000年7月、県立広島病院母子総合医療センターの増築。
⑭　2003年4月、広島市立舟入病院が小児病床増床、小児精神科、皮膚科を新設し、ショートステイの実施。
⑮　2003年8月、広島市立安佐市民病院で夜間（準夜帯）小児救急の実施。
⑯　2007年2月、広島市民病院周産期母子医療センター開設。

　全国でも小児医療充実に向けての動きがあり、宮城県では2004年度開設で160床の県立こども病院を、愛知県では200床のこども病院が建設され、2001年度当初に一部分、2002年度に全館完成した。
　厚生労働省も少子社会に向けて、「エンゼルプラン」の一環として、国と連携しつつ地域の小児総合医療施設を整備してきた。休日・夜間の診療体制、救急体制の確保にむけ、小児の診療報酬の改定や、小児の診療棟や専門病院など、小児医療施設の整備補助を行なった。
　病院で働く医師、看護師も増員し、施設整備も行なわれた。しかし、依然として厳しい状況は続いている。
　最終的に「こども病院」建設にはいたらなかったが、国や県、市と自治体を動かし、子どもにとっても、子どもを持つ親にとっても、住みやすい都市、安心して生活できる都市、いつでもどこでも安心してかかれる医療体制の整備に、一歩近づけることができたであろう。

4　この運動に参加して

　運動をはじめたときは、職場の組合員が泣きながら「患者のいのちが守れない。看護師としてつらい」との訴えに対して、組合としては病院の改善をすることだと考えた。ところが状況はそれだけではすまないことに気づき、いろいろとすることが出てきた。
　さらに責任者として、すべてのことに関わることになり、初めてのことが

多く途方にくれた。しかし、活動をともにするまわりの方々は、みなさん百戦錬磨の活動家であり、いろいろなところとコンタクトを取り、運動はどんどん進んでいった。わたしにとって心強いかぎりで、集団の知恵と力はすごいものだと思った。この運動では、テレビ・新聞によく出て、親戚一同にも、ずいぶん応援してもらった。

　年2回県と市議会に提出する署名活動は毎回、大変だった。よく続いたものだと思う。それができたのも、街頭署名は行列ができるほど人がきて、「こんな楽しい、多く集まる署名は初めてだ」と参加者から言われたり、本当によく署名が集まったからであった。多くの方の賛同をえて、運動してよかったと思えるようになった。

　職場実態を訴えに、署名行動に、議会提出にと、多くの組合員が参加した。「病院の中だけでなく、街頭にでるのも楽しい」と、組合活動に気軽に参加する人たちもでてきた。何より未熟児センターで働く組合員が元気になってくれたことがうれしい。長く続いた運動であったが、「やれば成果がある。解決できる」。このことが、みんなの心に落ちたことが宝となり、現在の組合運動に活かされていると思う。

第3章

厚生連病院の存続と地域医療を守る運動

第1節　秋田県・鹿角、湖東両地域における取り組み

鈴木土身
元秋田県厚生連労働組合書記長

はじめに

　今、自らの生き残りをかけて「医療の市場化」を必死に推し進めようとしているのは財界、とくに世界をまたにかける多国籍企業である。それには「効率化」が不可欠なため、「効率的ではない地域・職場・病院・診療科など」は切り捨てられていく。しかし、地域にとって、医療の存亡は死活問題であり、全国各地で医療を守る住民運動が起こっている。

　秋田県および厚生連[1]において、このような「切り捨て」はどのように進み、労働組合と住民はそれにどう抗しているのか。教訓的な部分にスポットをあててみる。

① 「臨調」にいち早く反応した全国厚生連

　80年代初頭、財界主導の「臨時行政調査会（臨調）」は、「医療費の抑制」と「医療の市場化」の基本方針を打ち出した。全国厚生連[2]は、この動きに驚くほど早く対応し、1981年には「病院の経営健全性確保の具体的改善事項に関する答申」を、また85年には「農協厚生事業長期方針」を打ち出し、わずか5年間で「病院生き残り」のための「効率化」「合理化」を定式化した。このため、全国の厚生連病院で、職場の廃止・縮小・合理化などの動きがいっせいに起こった。

　厚生連の「変化」の背景には、農協の「変化」があった。1982年に行なわれた第16回農協大会では、「系統農協経営刷新強化方策」「日本農業の展望と

---
[1]　単位農協が出資してつくった連合会で、医療厚生事業を行う。2014年現在、全国で、病院を運営している厚生連は22、院所数171、病床数3万5028床。
[2]　2014年4月現在会員数37（都道府県郡厚生連34、全国連3）。

農協の事業振興方策」[3]という2つの方策を通じて、農協は協同組合に変わって営利企業の方向で進むことが決議された。

② 秋田県厚生連も「採算重視」路線

秋田県厚生連[4]の場合、9病院「新築」という重い課題を抱えるなか、全国厚生連の「方針」を積極的に受け入れ、経営者は80年代から「採算重視」路線に大きくかじを切っていく。その特徴は、①不採算部門の切り捨て、②委託化の推進、③労働条件・労使関係の転換、の3点で、見事に「臨調の方針」と符合している。

1点目については、1980年の湖東総合病院の人員削減を皮切りに、同院廃止の動き。上郷診療所（84年）をはじめとする診療所つぶし。看護学校（85年～）や保育所（89～2000年）の廃止。鹿角組合総合病院・精神科（06年）をはじめ、多くの病院で病棟休止・縮小・再編などが続いている。

2点目では、1985年、湖東のボイラーに派遣職員が入った。寝具（86年）・清掃・事務など、次々に委託・派遣職員の導入が進んでいった。2003年の「経営・財務改善計画」では、「徹底した職員採用計画・人員配置の見直し、検査・給食・事務部門等の外注化を進め人件費総枠を堅持する」としている。

3点目は、1984年、平鹿総合病院において、特別手当を口実に秋田県厚生連労働組合（以下、秋厚労）からの集団脱退[5]があり、第2組合が発足した。また、2001年から07年にかけての「成果主義賃金導入」の画策。この時期、呼応するように、秋厚労[6]を中から分断しようとする動きが激しくなった。

---

3) 第16回全国農協大会（1982年）の決議。「系統農協経営刷新強化方策」は、農協の広域合併、連合組織の統合等JA改革推進の根拠になっている。また、「日本農業の展望と農協の事業振興方策」は、農協として政府の農業方針に従う姿勢を示した。
4) 秋田県全地域を網羅する形で9つの病院を運営。秋田の地域医療を一手に支えている。
5) 「赤字の病院を潰し、黒字の病院の職員には報奨金を与える」旨の院内世論を流布し、これに同調するかどうかで労働組合を意識的に分裂させたもの。結果的に平鹿総合病院の中に「第2組合」が結成された。
6) 2014年現在、組合員約2600人。10支部（鹿角、北秋、山本、湖東、秋田、由利、大曲、平鹿、雄勝、本所）からなる。

③ 「採算重視」路線に対抗する住民と労働組合の運動

　秋田県厚生連の「採算重視」路線に対して、働く側のさまざまな運動も起きたが、結果的には、2000年代前半までは、ほとんどの場面で経営側のプランどおりにことが進んでいった。

　しかし2006年ごろからは、「鹿角の医療と福祉を考える市民町民の会」「湖東病院を守る住民の会」など、県内各地で住民が立ち上がったことを契機に、秋厚労の運動にも質的な変化が見られるようになり、その結果、部分的ではあるが、いくつかの「具体的な成果」が出はじめるようになった。

　たとえば、湖東総合病院は、「廃止」も叫ばれていたが、運動によって存続・再生した。検査部門では、「秋厚労・検査科勤務者会議」らの運動で、「業務委託・センター化」を断念させることができた。「成果主義賃金」も導入寸前までいったが、土壇場で秋厚労が「反対の意思統一」をしたことで、これを跳ね返した。

　本節では、これらの運動のなかから、とくに住民と医療労働者との関係が深い「鹿角」「湖東」を例に、教訓となる部分を抜き出してみる。

1　精神科の常勤医師を求める鹿角の住民運動

(1)　鹿角地域の概要と運動の発端

①　鹿角は、岩手・青森との県境

　秋田県の北東端、鹿角市[7]と小坂町[8]を総じて、地元の人は「鹿角（かづの）」と呼んでいる。北に数分走れば、そこは青森県。十和田湖・米代川・十和田八幡平など、雄大な自然が、うまい空気と水を醸し出す絶妙な地。鹿角市は自然エネルギーによる電力自給率300％、食糧自給率140％などを根拠に、日本でも数少ない「永続地域」と評されている。

　藩境・県境が目まぐるしく変化してきたこの地は、南部藩やアイヌの文化

---

[7]　人口3万3321人、世帯数1万3309戸（2014年11月30日現在、鹿角市ウェブサイトより）。
[8]　人口5674人、世帯数2516戸（2014年12月1日現在、小坂町ウェブサイトより）。

も融合し、独自の生活環境を築いてきた。鹿角の病院の医師は、ほとんど岩手医科大学（盛岡市）から派遣されてきており、買い物などの場合、多くの人々は、約2時間30分かかる秋田市ではなく、東方約1時間の岩手県盛岡市に向かう[9]。

② 精神科の問題が発端となって住民が動く

秋田県厚生連・鹿角組合総合病院（2005年度末342床、現在「かづの厚生病院」）の精神科は、1961年に住民の要望で誕生した。1983年ごろには青木敬喜医師の功績で開放型療法を確立し、一世を風靡した。

しかし、精神科医療は、病院経営者の「採算重視」路線とは相反する部分も多く、2人いた常勤医師は徐々に減り、ついに1人もいなくなって2006年、同院の精神科病棟は閉鎖された。地域的にも「精神科の常勤医師がゼロ」となり、これを機に住民が動きだした。

(2) 「精神科の常勤医師ゼロ」が意味するもの

① 秋厚労鹿角支部の「緊急決議」

鹿角組合総合病院の中で「精神科閉鎖」のウワサ話が流れはじめたのは2005年の秋であった。事態がおおやけになった06年2月、病院の労働組合（秋厚労鹿角支部）は定期大会の場で以下のような「緊急決議」をあげた。

【緊急決議】

2006年2月8日、秋田県厚生連鹿角組合総合病院は、今年度末にて精神科病棟を閉鎖する旨を公表した。

このことは、すなわち、鹿角地域の精神科治療が空白になる事を意味する。それは、現在治療中の方はもちろん、折に触れて精神科を心の支えにしていた方々、その家族などから「よりどころ」を奪うことに他ならない。昨今、県内の精神医療が希薄になりつつある中で、当院撤退の影響は計り知れないものがある。それは、まさに、公的医療機関としての厚生連病院

---

9) 自動車ルート検索によれば、鹿角市役所から秋田市役所までの距離は約136km、盛岡市役所までは約93km。鹿角・盛岡間は高速道路が直結している。

の果たすべき役割の放棄に他ならない

　秋厚労鹿角支部は、地域医療を守る立場から、今回の措置に断固として異を唱える。この地域の精神医療の灯を点し続けるため、あらゆる行動に打って出ることを決意する。

　一つは、病院や会に対して、存続の必要性を認めさせるよう、働きかけを強める。二つ目に、県や関係自治体に対して、地域医療を守るために、早急に医師を確保するべく尽力するように交渉する。三つ目に、患者さん・その家族・地域住民の皆さんなどと連帯し、地域に精神科を残すための一大運動を起こす。そして、それらの運動を起こすために、支部・本部が一丸となって奮闘する。

　すでに、事態を知った内外の仲間たちから、支援や励ましの声が届いている。鹿角の精神科の問題は、鹿角だけの問題ではない。全県・全国の仲間たちとともに、住民・国民とともに、秋厚労鹿角支部は自信を持って運動を展開することを決議する。（2006年2月10日　秋厚労鹿角支部定期大会）

　また、2月20日には、この件で院長を相手に支部団交を行ない、組合員60人が参加。団交終了後、支部執行部から「運動を市民に広げていく」旨の提起がなされ、運動の基本方向が確認された。

② もうこの地域には住めない

　地方の病院では「常勤医師不在」などという事態はそんなにめずらしいことではない。多くは「病院の内部のこと」として処理され、ふつう、外部にはあまり発信されない。しかし、この時、秋厚労鹿角支部は、「運動を市民に広げていく」方針に従って、あえて事態を知らせるチラシを全域1万6000世帯に配布した（2006年2月27日、新聞折り込みによる）。

　チラシの裏には「思うことを書いて」と呼びかけ、住民の「声」を求めた。配布したあと、「病院職員への批判が殺到するかもしれない」と怖くなったという。しかし、住民の反応は驚くほど共感に満ち、「待っていた」と言わんばかりであった。100通ほどの「声」のなかには、「医療がなくなるということ

は、もうこの地域には住めないということだ」という一言があった。

この「チラシの裏の声」によって、精神科の問題は、秋厚労が思っている以上に「地域にとって深刻な問題」であることが明らかになった。

③　町の中がどんどん寂しくなるなかで

鹿角地域の基本産業は農業で、その長い歴史のなかでは「鉱山の町」として栄えた時期もある。1600年代から金・銀・銅・鉛など数多くの金属鉱を産出し、最盛期は大正時代であった。統計が残っている小坂町を例にとれば、1917（大正6）年の人口は2万1696人で、現在の約4倍であった。鉱山労働者の住宅はもちろん、店舗・娯楽施設・学校・病院などが立ち並び、街は活気にあふれていた。労働争議など「大正デモクラシー」の洗礼も受け、鹿角の住民は一般の純農村地域とは少し異なる体験を積んだ。

しかし、1990年代までにほとんどのヤマが閉山になった。街から映画館やボーリング場などが次々に消え、人口が減り、学校の統廃合も進んだ。だれもが「地域がしぼんでいく」と感じていた。医療の面で不安を感じていた人もいたが、これまでは住民が口を出す場はなかった。そんな折に精神科の医師の問題で労働組合がチラシをまいた。これをきっかけに、住民の思いが噴き出たものと思われる。

④　地域で初の住民集会

「チラシの裏」の住民の声は、「医療に関して住民が話し合う場」の必要性を示していた。そこで、秋厚労鹿角支部は、地域のなかで、福祉関係者・農協理事・議員など「協力してくれそうな人物」の自宅を手当たりしだいに訪ね、話をした。多くの人が協力を約束し、「住民集会実行委員会」への参加を約束してくれた。実行委員会の「開催呼びかけ人」は、社会福祉協議会会長が引き受けてくれた。

2006年3月12日、20人の参加で実行委員会が開かれた。話し合いは順調に進み、3月28日に「鹿角の医療と福祉を考える市民町民集会」という名称で住民集会を開催することとし、進行役・報告者など詳細を決めた。

この地で「住民集会」の開催は初めてのこと。「精神科の問題で人が集ま

とは思えない」と言う人もいた。しかし、当日は230人が参加し、住民が次々と発言。「どうして常勤医がいなくなるのか」「研修医制度とは何か」「週2回の外来診療だけで間に合うのか」「病院新築には影響がないのか」などの質問が出た。「このような集会は病院が行なうべき」「身内の精神科医に聞いてみたら、全国的に大変」などの意見もあった。「実態把握や国への働きかけもしよう」旨の要望など、発言は途切れなかった。各発言に参加者から共感の拍手が起こった。

この集会の承認を得て、住民組織「鹿角の医療と福祉を考える市民町民の会」(以下、「市民町民の会」) が発足した。

(3) 「鹿角の医療と福祉を考える市民町民の会」の活動

① 市民町民の会は、幹事20人、協力者150人

鹿角では、精神科の「患者・家族会」が、病院内ではなく、地域にあり、グループホームなども運営している。その中心メンバーが「市民町民の会」の会長に選ばれた。「市民町民の会」は、毎月「幹事会」を開催し、会長・副会長など集会で承認を得た役員が集まって話し合う。加えて、「幹事会」にはだれが参加してもよいことになっていて、数年のうちに20人程のメンバーが固定化した。内訳は住民が6〜7人、病院職員（住民でもある）が12〜13人、秋厚労本部が2〜3人（2016年8月時点で幹事会は127回開催）。なお、「会員」を明確にしようと努力した時期もあったが、あまりうまくいかず、そこは不明確な状態である。日常的に「幹事会つうしん」などを配布している「協力者」は約150人いる。

② あえて敵をつくらない作戦

最初のうち幹事会では、「具体的にどのような活動をするか」の話し合いがはじまっても、なかなか方向性が定まらず、とても苦しんだ。「医師がいつも替るのはどうしてか」「院長はだれが決めているのか」など医師に関することや、病院の人事・経営の仕組みなど、医療は住民には理解しづらいことばかりであった。幹事会は「医療に関する質問・疑問を出し合う場」となり、話はなかなか前に進まない。

それでも、堂々めぐりのような話し合いを3ヵ月ほど重ねた末に、幹事会は「あえて敵をつくらない作戦」を生み出した。医師不足はだれもが困っている。困っている者どうし力を合わせて、「どのように困っているか」を共有し、広めていくという考え方である。手はじめに、鹿角市・小坂町との

シンポジウム&コンサート

共催で、県知事あてに医師確保を求める「署名運動」に取り組み、2006年8月29日、1万6038筆を県知事に提出した。地元自治体との「共催」がポイントで、そこに至るまで30回ほど役所に足を運んだ。

③ ともに運動するなかで行政の姿勢が変わる

これらの運動は、比較的早く功を奏した。たとえば、2008年4月、秋田県は「医師確保対策推進チーム」(その後、対策室に格上げ)を設置し、全県的な「医師不足」への対応を本格化した。

秋田県は自殺率が高く、なかでも鹿角は最多地域で、地元自治体の保健師は日々あたまを悩ませていた。「市民町民の会」は保健師と話し合い、「いっしょに自殺予防のイベントを行なう」ことで一致。同年7月27日、鹿角市・小坂町共催、秋田県・県市町の各教育委員会・鹿角組合総合病院の後援を得て「自殺予防のシンポジウム&コンサート」を開催した。

シンポジスト兼ミュージシャンとして招いた藤本佳史さんは、お母さんの自殺をきっかけに精神科医をめざす若者で、その歌声には、辛さを乗り越えた思いが込められていた。

このような取り組みを経て、当初「民間病院である厚生連の医師について口出しできない」としていた地元自治体も、徐々に「行政が地域の医療に責任をもつ」という姿勢に変化してきた。鹿角市の場合、今では、転入新規開業医への補助金、大学医学部の寄付講座、独自の奨学金制度など、医師確保の取り組みは県内でもトップクラスである。

④ 5団体共同の「医師を求めるチラシ」は全国に

チラシ配り

また、地域として医師を求める運動も進めている。象徴的なのは、A4判裏表・単色刷りの「医師を求めるチラシ」である。「市民町民の会」単独のチラシを2006年10月に作成し、その後、約2年間の話し合いを経て、秋田県・鹿角市・小坂町・病院・市民町民の会の「5者連名」に発展した。

このチラシを置いてもらうよう、地元の観光・宿泊施設を回って話をしたところ、約90ヵ所が快諾してくれた。その後、半年に1回ほど、あいさつをかねてチラシを補充している。これに秋田市などにある諸施設も加え、2014年8月1日現在、秋田県内145ヵ所にチラシが置かれている。さらに、全国すべての「道の駅」に働きかけ、了解をいただいた270ヵ所にもチラシを置いている。

このチラシが直接医師確保に結びつくかどうかはわからないが、少なくとも「秋田でがんばっている住民団体があること」は知れわたり、全国の住民運動を励ます役には立っているようである。

⑤ 「市民町民の会」が定期的に大学医局を訪問

岩手医科大学が鹿角から精神科の常勤医師を引き揚げた理由は、基本的には岩手県も、また大学そのものも「医師不足」になったからである。同大学の精神科医局は、最後まで「鹿角への医師派遣」を貫こうとしたが、度を超えた長時間労働などにより、医師の疲弊は限界に達していた。大学病院の外来診療の人手さえ足りず、外部から医師の応援を仰ぐありさまであった。とても県外に医師を派遣できる状態ではなかった。

「市民町民の会」は年に1~2回、岩手医科大学の精神科医局を訪ね、医師たちと懇談している。大学がこの「懇談」を拒まない理由は、こちらが住民団体であること、また、以前いっしょに働いた病院職員が仲介しているから、な

どと推察している。ともあれ、行くたびに歓迎してくれることは確かである。

　また、大学とは別のルートで、過去8年間に5～6回、「精神科の医師」に関する情報がいくつか「市民町民の会」にもたらされた。少しでも可能性があると思える場合には、全国どこであってもこちらから出向いてその医師と直接面談するようにしている。さらに、精神科にかぎらず、相談に乗ってくれそうな医師を探し出し、積極的に懇談している。

　このような医師との話し合いは、病院に再び医師を招くにはどうすればよいのか、医師たちは何を望んでいるのかなど、医師の「思い」を聞く貴重な機会になっている。

(4)　地域づくり運動への発展

①　医師を招くカギは「魅力ある地域づくり」

　多くの医師らに教えてもらったことを総合すると、医師を招くためには、「魅力ある病院」あるいは「魅力ある地域」であるかどうかがカギになっている。そのこともあって、「市民町民の会」の活動は、しだいに「魅力ある地域づくり」を視野に入れたものに発展していく。

　鹿角地域では、精神科以外でも多くの診療科で医師の数が充分とは言えない状況が続いている。たとえば産婦人科や小児科などの医師がいなくなれば、地域の将来を大きく左右する。その点について、若い住民はどう受け止めているのか、2010年1月から2月にかけて鹿角市・小坂町内の小・中学校・幼稚園・保育園36ヵ所の協力のもと、保護者を対象に「子どもの医療とお産に関するアンケート」を実施した。医療機関・医療行政・医療政策への不満や要望が噴出すると同時に、子育て環境の良さを強調する声や、医師も疲弊せず患者も安心して受診できる体制の提案などが記述式アンケート用紙にビッシリ書き込まれていた。「市民町民の会」は、精神科だけに留まっているわけにはいかないことを再確認することとなった。

　また、2011年には、国民医療研究所（当時）の協力を得て、初めて本格的な「地域調査」に取り組んだ。鹿角の課題があらためて浮き彫りになったと同時に、「子育て支援」など、鹿角には優れたものがたくさんあることがわかった。「市民町民の会」は、この調査を通じて、住民や他団体とのつながり

がいっそう広がった[10]。

② 地域で医療を支える「こころの健康センター」

2006年当時、精神科について鹿角組合総合病院は「患者さんが落ち着くまで、しばらくの間、臨時の医師を頼んで、週2回の外来診療を行なう」と約束した。その診療方式は、9年経った今も継続している。この間、全国に発信した鹿角の呼びかけに応じて、期間限定ではあったが、外来診療への協力を申し出てくれる精神科医師もいた。また、将来的に条件さえ整えば、赴任を視野に入れてみたいという医師もいた。

「市民町民の会」は、2014年あたりから、もう数年先には「再び精神科の常勤医師を招き入れる状況が生まれるかもしれない」という、何となく「見通し」のような感覚を抱くようになってきた。仮に、医師が来てくれた場合、以前と同じ轍[11]は踏みたくない。以前からスローガンとして掲げている「地域で医療を支える」について、早めに具体化したいという思いが膨らむ。そんな折、たまたま高知県四万十市で「心の健康相談センター」ができたことを知り、関係者を講師に招いて、2014年6月23日、かづの「こころの健康」学習会を開催した[12]。

それ以来、住民の手で鹿角地域に「こころの健康センター」のようなものをつくることが「市民町民の会」の目標の1つになった。毎月の幹事会で「センター」のイメージについて話し合いを重ねているが、今の時点では、①制度の網の目からこぼれるようなケースをフォローするのがセンターの役割、②センターは「建物」ではなく「人の集まり」、などといった構想が確認されている。

---

10) 2011年11月12日の「地域調査報告会」において、調査団長の牧野忠康氏(日本福祉大学大学院教授、国民医療研究所副所長)は、今回の調査結果をふまえて、「要望」から「創造」への意識改革と住民主体の地域医療の構築が必要だとし、そのためには、当面、住民・患者・家族と医療提供側と行政は、協働して地域医療崩壊状況に係る対話と学習をすべきだと提言した。

11) 住民が医師にすべてを任せてしまうような関係によって、医師の負担が増え、医師が疲弊してしまうような状況。

12) 演題と講師は、①「こころの健康と地域」埼玉県やどかりの里・増田一世さん、②「四万十市の心の健康センターについて」高知県四万十市・宮本昌博さん。

③ 安心して暮らせる地域づくり集会

また、最近では、「患者さんの交通手段」の問題から発して、「地域の公共交通」に関する論議も進んでいる。2015年2月、従来の「定時・定路線」バスの「代案」を求めて、いつでも、どこでも、安価で行きたいところに行ける「随時・随路線システム」の運行例を見学した。

地域のことについて住民が「定期的に話し合う場」として、「市民町民の会」は、2015年7月に「第1回 安心して暮らせる地域づくり集会」を開催することにした。今回のテーマは、「地域の公共交通」と「こころの健康センター」の2つ。この「地域づくり集会」を重ねることで、運動はさらに発展していくと思われる。

2 圧倒的多数の住民による運動が病院を再生した湖東地域

(1) 湖東病院は住民が出資してつくった「おらほの協同病院」

1960年代まで、秋田県には日本で2番目に大きい湖「八郎潟」があった。湖の東側にある病院を、地元の人たちは親しみを込めて「湖東病院」と呼んでいる（正式には湖東総合病院、現在は湖東厚生病院、2008年度末199床）。

湖東病院の設立主体は秋田県厚生連。その前身は「五城目醫療購買利用組合」で、1933（昭和8）年に創設された。地元住民2500人が当時のお金で5円ずつ出資してつくった、地元の表現で「おらほ（オレ達）の協同病院」である。

秋田県厚生連の病院は、地元の農協や自治体の代表者などをメンバーにして「病院運営委員会」を設置している。湖東病院の場合、「JAあきた湖東・JA大潟村」と「八郎潟町[13]・五城目

住民に出資を呼びかける昭和初期のチラシ

---

13) 人口6332人、世帯数2484戸（2015年1月1日現在、八郎潟町ウェブサイトより）。

町[14]・井川町[15]・大潟村[16]」が、その対象農協および自治体である。

　管内の人口を合わせると約2万5000人。4町村は、ときには力を合わせながら、しかし、互いに独自の歴史と文化を重んじて合併する道は選んでいない。ちなみに、五城目町から秋田市までの距離は約32キロである。

(2) 4町村をまたぐ住民総ぐるみの運動

2009年12月5日付秋田魁新報

① 「病院の廃止」報道によって医師が激減

　その湖東病院について、2009年12月5日、秋田魁新報に「廃止検討」という見出しが躍り、住民はもちろん、病院職員も非常に驚いた。記事は、秋田県厚生連が、「経営改善計画（2009年11月27日）」のなかで、「廃止が最も有効な選択肢」と述べた、という内容であった。

　新聞報道に最も早く反応したのは、関係する大学医学部だった。2009年3月には19人いた湖東病院の常勤医師は急激に減りはじめ、2010年末には2人に、そして2011年4月からは院長1人になってしまった。これにともなって、2010年12月には病棟が稼働しなくなり、職員も、外来[17]担当を残して、秋田県厚生連の他院へと転勤になった。

② 最初に動きはじめたのは住民

　「廃止」報道直後、地元のだれかが発案した「病院存続を求める署名」が周辺地域に一気に広まった。管内外の多くの住民がこれに賛同するとともに、自治会長・商工会・JA女性部・町村なども尽力し、瞬く間に4町村の人口を上回る2万7367筆の署名が集まり、2010年2月4日に県と厚生連に提出さ

---

14) 人口1万227人、世帯数4200戸（2014年11月30日現在、五城目町ウェブサイトより）。
15) 人口5152人、世帯数1754戸（2014年12月1日現在、井川町ウェブサイトより）。
16) 人口3278人、世帯数1085戸（2015年1月1日現在、大潟村ウェブサイトより）。
17) 年間外来患者数2009年度16万5568人、2010年度10万8623人、2011年度8万9029人、2012年度8万5864人、2013年度8万4165人。

れた。

　この動きのなかで、「住民の会」の必要性を説く声が地域に噴出した。しかし、過去にもさまざまな住民運動[18]が起きているにもかかわらず、「呼びかけ人」を引き受ける人物が出てこない。多くの人の名前は挙がったものの、だれしも「4つの町村をまたいで呼びかけること」に躊躇したからである。やがて、がまんできなくなった秋厚労の書記長が、住民有志と相談したうえで、2010年3月4日に「湖東病院を守る住民の会（仮称）設立準備会」を開催することを決め、自らの個人名で、地域全体に参加を呼びかけた。

③　雇用を守るだけでなく、地域の医療を守りたい

　「準備会」当日、事前に参加者数が把握できないため、さしあたり20人分くらいのテーブルとイスを用意した。すると、開始時刻前から住民が詰めかけ、そのたびにイスなどを追加。最終的には124人に膨れ上がった参加者を前に、秋厚労・中央執行委員長と書記長の2人が、知るかぎりの情報をすべて伝え、住民「大討論会」が始まった。

　「湖東病院を存続するために住民ができることは何か」という質問に対して、「病院がなくなるとだれがどのように困るのかを具体的に出し合い、県や厚生連に伝えること」だと答え、「医師がどんどん辞めていくが、それをくい止めるにはどうすればよいか」については、「秋田県厚生連に『廃止案』の取り下げを求める」旨を提案。途中、「秋厚労は、雇用を守るだけでなく、住民とともに、地域の医療そのものを守りたい」と、労働組合としての姿勢も表明した。

　約2時間の話し合いの末、最終的に、参加者全員が、住民集会を開催して「住民の会」を設立する点で意見が一致した。

④　「湖東病院を守る住民の会」の誕生

　2010年3月29日、「準備会」主催の「湖東病院を守る住民集会」が開催された。会場となった五城目町体育館の床全面にシートを敷き、イスを並べる

---

[18]　1980年代後半の「ゴルフ場建設反対運動」、1992年からの「馬場目川上流部にブナを植える運動」、2012年からの「八郎湖の水質保全運動」など。

作業の先頭に立ったのは自主参加の町村役場職員で、これに住民と病院職員も加わった。この時期にしてはめずらしい大雪のため、行きたいけれど行けないというお年寄りを車で迎えに行き、全体で650人が集まった。町の議員有志が自主的に「宣伝カー」で地域内を巡回したり、自治会・商工会・JA女性部等も口伝で参加を呼びかけるなど、水面下でかなり多くの人が動いた成果だった。

集会当日は、4人の町村長、国会議員、県議会議員らのあいさつだけで時間の大半を使ってしまい、肝心の「住民の会」設立の説明や討論があわただしくなったが、少なくとも集会に参加していた人たちの思いは1つにまとまっていた。「湖東病院を守る住民の会」が正式に誕生した瞬間である。

⑤ 事務局の設置

準備会のときに5団体（4町村＋病院職員）から数人ずつ「幹事」を選出し、幹事の互選で会長・副会長も決まった。幹事会のメンバーは20人ほどで、内訳は、住民（4町村代表）が14～15人、秋厚労湖東支部関係者が1～2人、秋厚労本部2～3人。幹事会は原則として月1回。2010年4月から14年12月までに58回開催した。

困ったのは「事務局」で、当初「事務所」として病院近くにアパートを借りたが、常駐する人がいるわけでもなく、家賃だけがかさむので中止した。そこで、八郎潟町総務課に頼み込んで、郵便物を受け取るだけの「事務所」を置いてもらった。「現地事務局」が確立できないため、書類や会議資料の作成、会議の招集文書、ニュースなどすべての実務は秋厚労本部[19]が引き受けた。

⑥ 3年間で50回の懇談

「住民の会」の幹事会での初期の話題は、もっぱら「どうしてこのような事態に至ったのか」だった。鹿角と同様、病院経営の仕組み、医師の労働実態、

---

19) 秋厚労各支部の事務所はそれぞれ病院の中にあるが、秋厚労本部は秋田市山王5-4-2「秋厚労会館」内に事務所を構えている。2015年1月1日現在、秋厚労本部職員は4人。湖東病院との距離は約30km。

病院と大学との関係など、住民にとって医療はわからないことだらけである。「まとまらない話し合い」を何回も繰り返しながら、そのなかでも「みんなが一致できる運動」を何とか模索し、最初は、町村長や地元 JA 組合長などとの「懇談」から始めた。そのうえで、カギを握る秋田県や厚生連首脳部ともたびたび話し合い、住民の思いを伝える努力をした。さらに必要に応じて、湖東病院、地元医師会、議員、消防署など、各種各層の人たちとの「懇談」を重ねている。その回数は、発足後 3 年間でおよそ 50 回。「懇談」という言い方は便利で、情報交換、要請、交渉など何でも含まれる。

⑦ 住民シンポジウム「住民が望む湖東病院の姿」

2010 年 6 月、県は「湖東地区医療再編計画の骨子」を発表した。秋田県には県立総合病院がなく、地域の医療はもっぱら厚生連（9 病院）に委ねられている。湖東病院の経営が困難になった時点で、県がこの地域の医療をどうするか、考え方を示す必要があった。それによれば、「湖東地区には病院が必要」としてはいたが、「机上の計画」は住民にとってどこかピンとこないものがあった。

そこで「住民の会」は、2010 年 7 月 29 日、「住民が望む湖東病院の姿」をテーマに「住民シンポジウム」を開催。本格的な「住民だけの話し合いの場」に約 100 人が集まった。

シンポジウムの話題提供者は、4 町村の住民 5 人。Y さん（五城目町）は「自分は透析患者会の会長。透析専任の医師がほしい」、K さん（八郎潟町）は「自分たちは遠くの病院には行けない。住民が心をひとつにして多方面に働きかけ、医師の確保を」と述べた。また、N さん（大潟村）は「夜間救急の必要性」を訴え、M さん（井川町）は「患者の側のあり方」に言及。さらに、S さん（大潟村）は「低額診療、総合医の育成、待合室の完備」のほか、「病院を支える団体をつくり、自分たちの病院をつくろう」と提案した。

その後、フロアからのべ 19 人が続々と発言。「診療を受ける側だけでなく、開業医など、医療提供側とも話し合うべき」「救急医療の問題は消防署の人も交えて話し合おう」「病院の現状を数字で克明に住民に知らせることが大切」など、今後の運動の進め方に関する意見も出された。

⑧ 「住民の要望と提言」

このシンポジウムをもとに、「住民の会」は、「住民の要望と提言」をまとめ、2010年8月30日、県・厚生連・町村長に提出した。

その内容は、①救急医療、②現病院での診療の継続、③医師確保、④新病院建設、⑤住民への説明の5項目である。なかでも、重点を置いたのが「救急医療」と「医師確保」である。

「救急医療」に関しては、早急に再開することを求めると同時に、それがかなうまで、住民の命を守るための「湖東ルール」の確立を提言した。「湖東ルール」とは、夜間・休日の急傷病の際、住民がどこに助けを求め、消防などの関係機関はどう動くかを決める、というものである。そのために、行政・消防・医療・保健・住民などの関係者を早急に集めて、「救急医療対策協議会（仮称）」を設置することも提言している。

また、「医師確保」について、不可欠なのは、①運営者の熱意、②湖東病院を特徴づける方針の2点とし、「熱意を示す」ためには「廃止という選択肢はもはやなくなった」旨を公表することを掲げている。一方、「湖東病院を特徴づける方針」に関しては、「在宅医療と施設医療の連携」「地域と密着した病院」を提言。「訪問リハビリ」など他に先がけた在宅医療の歴史をもち、住民集会・住民シンポジウムなどで示された「住民意識の高さ」もアピールポイントにしている。

⑨ 3500枚のポスター、1万枚の住民ニュース

また、住民シンポジウムで明らかになった「住民の思い」は、6項目に整理され、2011年1月ポスターに表された。A3判の黄色いこのポスターは、自治会、商工会、JA女性部のほか、住民有志・病院職員らの手によって、4ヵ月間で3500枚が全域に拡散。5月ごろには商店街は軒並み黄色く染まり、住民の思いがいかに強いか、目に見えてわかるようになっていた。

湖東の住民運動の最大の特徴は、毎月発行される「湖東病院を守る住民ニュース」にある。もともと自治会を母体に「住民の会」の幹事を選出した町も多く、ほとんどの自治会長が運動に理解を示していた。この利点を活かして、関係者との話し合いを重ね、2010年4月、自治会を通じて、行政広報

とともに「住民ニュース」を全世帯に配布する体制ができあがった。毎月25日ごろに約1万枚を印刷し、自治会ごとに束ねて町村役場に運び込むことで、翌月にはすべての家にニュースが届く。これによって、あまり知る機会がなかった「医療や病院に関する情報」をはじめ、「住民の会の活動状況」「行政や厚生連の反応」などが、地域の隅々にまで伝わるようになった（2010年4月から14年11月まで55回発行）。

住民が自ら看板やカカシを使って「思い」を表す

2011年の春ごろにある住民から「自分でポスターをつくって近所に貼った」という電話が入った。見に行くと、「板」に墨で字を書いた、いかにも手づくりのアピールが数枚設置されていた。あらためて話を聞けば、「妻の介護で集会等には参加できないが、湖東病院のために自分も何かできないかと考えていた矢先にポスターと住民ニュースを見た。以前に営んでいた製材所の『残り板』を利用して字を書いた」とのこと。

また、別の日に、病院職員から「アピールを掲げたかかしが並んでいる」旨の電話が入った。こちらは、主婦の集まりが主体となって、自分たちの思いをゼッケンに記し、15体のかかしにつけた労作であった。「住民の会」とはまた別の、文字どおり地域住民の自発的な動きだった。

住民が自ら「声」を出しはじめた。このことに勇気を得た「住民の会」は、行政と相談し、4町村の庁舎に、連名で「湖東病院の早期建設を」と描いた横断幕（垂れ幕）を掲げることにした。

⑪ 総合診療・家庭医について学ぶ

住民の運動によって、世論は間違いなく「湖東病院の存続」に向かっていた。大きな障壁になっていた「医師の確保」について、2011年初頭、県が「総合診療・家庭医研修センターを秋田市内に設置し、地域医療を学ぶ場として湖東病院に医師を派遣する構想」を打ち出したことで、解決の見通しが生

まれた。「住民の会」は、ただちに県関係者に「構想」の内容を確認するとともに、このことに詳しい医師にも意見を聞き、かなり早い段階から賛意を示した。

　なお、「住民の会」は、その後も、たびたび「総合診療・家庭医」について学ぶ機会を設けている。2012年2月15日には県内の横手市立大森病院を見学。同院は「できること・できないこと」を明確にしており、小野院長は秋田県「総合診療・家庭医養成プログラム」の外部講師をしている。さらに、同年10月23日、秋田県総合診療・家庭医研修センター長、齊藤崇先生を講師に「住民勉強会」も開催した。

⑫　病院存続の証し「改築」が決定

　県の「総合診療・家庭医研修センター」構想によって、秋田県厚生連は、「医師確保に一定のメドがついた」と受け止め、2011年8月24日の経営管理委員会、および12年3月26日の臨時総会で、湖東病院を全面改築して存続することを正式決定した。

　「改築」というかたちで湖東病院の「存続」が明言されたことで、住民は大喜びした。「住民の会」は、今後の運動の方向について話し合うため、2011年11月15日、「湖東病院の改築を応援する住民のつどい」を開催した。以前と比べれば、「つどい」の参加者の顔には安堵感が表れていた。

　当日は、次から次へと住民が発言。最初は救急医療を求める声が大勢を占めたが、やがて、「救急医療は、医師にとっては最も辛い仕事。それを要望するだけでは医師は集まらない」「医師がある程度の数にならないと、救急を再開するのは無理だ」などの発言をきっかけに、話し合いは少し深い方向へと発展していった。たとえば「医師が勤務したいと思えるような病院を皆でつくろう」「住民も医師を支えるためにもっと協力すべき」「なぜ医師に来てもらえないのかを考えよう」「医師は良い指導者がいる病院に集まる」「地元出身の医師を育てたい。そのために、ボランティアの『学習塾』をつくるなど、住民も子どもたちの学力向上に貢献できると思う」など、前向きで主体的な意見が続出した。

　湖東病院の問題をめぐって、住民が集まって話し合う機会はたびたびあっ

たが、「要望しているだけではダメ」「自分たちももっと医療に主体的に係りたい」などの考え方が前面に押し出された点で、この「つどい」は画期的だった。

(3) 「湖東病院を守る住民の会」の解散

① 喜びの「一般公開」

新しい湖東病院は順調に建設が進み、2014年の春、ついに完成した。同年4月20日には新病院の一般公開が行なわれた。

お年寄りの手を引き、あるいは車いすを押して病院を見に来た人もいる。人の波は絶えることがなかった。あらゆる小路から住民が現れ、列をつくって新病院に向かっていく。病院は、すぐに1階も2階も人で埋めつくされ、どこも「すし詰め状態」となった。見学者たちは、駐車場から建物まで歩く間も、また、病院に入ってからも、何かと言えば感嘆の声を上げ、満面の笑顔であいさつを交わし、だれかれ構わず親しげに会話するなど、明らかにテンションが上がっていた。その音量もなかなかのもので、職員の「説明」が聞き取れないほどだった。

各ブースでは、真新しい設備や医療機器などを何回も触っている人もいる。また、5月開院時の受付方法や診察室の場所などを熱心に尋ねている人もいた。4月の異動で湖東に戻ってきた職員も多く、住民から「おかえり」と声もかかっていた。「住民の会」の幹事も、そろって新病院を見学した。彼らにも多くの住民から「ありがとう」「ごくろうさま」などの励ましの声がかかった。住民は、だれががんばったのかをよく知っていた。

② 湖東新病院を祝う住民集会

2014年6月14日には「住民の会」主催の「湖東新病院を祝う住民集会」が行われた。

集会で、ある住民は「住民の会が粘り強くがんばって、湖東病院を存続することができたことに感謝します。新病院は、近代的で、明るく、表示もわかりやすい。あとは、救急患者の受け入れを願うばかりです」と発言した。また、別の住民は「あらためて夫の大手術を思い出した。当時、院長先生の

やさしい言葉、看護師さんの温もりと不眠不休の看護に胸を打たれた。新しい病院は明るくて広い。紆余曲折を経たが、多くの方々の血のにじむような努力、本当にありがとうございました。新病院には樹木があれば良いなぁと思います」と思いを述べた。

なお、集会後、会費制で行なわれた祝賀会では、みんな、美酒に酔いしれた。

③ 全世帯に「活動のまとめ」を配布して解散

新しい病院の姿が見えてきた2013年ごろから、「住民の会」幹事会は「今後の会のあり方」について論議を開始。話し合いを重ねるなかで、「会の設立目的（病院存続）を達した」と判断し、「湖東新病院を祝う住民集会」において、活動の「終息」を提案した。

この集会では、参加者から「何らかのかたちで住民組織を残したい」旨のご意見が相次ぎ、幹事会はその後も話し合いを続けた。地域の中に「医療に係わる何らかの住民組織」があればよい、という点に関してはみんな同意見だった。しかし、「湖東病院を守る住民の会」は、非常事態に対応して設立された「緊急避難的な組織」であり、それが、そのまま、息の長い活動をする「住民組織」に移行することについては「困難」というのが幹事会の出した結論だった。

2014年12月、「住民の会」は、全世帯に小冊子「活動のまとめ」を配布した。関係者へのあいさつを済ませ、58回目の幹事会（12月16日）を最後に「湖東病院を守る住民の会」は解散した。「活動のまとめ」では、解散に至る経緯について、以下のように説明している。

【「湖東病院を守る住民の会」解散に至る経緯】

2014年（平成26年）6月14日に行われた「湖東新病院を祝う住民集会」では、関係したすべての皆様が「湖東病院の存続」を成し遂げた喜びをともにし、心からお祝いしました。

その当日、幹事会は「湖東病院を守る住民の会」の「終息」を提案させていただきました。これは、約1年間、幹事会で繰り返し話し合った末、

「湖東病院の存続」によって「会の設立目的を達した」と判断したからです。しかし、有り難いことに、集会参加者の方から「何らかの形で住民組織を残したい」旨のご意見が相次ぎ、もう一度、幹事会で再考するお約束をいたしました。

そこで、同年7月22日、第53回幹事会において、再度、充分に検討したところ、最終的に以下のような結論に達しました。「住民が医療や病院を支える」ことの重要性は、今回の事態で身に染みました。地域の中に「医療に係わる何らかの住民組織」があればよい、という点に関しては、幹事も含めて、みんな同意見です。しかし、「湖東病院を守る住民の会」は、非常事態に対応して設立された「緊急避難的な組織」です。それが、そのまま、息の長い活動をする「住民組織」に移行することについては、何回話し合っても「困難」としか言いようがありませんでした。論拠を整理すると、

① 地域内に「住民の会」の実動事務局を置くことができていないこと
② 役員を選任する地域的なルールが確立されていないこと
③ 自己負担も伴うため、長期的な活動には困難な面があること
④ 一度「住民の会」を終息させたうえで、必要であれば、あらためて皆で「新たな住民組織」を立ち上げる力がこの地域にはあると思えること、

の4点です。

6月14日の住民集会で提案した通り、「湖東病院を守る住民の会」は一度けじめをつけ、終息させていただきます。具体的には、この「活動のまとめ」を全戸に配布し、そのことをもって解散といたします。「住民の会」の残金は、すべて本書の印刷費用に充て、末頁に最終の会計報告をいたしました。

皆様には、今日までお世話になりました。本当にありがとうございました。

前述のように、あらためて長期的な活動に適した「医療に係わる住民組織」が設立されれば、こんなに嬉しいことはありません。今後とも住民間で話し合いが継続することを願っております。

3　暮らし続けることができる秋田にするために

(1)　労働組合が地域に出て住民とともに運動することとは

① 「そこに暮らし続けるのかどうか」がかかっている

　鹿角の住民が言っていたように、医療がなくなれば住民はその地域に住めなくなってしまう。同様の「声」は湖東でも毎日のように耳にする。また、医療労働者は、「医療」という専門性によって地域や社会の役に立つことが「存在意義」である。医療機関がなくなれば、医療労働者の存在意義もなくなり、やがてはその地域を離れざるをえなくなる。秋田県は日本一の人口減少県だけに、このことを肌で感じる環境にある。

　つまり、鹿角や湖東で起きた住民運動は、大げさに言えば「地域の存亡」をかけた闘いである。秋田県においては、住民も、医療労働者も、つねに「そこに暮らし続けるのかどうか」がかかっている。だからこそ、秋厚労は、地域に出て、住民とともに運動することを「方針の柱」の１つに掲げている。

② 「病院と地域は直結」を実感

　秋厚労は、2012年から「現場スタッフとの懇談」という取り組みを進めている。これは、人手不足の解決をめざして、「内外の人が働いてみたいと思えるような職場」をつくるために、方針のヒントを求めて、本部・支部の役員が現場を行脚しているものである。「職場」は160ほどもあるので、４年計画である。

　話を聞くたびに「答えは現場にある」「もっと早く取り組めばよかった」などの思いと同時に、「病院（職場）と地域とは直結している」ことにも驚かされている。たとえば、産婦人科の病棟では「助産師さんが足りない」と悩んでいても、「お産が減っているので、助産師さんの増員を要求しにくい」という思いでいる。病院によっては「出生数が10年前の８分の１」といったデータを示すなど、スタッフは地域の指標をよく把握していた。また、在宅医療のスタッフは、「地域や住民にとって必要なことと病院の方針とが異なり、自

分たちは板挟み」だと話している。さらに、ほとんどの現場で、医師不足や救急医療などに関連して、「今、病院の中で問題になっていることは、病院の中だけでは解決できない問題ばかり」だと感じている。

(2) 住民とともに運動して学んだもの

　秋厚労は、日常的に住民と話し合い、ともに運動した約10年間の積み重ねのなかで、病院の中だけで運動していたときには味わえない経験をし、多くの事を学んだ。

　前述のように、今の日本の医療は、「医師の人事権は大学が握っている」とか「患者本位の医療をすると儲からない」など、住民が簡単には理解できないことがたくさんある。病院の中だけにいると、労働者も労働組合も「異常を異常として感じなくなる」場合が少なくない。住民と話をすることで、私たちは「客観性」を保っている。

　鹿角で、住民宅を訪ねて署名を集めていた医療労働者は、歩くのも困難な老婆が這うように玄関に出てきて署名してくれた感激を忘れないと言っている。そのとき、「自分は、住民の健康を守るために、病院でがんばろう」と本気で思ったという。地域に出たことで、医療労働者が成長し、今でも彼は、その話をするときは声が詰まり、目が潤む。

　また、鹿角も湖東も、「住民の会」の幹事会はおおむね1ヵ月に1回である。農作業や冠婚葬祭などの影響で、全員がそろうことの方がめずらしい。すると、話し合いは「蒸し返し」の連続で、なかなか物事が決まらない。しかし、この「手際の悪さ」が宝物。ものすごく面倒で、手間がかかることによって、考え、悩み、学び、調べる時間が生まれた。それは、多種多様な意見や考え方の「一致点」を見い出す時間にほかならなかった。

　住民は、署名活動などであちこちに出向いても、交通費が支給されるわけではなく、すべて自己負担である。それだけに、「本物」でなければ動かない。湖東の「住民の会」幹事の1人は、のちに「最初、秋厚労は職員の雇用を守るために地域に入ってきたと思ったが、すぐに、それは誤解だとわかった。もし、本当にそんな自分勝手な目的だとしたら、私はいっしょには運動しなかっただろう」と述べている。

(3) 新たな地域社会づくりへの参加

　政府や財界は、「効率的ではない」地域・産業・分野を切り捨てていこうとしている。黙ってそれに従っていると、地域は壊されてしまう。私たちが地域に住み続け、仕事も続けるとすれば、これに抗い、住民とともに「地域をつくっていく」しかない。

　鹿角・湖東をはじめ、各地で、住民が、地域のことを考え、話し合い、人と人とのつながりを軸に支え合う「新たな地域社会」をつくりつつある。今、その取り組みに、労働組合として「参加」できていることが、とても意義深いと思う。

第2節　長野県・佐久、川西地域における地域医療懇談会の取り組み

工藤きみ子
元長野厚生連労働組合中央執行委員長
元同労組佐久支部執行委員長

はじめに

私たちは、地域の医療関係労組と自治体労組で情報の交換や交流を目的に地域医療懇談会を発足させた。上部組織をもたない市立病院の労組が、公立病院改革プランが出された情勢のもと、病院の経営悪化を背景に病院の将来への不安を増大させ、理事者である厚生官僚出身の市長の交代を機に足を踏み出し、私たちにコンタクトを取ってきて実現した活動であった。懇話会の中で、同じ地域にある川西赤十字病院が赤字を理由に存続の危機にあることを知り、地域医療懇談会（懇話会は毎月開催、懇談会は1年ごとに開催）に取り組み6年が経過した。この取り組みを通し地域の労働者の連帯が広がり、赤十字病院は地元になくてはならない病院だという声が高まり、地元の川西保健衛生施設組合から毎年8000万円を上限に5年間の運営補助金を獲得することにつながった。またこの運動を通じて、労働組合が地域で活動することの意義を改めて知ることになったのである。

1　佐久医療センターをめぐる動きと労働組合の動向

(1)　佐久医療圏の医療機関と動向

長野県、佐久医療圏には、厚生連病院として佐久総合病院（一般681床、救急救命20床、集中・高度治療室26床、新生児集中治療・新生児治療回復室18床、精神67床、老人保健施設2施設174床）と小諸厚生病院（一般320床、老人保健施設100床）の2病院、独立行政法人国立病院機構小諸高原病

院（一般80床、精神240床）があり、川西赤十字病院と合わせて4つの公的病院がある。川西赤十字病院は、一般病棟48床、療養病棟36床の合計84床を持ち、二次救急を受け持つ地域の総合病院の後方病院としての役割をもち、往診や訪問も行なう病院である。

このほか自治体病院として佐久市立浅間総合病院（323床）、佐久穂町立千曲病院（97床）があり、この2つでベット数419床を持ち、以上の総合計で1059床にのぼる。高齢化率は高く山間部には40％になる地域もあり、高齢化に加え過疎化も進む地域でもある。

佐久地域は平成の大合併で市町村数は16から11に減り、人口10万人を超す佐久市は、近隣2町1村を併合し、市内に市立病院1、厚生連病院1、赤十字病院1の3つの市立・公的病院を抱えることとなった。

厚生連病院は、高度先進医療から救急救命に至る救急医療のほかに地域での保健予防活動や、訪問診療を含む在宅ケアにも長年取り組み、県内最大のベッド数をもつ総合病院であり、医療圏外や近隣県からも患者が集中し、再構築、「機能分化」の必要に迫られている時期にあった。そして、佐久市には、厚生連病院の新築移転、「機能分化」を行政として全面的にバックアップするために資金面からの支援が求められていた。

しかし、「機能分化」・再構築の建設用地問題で病院と行政との折り合いがつかず、購入した土地が転用できずに病院建設がストップして行政との間で膠着状態が続いていた。市長選で、厚生連病院の再構築推進を掲げた現市長が誕生し、ようやく用地転用と地域の医師会や病院間での協議調整が始まった時期で、労組としても地域の医療・福祉労働組合と情報交換し、よりよい地域医療のために、ともに取り組みを進めたいと考えていた。

一方、川西赤十字病院は、日本赤十字社本社から経営改善「指定病院」とされ、3年以内に経営改善が見込めない場合は存続が問われる事態となっていた。川西赤十字病院の財政問題は、これまで町立病院的役割をもつことから地元自治体から補助を受けていた運営資金と、日赤本社から僻地病院補助金として支給されていた5000万円の支援金がなくなったことが最大の原因であった。

また、厚生連病院の「機能分化」で高度救急を受け持つ佐久総合病院・佐

久医療センターが佐久市立病院近くに開院することとなり、競合による市立病院の赤字問題が浮上していた。労働組合も、病院が黒字に転換できなければ将来の展望がもてないとの危機感をつのらせていた。

(2) 地域医療をめぐる情勢の変化のなかで労組が懇談会

　私たちは医療産別に結集する労働組合として、近隣の自治体病院や個人病院に対して、医療福祉を守る地域でのキャラバン行動への参加や、懇談の申し入れ、さまざまな署名への協力要請、また、地域の看護・介護集会へお誘いし医療状況や職場報告などをいただくつながりをつくってきていた。しかし、日常的で継続した活動にはなっていなかった。

　医療産別以外の上部組織をもち活動する組合は、私たちの呼びかけに警戒しているようにも感じた。これらの事情が変わったのは、佐久総合病院再構築の計画とその展開が地域の他の病院経営に少なからず影響を与えることが危惧され始めたことによる。

　病院経営者間では「機能分化」に向けた協議が始まっていたが、市立病院の労使関係のなかではこれらの情報がほとんどなく無く、労組としても病院の将来に不安を感じていた。佐久市職員労働組合は、自治労連に加盟しているが、長野県下の自治体労組では大組織の自治労に加盟しているところがほとんどなので、少数派の労働組合で、また地域のローカルセンターにも結集し、私たちと活動をともに行なう関係にあった。佐久市職員労組は、市との関係も含め、佐久市立病院労組と共同で組織拡大をめざしていた。

　20年間続いた厚生官僚出身の佐久市長の交代は、市民の立場からも市職員労組としても市政に期待を感じさせる大きな変化であった。また、新市長が、「厚生連病院の再構築を推進し地域医療に充実を図る」とした公約で誕生した経過から、市の医療行政や地域の医療関係者のなかにも変化が現れてきた。市立浅間病院労働組合が市職労を通じて私たちに懇談の申し入れをしてきたのは、そのような時期であった。

　緩やかな懇和会ということで、佐久地域の医療を守る労働者・労働組合の立場から学習や懇談をしよう……そんなことから毎月1回集まることが暗黙のうちに決まり、地域の医療関係労組にも誘いの声をかけようということに

なり、現在にいたる5医療関係労組と自治体労組が集うことになった。

　声をかけた各労組からは積極的に労組役員の参加が得られた。"新鮮で目新しい"といえる会が持たれるようになり、何か楽しい、待ち遠しい、そんな会議に定着していった。ときには宴席も設け、ざっくばらんな議論をしたことも人間関係づくりに役立ち、のちのさまざまな運動に大いに役立った。

　また、「公立病院改革ガイドライン」や医療社会保障政策についての学習会を行ない、そのなかで、たがいの実態を交流しながら議論を深めた。また関心の高かった市立病院の経営問題について大規模な講演会を行ない、たがいの状況認識に高めた。さらに、市立病院労組独自では長い間行なうことができなかった理事者との団体交渉を再開させ、賃金・労働条件要求を提出し一定の成果があったことや、改築中の新棟の建設計画について労組にも説明を求めるなど、活動の成果も見られた。

2　川西地域「医療懇談会」から"いどばた会議"へ

(1)　第1回川西地域医療懇談会

　当時、地方新聞は川西地域にある赤十字病院の赤字経営が深刻であり、3年のあいだに経営の見通しが立たない場合には、「存続するかどうか検討に入ることになる」などという厳しいニュースを報じていた。当該の全日赤・川西赤十字病院労働組合が懇話会のメンバーであったことから、地域医療と雇用に関わる重要な問題であるとの認識のもと、直ちに地域医療懇談会を行おうではないかとの議論に発展した。

　私たち厚生連の2病院は、長年にわたって地域医療懇談会で地域のみなさんの声を聞くことを大事にしてきた経験から、川西赤十字病院の問題は地域のみなさんの応援をいただくしかないと思ったことが契機となった。このような運動の経験のない市立病院労組はじめ懇話会のメンバーは、いったい、どんなことをやるのだろうという素朴な興味や関心をもっていた。彼らには、医療労働者としてできることをと、健康相談コーナーで検尿ブースを受け持ってもらうことになった。

第1回川西地域医療懇談会は2011年10月に1150人を超す地域の皆さんに集まっていただき、開催することができた。テーマを「地域医療の充実をめざして—病院も町のお医者さんもみんな大事—」としたシンポジウムを行なった。シンポジストは当該川西赤十字病院院長の大内悦雄先生（当時）の

地域医療の充実をめざしたシンポジウム（2011年）

ほか、市立浅間病院診療部長、小諸厚生病院副院長、地元開業医、市議、JA女性会代表の6人にお願いし、コーディネーターを佐久病院北澤彰浩副診療部長（当時）が務めた。

　このシンポを通して参加者は、川西赤十字病院が地域で大切な役割を果していることを再確認することができた。懇談会は、手ごたえを感じながら2回目の開催を準備することになった。

(2)　第2回懇談会

　第1回懇談会で、住民から出されたいくつかの要望のなかの1つに、「公共交通が段々縮小・廃止され通院の手段がなく不安を感じている」との声があった。高齢化が進むなか、市町村合併のあおりもあり、過疎地域ほど交通手段がなくなっている現状をあらためて知らされた。そこで第2回目の懇談会を準備する段階で、「住民アンケート」を行なうことを提案し、実施することになった。アンケートでは、通院手段のほか、川西赤十字病院に対する要望や意見、病院受診に際しどんな判断で医療機関を選択しているか、その実態と傾向を地域別に調査することにした。

　市立病院職員は、自治体職員も初の「住民アンケート調査」に戸惑ったが、分担地域を決めて実施した。当該の全日赤・川西単組は、非組合員にも声をかけアンケートへの協力を呼びかけたが、自らの病院の将来へ不安を持つ非組合員も快く協力した。

　川西赤十字病院の存続は地域にとっても大きな問題であることから、住民

に運動を広げていただこうと考え、さまざまな地域の団体を訪問したほか、区長訪問も行なった。自治体職員組合から地元地域の区長名簿の提供を受け、アポイントを取ってもらい訪問した。そこで、口々に言われたことは、「日赤病院の経営問題から存続が危ういというような情報は、まったく知らない、市からも聞いていない」という反応であった。

さまざまな参加を広げるための試行錯誤をしたうえで、住民アンケート結果の報告を1つの柱に第2回懇談会を開催した。

アンケート調査結果の特徴は、①地域にとって赤十字病院が予想をはるかに超えて信頼され頼りにされていること、②存続発展を願う声が大きかったこと、③通院手段や地域での生活について、数年後への将来不安が多くの方々が感じていること、などであった。

地域でのアンケート活動に参加して、住民に大いに励まされた赤十字病院職員、住民の声を聞くことが大事だと実感した市立病院職員、そして住民に大いに歓迎された自治体職員、それぞれにとって貴重な体験であった。それは、地域における医療機関の、そして、地域医療を担う医療労働者としての自己の存在を実感し、再認識する機会ともなったのである。

(3) 第3回懇談会

私たちは、3年間と期限がつけられた川西赤十字病院の存続に向け、住民アンケート結果を伝え、行政として支援し存続させるべきだと訴えることを目的に市長との懇談を申し入れた。また、川西赤十字病院には日赤本社から異例の事務長派遣があり、さっそく事務長に懇話会として懇談を申し入れた。住民の声を伝えたい、ぜひ地域の声を聞いてほしいと当該組合を通じて申し入れたが、事務長はまったく懇談に応じる気配はなく、当該組合にも何の説明もない状態が続いた。地域からは「東京から来た事務長は、最後に判断するために来たのではないか」との声も聞かれた。

このようななか、私たちはこれまでの身内が中心となって運営する懇談会を変えようと、思い切って市立病院副院長にシンポジウムのコーディネーターを依頼し、「住民が支える地域医療—ますます大切になる川西赤十字病院の役割—」とのテーマで、当該赤十字病院院長、JAの福祉担当の部長、市会

議員、大戸診療所の今野義雄氏を迎え、駒の里ふれあいセンターで 2012 年 11 月 10 日、シンポジウムを行なった。

シンポジストの 1 人、今野氏は、地域に密着した医療を実践している群馬県大戸診療所を運営する中心人物である。今野氏は、医療がなければ住民が生活できないこと、過疎と高齢化の地域でこそ求められる医療要求にどう応えるか、患者さんの送迎、毎日が専門医ごとの診療所など、これまでの大戸の実践について熱く語りかけ、参加者に大きな感動を与えた（大戸診療所の活動については 1 章 2 節参照）。

また JA の部長は、川西地域と佐久病院のある地元臼田町との在宅医療の相違について報告し、地域の病院が奮闘することにより、地域の医療と福祉の連携が進み、安心して暮らせる地域ができることを強調した。

コーディネーターの市立病院副院長は、「地域の医療を守るには中心となる佐久病院の役割が大きく、周辺の医療機関は役割分担のなかで市民の命を守っている」と強調、参加した住民も医療従事者もみんな納得した。そして、この「市立病院も厚生連病院も一緒になって地域医療を考えている」、とのコーディネーターの"まとめ"は、参加者に「懇談会」の必要性と存在感を大きくアピールすることにもなった。

(4) 第 4 回懇談会

私たちは、医療懇談会の名称は普通に受け止められていると思っていたが、第 4 回実行委員会の席で、「難しくて何の会かわからず参加をためらう人もいる」との意見をもらった。そこで名称について検討し、「川西健康"いどばた"会議」として開催することになった。健康のことについてみんなで集まり率直な話し合いをする、こんなことから名称が決まったのである。

第 4 回のテーマは、佐久総合病院の再構築が進み、新たに佐久総合病院・佐久医療センターが 4 カ月後に開院することを受けて「佐久医療センターの開院と川西赤十字病院の役割について」と決定し、2013 年 11 月 9 日の開催日に向けて懇談会の取り組みを進めた。マスコミ各社も注目し、各社が紙面を割いて報道した。

私たちはこれまでの 3 回の経験を生かし、地域からの参加者を広げるため

に、市と近隣自治体、JA、地方紙と組合が関わるすべての病院が後援する体制を初めて整えて、新たなスタートを切った。自治体の回覧、有線放送での宣伝などは、自治体労働者が力を発揮し実現させた。これらの宣伝活動は一定の成果があり、「有線放送で聞いて参加した」とアンケートに答える住民が増えた。

また、これまでの実行委員会の関わりとくらべ、企画の段階から住民に関わってもらうなかで、さまざまな貴重な意見が寄せられた。医療労働者であれば日常的に感じていることも、地域の住民は新鮮な驚きであり、「もっと医療現場からの発信がほしい」などの意見ももらうなど、実行委員会の議論の内容も豊かになった。

労働組合というものに違和感をもっていたという方々から、「医療労働者が真剣に悩み考えていることに驚きを感じた」とか、「近隣の主たる病院がすべて後援し協力していることから印象が変わった」という声も聞かれた。

それまでは、近隣の医労連未加盟病院には地域医療懇談会への参加や協力を依頼できる関係になかったが、今回は医師会役員でもある当院の副診療部長（当時）で副執行委員長の北澤医師の奮闘があった。医師からの依頼ということで、どこでも好意的に受け止められ、事務的な打ち合わせは私たちが訪問して詳細を説明するというパターンで、快くシンポジストやコーディネーターを引き受けてもらうことができた。

(5) 第5回川西健康"いどばた"会議

第5回目となる懇談会は2014年11月8日、駒の里ふれあいセンターで、新しく赴任した川西赤十字病院院長、佐久医療センター、地元開業医の院長を迎えて開催した。

新しい日赤の院長は、当該労組からの要請にためらいもあったようだが、その思いもシンポジウムで率直に語った。そして、「地元の皆さんの声を聞き、地域で果たさなければない役割が明確になりその立場で奮闘する」との決意を表明された。

地域のJA女性会の協力で、手作りおやつや惣菜、当労組青年部によるポップコーンの無料配布など例年行なっている「食」と「農」を考えるコーナー

を充実させたほか、健康相談コーナーやオープニング行事もこれまでの経験をふまえ、いかに興味をもってもらえるか工夫した。5回目を重ねた会は、あたかも長年のチームのようにあうんの呼吸で動き、役割を果たしスムーズな運営になり、最初のころとくらべればその進歩は感慨深いものがある。

　そして、最も大きな成果は、日赤院長の決意表明で、参加していた日赤メンバーは大感激であった。

3　地域医療懇談会のもつ意味

　私たちは医療産別に結集する労組として、長年にわたり地域の中で活動を模索し、かつて活動していた「地域医療共闘会議」のような運動を再び展開できないかと考えていた時でもあった。このようななか、市立病院からの懇談申し入れを受けて形となった地域医療懇話会の活動は願ってもない地域のつながりとして、大いに歓迎して会に臨んだのである。

　それぞれの病院がかかえる課題は違っても、根本的には国の医療政策のなかで進められることであり、患者・国民と力を合わせて地域と医療を守ることが重要であるとの共通認識で、いろいろな労組にともに闘う仲間の輪に加わってもらえることは、近年まれな心躍る運動になった。

　医療労働組合の使命について日常的に語り合ってきた私たち厚生連労組は、当初は自分たちの賃金・労働条件以外に興味も関心ももたないように見えた近隣の病院の労働組合に違和感をもっていたのが正直なところである。しかし、さまざまな情報交換、意見交換、学習会を通して、ときには懇親会も含めて親しくなり、毎月の会議が楽しみになるような関係に変わっていった。

　私たちは具体的な活動として地域医療懇談会を提起し、川西赤十字病院の存続発展を具体的な目標に活動を進めることになり取り組みを進めた。"地域医療懇談会とは何か"そんな初歩的なことから長年の経験がある小諸厚生病院（労組）の経験に学んだ。この活動を通じて、地域と連帯する運動に確信を持ち、住民の皆さんからの励ましに手ごたえを感じ、5回の地域医療懇談会を積み重ねてきた。

この活動のなかで、市立病院の労組役員が「やっと労働組合がめざすべきものがわかった。労働組合は大事だ」と感想を述べてくれたこともあった。それぞれの労組にとって得るものが多く、活動に意義を感じているからこそ活動が続くのだと思う。

　当初は、私たちが運営の中心になっていたが、しだいに形を変え、全体が役割分担しながらスムーズに動けるようになっていった。

　地域のみなさんとの関係では、当労組が進める居住地活動のなかでのつながりを生かし、懇談会開催に実行委員として大いに協力、助言をもらった。その人々が参加者を組織してくれ、懇談会の企画の面でもアイデアを出してもらうなど人々の熱心さにはげまされてきた。

　地域の協力・共同をどう広げていくか、つねに念頭に置きながら運動を広げようと積極的に行動してきたが、まだまだ充分とは言えないと思う。今後も活動を続けるうえで、これまでの経験を生かし各労組が自分たちの力で、足元でできることはないか、そんなことを議論している。

　懇話会活動を通じてあらためて、地域での活動の大切さと運動を創る面白さを感じた。市立病院が、新たに自治労連に加盟し活動を始めていることや、日赤病院が積極的な活動を模索していること、懇話会として新たな地域での活動を企画する機運があることなども、大切にしていきたいと思う。

　私たちのこの活動、すなわち、近隣の医療労働者との学習や交流、地域医療懇談会の運営などを通じて、お互いに共感し、学び、仲間意識ももてるような関係をつくってきたことが重要だと思う。お互いのことを知ることで、地域での医療連携、良い医療を提供できることに、つながり、地域の住民に貢献できるのだと思う。

　現在、私たちの取り組みと同様に地域のなかで、さまざまなレベルでの顔見える関係づくりが進んでいる。佐久地域から、新たな地域連携の在り方を発信していきたい。

　＜追記＞

　現在、地域完結型の医療が、この佐久地域を1つのモデルとして推進されようとしている。地域住民や患者の立場でいえば、"いつでもどこでも"安心

して医療が受けられることが重要だと思う。それは、これまでは佐久地域の中で当たり前のことだった。この地域には、国公立・公的病院が多く保健予防活動に早くから取り組んできた歴史があり、保健・医療・福祉の連携が進んできたからである。

　また、地域のニーズに従って医療と介護の連携にも早くから取り組みを蓄積してきた歴史もある。そのなかで、一次医療から三次医療、在宅まで、受け持っていた佐久総合病院が機能分化し、地域連携の必要性が生れた。佐久医療センター開院から間もなく3年になろうとしている。この間の佐久地域の医療・福祉をめぐる状況の変化は、長年積み重ねてきた歴史を一瞬で大きく変化させた。「機能分化」のなかで紹介状がないと受診できない、救急車を受け入れられない事態が起こっている。

　この事態を受けて、あらためて国がすすめる医療・福祉政策に現場から発言していくことが大事だと痛感する。県にもただ"国の政策をうのみにするだけでいいのか"を問い、国にもしっかり主張しなければならないと思う。

　私たちの病院を築き、地域のニーズに応えることを最優先して、"たたかった"先人の運動をしっかり継承しなければならないと考えている。

第3節　茨城県・高萩協同病院の存続運動とその意義
――41ヵ所の地域医療懇談会で1600人以上の住民と対話

岡部義秀
全国厚生連労働組合連合会中央執行委員

はじめに――運動の背景と概観

　高萩市は、茨城県の北部に位置し、人口3万5000人、1万5000世帯が住む。常磐線の高萩駅の東の安良川地区に厚生連が経営する高萩協同病院があった。183床の公的医療機関として市民病院的役割を果たしてきた。

　北茨城、高萩、日立市と続くその地域は、常磐炭田に位置し、昭和30年代半ばまでは炭鉱、鉱山で栄えていた。しかし、1960年を境に、国のエネルギー政策の転換によって炭鉱の衰退と地域経済の沈没が起こった。そこで、企業誘致をし、工業団地や住宅団地の開発を行なって税収入を得るという開発型の地域づくりに走ったが、バブル崩壊で破綻した。

　高萩協同病院の存続運動は、手綱団地に3.6ヘクタールの土地を提供するとし、市の助成で新築移転を進めていた大久保清市長が2002年2月の市長選において敗北したことから計画が頓挫、新市長の岩倉幹良氏が財政難を理由に国の進める市町村合併のなかで3市1町で建設していく方向に舵を切るとして従来の計画を白紙撤回したことに起点がある。

　2002年4月には市長辞任勧告決議までなされ（賛成11、反対6）、市を揺るがす問題に発展し、その後、3人の議員が脱落し、議会の力関係が9対8と逆転させられてしまうなかで03年春から夏にかけ、市を二分するような存続運動に発展していく。労働組合が住民と連帯して、市の助成による新病院への建て替えを実現させ、許可病床数を183床から220床に増やし、脳外科などの診療科も増やして12科だったものを15科の総合病院的機能を備える施設として充実・発展させたのである。

　それを推進した力となったのが、労働組合、2つの住民団体、議員集団（保守も革新も含めて8人）の4者をゆるやかに統一した連絡会の結成であり、

また41ヵ所の集会所で1600人を越す住民との「地域医療懇談会」と呼ぶ対話を重ねたことを通してであった。

1 基幹企業である日本加工製紙の倒産

炭鉱がさびれたのち、駅東の安良川地区にパルプ工場を誘致したのが1968年。それが日本加工製紙となって、やがて市内の10軒に1人はそこで働くという重要な位置を占める企業にのしあがっていった。農業、漁業以外は工業が乏しいので日立市まで通って日立製作所やその関連企業に勤める者も多く、日本加工製紙もそこで働く市民が多いという意味ではそれに匹敵する企業であった。

その日本加工製紙が2002年5月29日に突然の倒産をした。関連企業を含めて1200人が解雇されることになり、市内には暗雲がたれこめた。税収入が落ち込むことで財政がひっ迫するという理由で、岩倉市長は手綱地区に決まっていた病院建て替えの候補地を「白紙撤回する」と発表した。財政再建を、国が進めている市町村合併で行ない、「3市1町（日立市、北茨城市、高萩市、十王町）の合併のなかで300床以上の総合病院を協議していく」としたのだ。

それから少し経った2003年2月、岩倉市長は突然に財政負担が少なくてすむ市有地の高浜運動公園を代替地とする案を提示してきた。それに対して厚生連は、地盤の弱さ（海浜の近く）、国道沿いなので騒音がひどいこと、また塩害などの問題から「移転断念をせざるをえない」と市に伝え、新聞は「存続危ぐする声も……」と報道した。これが高萩協同病院の「存続問題」現実化の発端となった。

2 住民の会の結成と労働組合

すでに2002年10月2日、「協同病院を守る市民の会」（以下、守る会）が115人で発足しており、2万人分の署名を目標に、市長のリコール運動も視野にいれていくという方針を立てた。

しかし、「市民の会」は議員たちがつくった組織であり、前市長が会合に来ていたこともあって怪訝に思う住民も多かった。「憲法を生かす会」の深谷貞栄さん（当時67歳）は、「議員さんたちが初めて市民の方を向いて運動する動きが出てきたと受け止めています。……今度は絶対に住民を裏切らないでがんばっていただきたいと思います」と発言。集会後の各地区のリーダの打ち合わせ会でもこうけん制したという。「よしんば議員のみなさんが、市長をリコールしていくことに連動させ、前市長を引っ張り出せば、市民は興ざめしていきますよ……」（拙著『野の花ひらき、対話ゆきかうまちで—高萩協同病院存続運動の軌跡』本の泉社、2003年、93頁。以下引用は同書より）。それで議員たちの身も引きしまったという。「住民を裏切らないで」——この声はかなりの議員たちの心にも真剣に受け止められたようだったという。
　しかし、議員たちのはじめた「守る会」は署名活動と議員たちによる街頭宣伝に取り組んだものの、目標どおり署名が集まらず低迷していた。それを切り開く転機となったのが高萩協同病院の労働組合が「守る会」の会合に参加したことである。
　労組は、議員たちが中心になってつくった団体ではなく、住民が自主的に運動している組織の「憲法を生かす会」（新社会党系）と接触し、まずそのビラまきを手伝うことになった。この会は、憲法を生かす一貫として医療問題に取り組んでいたからである。
　さらに病院と労働組合とが共済する職員集会を開催し、「守る会」と「憲法を生かす会」の2つの団体を招いて現状の学習をした。そして、「守る会」のビラまきにも参加することになった。こうして職員集会を契機に議員主導の運動から、①2つの住民団体、②労働組合、③議員集団という4団体の連携が生まれたのである。

3　第一次地域医療懇談会と職員委員会の活動

(1)　住民自治の原点としての対話

2003年5月16日、茨城県厚生連労働組合（1600人）の高萩協同病院支部

は、「高萩協同病院新築移転問題対策職員委員会」（以下、職員委員会）をつくっていくことを決定した。当面の課題は、①地域医療懇談会の開催、②デモの準備、③市長との対話集会の準備であった。

職員委員会という組織がなぜつくられたかは、三浦光江看護師が次のように言う。「現執行部では経験が乏しいし、心細いから、そこで補強メンバーを入れて、職場委員会として組織したらどうか、という話が現執行委員のなかから出ました。正式には職員委員会という名称になっていきますが、出発は全職場から担当者を出すという構想です。外来は誰がいい、どこの職場の誰々というかたちで……名前が挙がってきて、結果として中執の経験者が中心となりました」（137頁）。

つまり、あくまで労働組合が中心の組織ではあったものの、現行の組合役員だけではとても対応できないことから、かつての組合役員経験者を引っぱりだそうというのがまず最初の発想である。そして、小さい病院のこと、職員全員の参加を勝ち取っていかねばならず、そのためには職制の力や非組合員の力も借りねばならなかった。経験と智恵を結集するうえで、また動員力を備えるために、そして労働組合としてよりも職員組織として表に出たほうがいいことなども考えて、職員委員会という組織形態が生まれたのだ。

なぜ地域医療懇談会を開くことになったかということについては、市長派が「移転反対」と言い出して市政懇談会をはじめたという動きがあり、守る会の側も懇談会が必要だろうということになったからだ。

当時を振り返り、中井信行市議（当時54歳）はこう語っている。「守る会の会合が先細りになっていたとき、熱心な人から『なんかこんなのやってもダメだべ、大人数の集会を開こう。一回どんとやって……』という話も出ていました。しかし個別の地域懇談会形式でやってみようということになりました。というのは、必ず地域の人が20人や30人は来てくれるはずだから、と。それに、市長のやる懇談会があって数人の参加者ということで、けっして多くはないんですが、それを聞いてきた住民が……市長はこんなことを言っているがどうなってんだ、守る会のほうでもちゃんと説明をやってくれないか、というお叱りを受けるようになったことです」（143頁）。

このように、「大きい集会を」という声もあったが、市長さえ参加者はわず

かだが懇談会をやっていたことがある。そこでは守る会の主張が一方的に批判されるだけで反論することができないことに住民がやきもきしていること、だったら、こちら側も同じように懇談会を開いて住民が聞きたいことに答えていくべきだ、との声が住民からあがったからであった。

「憲法を生かす会」の深谷さんは、地域医療懇談会方式に賛成した理由をこう語る。「移転推進派だけが集まりを持っているのではなく、市民に賛成・反対を問わず、伝えていかなければならない義務があるだろう、と思いました。必ず住民運動というのはしこりができます。わかれるわけですから。見えない部分があるので、市民がこれは正しい、向こうの言い分はどうかと、それを聞く機会をつくる必要があるのではないか、と。ただ闇雲に相手を批判するだけでは住民自治は成り立たないからです」（143-144 頁）。

考えに賛成してくれる住民を中心に呼びかけるだけではなく、住民が賛成・反対の両方の主張を聞くことで判断していく機会をつくることが住民自治の原点ではないか、と。

作山里美市議（当時61歳）も地域医療懇談会についてこう語る。「議員たちが守る会を立ち上げてから、とりあえず2万人署名運動に取り組んだ。しかし、なかなか署名が集まらない。議員たちが交代で宣伝カーで毎日ご協力くださいと回った。しかし、はかばかしくなかったんです。……第一次医療懇談会をやることになったのは、守る会がこれまでやっていた署名運動やデモ行進というような、あんな格好づけではダメだ、と住民からいろんな反響が出たことです」（257-258 頁）。

つまり、「あんな格好づけではダメだ」というのは、運動というと、きまって署名やデモという金太郎あめのような従来のパターンがとられるのが普通だが、そんな杓子定規なやりかたに留まるのではなく、住民の住んでいる地域に入ってじかに真剣な対話をしていかなければ住民の意識というものは簡単に変えられるものではないよ、ということである。

第一次医療懇談会は、5月20日から23日の3日間で12ヵ所、病院職員を含めて312人の住民との対話が行なわれた。

(2) 対話による地域エゴの克服

　最初、住民はできるだけ自分の住んでいる場所に近い、あるいは交通が便利なところに移転してほしいという声が強かった。

　しかし、これは議論していくなかで克服されていくものだ。三浦看護師は、そのときのことをこう言う。「地元に近いところに病院があるのにこしたことはない。しかし、『やっぱり総合病院ができたほうがいいから、自分たちのことばかり主張してもしようがない。いますぐ協同病院がなくなったら、困ってしまう。それに、ただそこにあるというだけではダメなことがわかった。遠くなったって、利便性が少しくらい悪くなったって新しい総合病院ができれば安心できるからね』という考えに最後には多くがなってくれました。じっくり話し合えば私たちの主張が砂に水が沁み通るように理解してくれるんです」(147-148頁)。

(3) 4団体の統一の力

　5月26日には、「守る会」による市民デモが約350人の参加で成功した。守る会、憲法を生かす会、職員委員会、茨厚労の4者は、デモ終了後に共同組織として「高萩の医療を守る連絡会」をつくることを決めた。「憲法を生かす会」の小林覧一さん（当時57歳）は、「住民から『こういうふうに同じ方向を向いているのに、なぜ別々にチラシが入ってくるのか、一緒に運動ができないもんですか？』と言われてしまったんです。そこで、……4者が独自の運動をしつつも統一していこうということになりました」とその事情を説明してくれた（157頁）。

　デモの成功に励まされて結成された共同組織である「高萩の医療を守る連絡会」、そのなかの職員委員会と茨厚労とが5月30日の職員委員会主催の「市長との対話集会」を計画し、全体では6月4日、5日の市議会傍聴への動員に力を入れ、また6月20日の1000人規模の市民大集会を成功させるための取り組みを行なった。

　支部の労働組合は職員委員会というかたちで、職制や非組合員を加え労働組合よりも一回り広い組織として活動した。住民組織や議員集団との交流の

なかで院内でだけ活動していたときに比べ活動幅が広がり、ぐんぐん成長していったと言える。共闘の力と言えようか。職員委員会だけでなく茨厚労本部も連絡会のメンバーとして参加した。組合本部の専従2人と県労連の専従1人を手伝いに出し、アパートの一室も組合が資金を出すなどし、人的な面からも財政面からも積極的な役割を果たしたので、住民組織はアレルギーなく受け入れた。

4　第二次地域医療懇談会への発展

　第一次地域医療懇談会による対話とデモの成功によって病院移転問題への住民の関心は高まり、結成されたばかりの新しい組織である「高萩の医療を守る連絡会」は、当面の活動として議会に対する監視を強めて10対8（市長を入れて市長派は10）の力関係を変えるために6月4日と5日の市議会の傍聴を組織することに力を入れた。また、第二次地域医療懇談会を6月9日から19日まで計画した。

(1)　住民組織との交流による職員たちの成長

地域医療懇談会が第二次の開催になったのは、三浦看護師によると、「『なぜ、うちのほうでは懇談会をやらないの？　私たちだって聞きたいことはいっぱいあるのよ』と言う声があがりました。そんな声がほかからもたくさんあがってきたのです」（214頁）という。自分たちのところでも集会に参加してぜひ話を聞いてみたいという要望である。

　そして6月20日には1000人規模の市民大集会を計画していたので、とりわけ山間部にまで懇談会を拡大することによって、全地区にもれなく開催していくことを決めたのである。5月28日、職員委員会は憲法を生かす会のつてで宣伝カーを借り、病院の駐車場に置かせてもらった。配車表を作って運転手とアナウンサーを交替で用意し動かした。すき間ができたところは、臨時にアパートの一室を借りて連絡会の事務局を担当した組合専従の女性2人が対応した。

　職員委員会の活動、その成長ぶりを見ていた「憲法を生かす会」の小林さ

んは、こう言う。「人がいるところで、大事な話を始めたと思ったら行ってしまった、なんていうのが目に付きました。『住民の一人ひとりに語りかけるんだ。一人でも聞いていると思ったら、停まってしゃべってくれ。そういうときに流したらダメなんだ』とアドバイスしました。そのうちに自分たちで原稿を直したものを使うようになり、成長していきました。だんだん自信が持てて職場のこと、市長交渉のことなどが適宜出てくるようになって、見ちがえるほど変わっていきました」(221-222頁)。

　さらに小林さんは言う。「最初自分たちでどうしてよいかわからないといった感じでした。厚生連本所を頼ったり、宮本書記長が指導してくれなければ、と言ったり……。(中略) 何回か足を運ぶうちに住民組織に対する職員の対応が変わってきて、『お世話になります』と元気な挨拶をするようになりました。玄関でチラシをまいたり、患者さんから一言メッセージをもらったりとか、みんなが自覚的に動きはじめるようになっていきました。4者共闘が職員委員会をカバーする背景になり、住民がついている、議員がついている──とそれが自信になっていったと思います」(222頁)。

(2)　住民の意識を変えた現場からの語りかけ

　作山市議も、第二次地域医療懇談会の様子をこう語る。

　「病院の看護師、放射線技師、その他のスタッフが懇談会に参加してきてくれて、じかに透析の状況はどうだ、放射線の状況はと話してくれました。三浦看護師さんの透析患者にたいする思いなんかは目頭が熱くなるような話をしてくれました。小山さんの脳外科や心疾患の救急患者を診れない、管外に搬送しているから着くまでに死んでしまうことにもなる、という話にも『そういうデーターがあるんですか』と住民は反応していました。あの職員たちの生の現場からの声にたいする住民の反響は大きかったですね。いままでにも高萩での市民運動はいろいろあるけれど、ああいうふうに市民のなかにじかに飛びこみ、病院の現状、地域医療の現状を真剣に訴え、また住民の意見を聞いたというのは初めてでした。守る会もチラシなんかもずいぶん出しましたが、じかに出向いていって現状を訴えていくのがいちばんだと思いました。山のほうは深刻なんですね、救急医療体制が十分じゃないから。でも山

間部だけじゃなく、これには全市民が強い要望を持っていました。救急車は50パーセント近くが管外に搬送されて、市内病院では受けられないと説明しながら地域医療の現状を住民に知ってもらったことが成功でした」(260頁)。

チラシも大事だが、住民のなかに「じかに出向いていって現状を訴えていくのがいちばんだと思った」という作山市議の言葉は、地域医療懇談会の本質を表現している。

地域医療懇談会によって、住民は地域医療の現状を知り、外から見ていてはわからない病院の置かれた診療機能の不十分な実態を職員たちの口から聞くことができた。患者さんのためにこうしていきたいという職員の思いに触れた。こうして住民の意識は、対話のなかで変わっていったということが大事である。

職員たちも患者さんへの対応のしかたで苦情をつきつけられながら日ごろの仕事ぶりを反省させられるとともに、「もっといい病院にしていかなくては」と決意していく。また病院への良い評価をもらって励まされ元気になった。そして「医療従事者として地域医療に寄せる住民の生の要求をもっと真剣に受けとめていかねば」と決意し、職員の意識も変わっていった。そういう場が、地域医療懇談会であった。

(3) 現場が語る病院ビジョン

職員委員会の責任者だった小山修さん（当時44歳）は、「第二次地域医療懇談会では、病院職員が主体となって議員さんよりも前に出て、病院のビジョンを思いっきり語ったのが特徴だと思っています」と言う。職員が住民と地域医療の現状について語り、現場から見た実情と住民の声を取り入れて総合病院化の構想について自信をもって語れるようになったことが、第一次と二次の地域医療懇談会のちがいだろう（263頁）。第一次の懇談会で住民の医療要求をじかにつかむことができたこと、職員委員会のスタッフのそれぞれの現場からの診療機能にたいする分析にもとづき、職員委員会で討論して新病院のヴィジョンをみんなで構想したのである。

第二次地域医療懇談会のなかでは、土地についても高浜運動公園に問題があり市が押しつけるのはおかしいということを多くの住民は理解していっ

た。作山市議はこう言う。「私たちはその地域懇談会に行って、こう説明しました。厚生連が調査した結果、高浜ではダメだと根拠のある理由をあげて言っている。つくるのは厚生連で市の病院でないんだから、市がどうしてもあそこにと突っ張るのはおかしいでしょう、と。そうしたらたいていの住民は理解してくれました。それに励まされて第二次地域医療懇談会へとなって一次と二次を合わせると41ヵ所も集会場を回ったことになったんです。議員は1日に2人1組で3ヵ所を回りました。私たちが言わなくても、だんだんと『市長をリコールしたらいい』との声が広がってきて、『議員たちは、なにを生ぬるいことをやっているんだ』と住民から突き上げられるほどでした」(258頁)。

　病院の診療機能の現状と住民の医療需要、そこから出てくる新病院のヴィジョンを職員が明確にして地域医療懇談会で思いっきり語れるようになったことで住民にも市長がそれを妨げていることがわかるようになっていった。だから、運動の初期に議員たちの政争としてリコールを考えたのとはちがい、この段階では住民のほうから自然とリコール運動を口にするようになっていったのである。

5　800人参加の市民大集会の成功

　このような市民の高まりに市長も高浜運動公園をごり押しすることは無理と気づくようになり、6月19日、突然に市長が記者会見をして「県知事の斡旋で解決に向かっている」と発表した。厚生連も合意したかのような内容になっていたが、とても合意できるものではなく、この記者会見は、翌日予定していた市民大集会を妨害するためのものと思われた。

　というのは、土地の総面積は厚生連が必要とした3.6ヘクタールにたいして、県の斡旋は2.5ヘクタール、土地代の半分を厚生連に負担してほしいというものであった。しかし、厚生連は、とくに3.6ヘクタールの確保がなければ無理としていたのであり、とても受け入れられるものではなかったのである。

　このように市長の妨害にもかかわらず市民大集会は800人以上の参加で大成功を収めた。集会は、終わりに次のような決議を採択した。

「(中略)……県知事の斡旋案は、県厚生連にとって極めて厳しいものである。直ちに県厚生連の移転新築計画を調査し、双方歩み寄りのための運動を展開する。②県知事の斡旋案について、現在、県厚生連が否定しているため、まだ先行き不透明である。今後、市民の団結をより強化するために広報活動を徹底する。

市民大集会には約800人が参加（2003年）

③手綱住宅団地への移転新築は期限が決められてることから平成15年7月10日までに解決しないときは、その責任は岩倉市長にあり、岩倉市長をリコールする。なお、県厚生連が県知事の斡旋を受け入れた時は、この運動は終結する」。

「移転新築は期限が決められていることから……7月10日までに解決しないときは」と期限を切っているのは、機能分化で一般病床か療養病床か、ミックス病床かの登録を義務づけ、その期限が近づいていること、また第4次地域保健医療計画を県知事が策定するには、県下およびいくつかに分かれた医療圏のそれぞれの病床数を決めるために新病院建設にあたって病床数を確定して届けなければならなかった。その期限が事実上、7月中旬と行政が踏んでいたからである。

県知事は地域保健医療計画を5年ごとに策定し、基準病床数と既存病床数との差から病床削減を行なうようになっていた。基準病床数自体が全国の病床数平均を機械的に使った数値であり、各県の実態を無視しているものであった。県知事が定められる権限をもっていたので、絶対的なものではなかったが、厚生連も行政もそれを前提にしていたので、連絡会としても労組としても2ヵ月で決着しなければならないという切迫感をもっていた。県知事の考えを変えれば、理論的には期限が過ぎても増床が可能なので運動を7月10日までに限るのは正確な戦略とはいえなかった。

しかし、別の見方をすれば、一応、それらの期限との関係で運動の目標が

設定され、緊迫感が高まり、連絡会の活動も7月に山場を迎えたことにより、県知事が斡旋の中味を住民寄りに変えるよう影響したといえる。

結局、県知事の斡旋案では市長と厚生連がすれ違って合意に至らなかったので、市民大集会での決議にもとづいて市長のリコール運動を開始することも含めて連絡会は市と県に迫った。

橋本知事の斡旋で、ようやく8月18日になって市と厚生連で協定に調印、①当所予定していた手綱団地に総合的な診療機能を有する病院として移転、②市は建設用地として3.6ヘクタールを確保し、うち3ヘクタールを県厚生連に提供する、③移転後の診療所の整備は両者で協議する、建設あとの運営補助も行なう、などとなった（病院の総事業費用48億円のうち用地取得費、建設費、運営費などの一部の10億400万円を市が負担）。

ベッド数を183床から220床に増床し、これまで非常勤医師しかいなかった脳神経外科など3科に常勤医師を配置するほか、診療科数をそれまでの12科から15科に増やし、循環器内科、呼吸器内科、皮膚科を新設した総合病院を予定していた。病院職員と住民たちの地域医療懇談会のなかで話されたヴィジョンの大枠は、基本的に果たされたのである。

まとめ

（1）　この存続運動は、まず何よりも地域住民の切実な医療需要にそってじかに住民と対話をし、現場から構想した病院ヴィジョンに広範な住民の賛同を得る方向で一つの力に束ねていったことである。具体的には、

① 　深刻な救急の現状（47.5％依存、しかし半分は管外に移送されていること、脳血管、心疾患の専門体制を欠き、搬送しているうちに死亡させてしまう状況）、

② 　医療提供体制の脆弱さ、日立製作所病院への依存、

③ 　診療機能の不十分さ、などの分析の上に立って、住民の診療機能の拡充要求に依拠し、新病院像（ヴィジョン）を現場から提起したこと。それは医療提供体制の縮小という受身の立場ではなく、切実な医療需要と現場から見た診療機能の現状とのギャップを住民に明らかにし、その病院機能拡充を要求に束ねていったのである。

（2）　住民の深部の要求に根ざして切実な医療拡充要求の一点で統一していくことを重視し、保守から革新まで15人中8人の市議やその支持者が参加してきたこと。

（3）　労働組合が主導的役割を担い、組合幹部経験者に補助してもらい、職制も含めた広範な職員組織（職員委員会）を編み出したこと、これを通じて地域医療懇談会を成功させるためになんらかのかたちで全職員に参加してもらえるよう徹底していったこと。議員主導の運動から2つの住民組織と労働組合および職員委員会、議員集団の連携へ統一の力を固めていったこと。

（4）　スポット的な大集会ではなく、「10人でも20人でもいい、小さな地域医療懇談会によるじかの住民との対話を積み重ねていこう。賛成も反対意見も両方を伝えて議論していく」―それが住民自治である、と原点を据えたこと。

（5）　地域医療懇談会において、地域医療の現状と病院の置かれた実態にもとづき、病院像について現場からヴィジョンを提起していったことが住民の共感を大きく得ることができたこと。住民が「できるだけ近くに、便利であれば……」という地域エゴを乗り越え、診療機能こそが重要であることを理解していったこと。

（6）　最後は住民が肩を押してくれた運動となったこと。最初の議員たちの政争から始まったリコール運動の方針から、住民が要求実現のためにはそれを阻んでいるものが誰かを理解し、リコール運動は当たり前だというところまで発展したこと。それは市長、県知事を追い詰める力になった。

・第一次地域医療懇談会、全12ヵ所、参加者312人
・第二次地域医療懇談会、全28ヵ所、参加者500人超
・市民大集会（41ヵ所目）800人超
（第一次、第二次合計で市民大集会を含めて41ヵ所、延べ1600人以上の住民が参加）。

第4節　栃木県3病院の「統合・再編」問題
――「機能分化」による病院・病床削減と地域からの対案

岡部義秀

全国厚生連労働組合連合会中央執行委員

はじめに

　公立病院や公的医療機関において「移譲」や「統合・再編」が加速してきている。ここで取り上げる栃木地域においても、2013年4月1日に厚生連の下都賀総合病院（一般392床）、とちのき病院（一般165床）、医師会病院（一般72床、療養40床）の3つが1つに統合され、「一般財団法人とちぎメディカルセンター」が設立された。

　3年後の2016年5月1日、JR東武線栃木駅から南西に徒歩10分あまりのところに新病院「TMCしもつが」がオープン。307床で救急患者やがん、脳卒中、糖尿病などの重症患者を受け入れ、急性期に対応する病院である。これは旧厚生連・下都賀総合病院が前身となっている。これと同時期に、旧とちの木病院が患者のリハビリ機能などに特化した回復期の病院「TMCとちのき」として、また下都賀郡市医師会病院は健診や人間ドックを担う施設にと、それぞれ衣替えしている。

　新聞報道によると、「<u>3病院の役割を分けて症状の進展に応じて患者を受け入れる</u>。栃木市民がTMCしもつがへの救急入院の後に回復すると、TMCとちのきに移る。以前のように救急向けにベッドを空けなければと市外の病院に移されることはなくなる。より高度な医療が必要なら大学病院へ、自宅療養なら在宅医療や介護へとつなぎ、<u>地域完結型医療をめざす</u>」[1]として、とくに下線部に見られるように3病院の「機能別再編」を強調している。

　同センター理事長の弁にも、「3つの急性期病院が、<u>統合するだけでなく医療機能別に再編するのは全国でも先駆け</u>となる事例だ。地域内で急性期から、

1）　2016年4月20日付「日本経済新聞」北関東版。

在宅医療や介護まで、一本の動線でサービスを提供する地域包括ケアシステムの形ができた」とある（同上）。ここでも下線のように、機能分化の全国的な先進例だと強調している。

しかし、機能分化だけで、ほんとうに病院経営がそんなにバラ色に転じることができるのだろうか。地域医療の崩壊現象の背景にある医療提供体制の脆弱さを直視せずに、「限りある医療資源の有効活用」、すなわち医療提供体制の縮小はもう仕方ないことだとし、そのツールとして「機能分化」という方法が最善だとする。それは、あたかも大・中・小の歯車を組み合わせれば急性期偏重の重複が省かれて、急性期、回復期、療養、介護の循環が効率的に実現するはずだ、という官僚の机上のプランから出たものである。

しかし、その目的がどこにあるかを考えれば、その本質が垣間見えてくる。医師不足・看護師不足を見かけだけ解消させるために病院・病床・医師の一体的な削減を内容とする医療機関再編のスクラップ・アンド・ビルド政策なのである。

「『機能分化』が地域医療の崩壊を食い止める処方箋としてあまりにも理想的に描かれていまいか？」──ここにかかわった住民運動側からすれば、まっさきに、そういう疑問がわく。本節では、この「機能分化」という流行り言葉を冠しての病院・病床・医師削減政策に対して、労働組合と住民がどのように地域医療を守る運動を対峙していったかを取り上げる。

栃木県内における当該病院の位置

1 前史としての塩谷総合病院の譲渡

　実は、この中心になる栃木県厚生連においては、7年前までは下都賀総合病院、塩谷総合病院、石橋総合病院の3つがあった。2009年3月31日にこのうちの塩谷総合病院が医師不足や赤字を理由に国際医療福祉大学に譲渡されている。ここでは、07年12月25日に突然、厚生連から移譲が通告され、労組として署名活動を始めようとした際に躊躇したため、出遅れた失敗がある。それは、行政が区長会を使って署名運動を始めたので、その動きを尊重するあまりに労組独自の自主的運動を行なうことをためらってのことだった。

(1)　人件費削減に頼った安易な経営手法の破綻

　塩谷総合病院の譲渡の原因は、バブル期の後半に過大投資が行なわれたことにある。問題は、人件費の削減という手法で長期借入金の早期償還が行なわれ、そのため看護師の大量退職が起こり、医師の労働加重・退職となって看護師・医師不足を招来したことにある。たとえば栃木県厚生連全体では、2001年度から10年度の9年間で看護師は118人（41.5％）、うち06年度から10年度のたった4年間で66人（28.3％）も減っている。

　一方、1996年末には約120億円あった長期借入金を2004年度末には約40億円まで減少させている。約8年間で80億円ほどの長期借入金を早期償還しているが、そのおよそ半額は職員の一時金（賞与）を削った原資を充てたことでできたのである。

　しかし、労組が赤字宣伝のイデオロギー攻撃になかなか反撃できず、人件費削減という安易な経営手法を重ねることを許すことになった結果、年間一時金は2007年度に1.8ヵ月台にまで落ち込み、退職者の増大、診療機能の低下、退職金支払額の増加（約2億円相当）が経営を逼迫させ、栃木県厚生連は08年に経営危機を招き寄せたのである。

(2)　「地域医療を考える会」を発足へ

　さて、結局、この行政主導の運動は、県知事が斡旋していた国際医療福祉

大が「受け入れ無理」となり、済生会に次のバトンが回されるが、済生会宇都宮病院の院長が「高齢者ケアセンター中心の医療」しか行なえないような発言を2008年11月1日の医師会主催のシンポジウムのなかで行ない、新聞にも「救急、外来の維持困難」と報道されてしまう[2]。振り出しに戻ってし

地域医療を考える会のシンポジウム（2008年）

まったのである。住民は「救急体制と入院機能を備え、一般診療科を広く持つ総合病院を維持してほしい」という強い要求をもっていたからである。

そこで労組としては、運動をもう一度やり直そうと、2008年11月22日に塩谷総合病院移譲問題対策委員会の主催で「県北の地域医療を考える集い」を開催し、参加者は120人の盛況となった。この集いでは、全国の住民運動を学習しようということで、生駒総合病院の廃止反対から閉院後の市民のための病院建設を求める運動、秋田の鹿角で精神科医師を探す運動をしている厚生連病院の労組（秋田県厚生連労働組合）の運動、栃木自治体問題研究所などから講師とシンポジストが参加してシンポジウムも行なった。集いのなかで「地域医療を考える会」を発足させることも決めた。12月6日には結成総会に向けての準備会がもたれている。

(3) 県が国際医療福祉大を斡旋

そのようななかで、「広域行政組合、2市2町で資金を出しあって公設の病院をつくっていくことができないか」との声も地元有力者たちから聞かれるようになり、地元医師会長もそうした声に共感するような発言の記事を新聞のコラムに掲載した。

2008年12月23日には「県北の地域医療を守る会」の結成総会が開かれることになっていたが、実は、この総会の日の朝刊で「国際医療福祉大が引き

---

[2]　2008年11月13日付「下野新聞」。

受けへ」との見出しで県が再度の要請をしていることが22日にわかった、との記事が出されたのだ[3]）。

明らかに住民運動の高まりをにらんで沈静化させるために県が動き、事態の収拾をはかろうと、同大学に強力に働きかけていることがわかるものであった。

結局、2009年3月末には国際医療福祉大学へ譲渡されることになったが、住民の会はこの年の1月17日に世話人会を開き、①行政に医師確保など、急性期医療存続に向けて要請していく、②活動を前進させていくために医療情勢などの学習会を開催する、③移譲決定後、国際医療福祉大への救急医療体制の充実などの要請をしていく、などの方針を決め、個人会員98人、支援団体4となったことが報告された。

労組としては、この住民の会を結成した経験、いや自主的な住民組織の結成が出遅れたという反省も含めて、「老朽化している同じ厚生連の下都賀総合病院の新築移転問題が浮上してくるので、早くから住民組織を結成し、職員と連携した運動をつくっていこう」ということを教訓として学んだ。

2 3病院統合の背景

(1) 2011年2月統合の発表

それから2年後、2011年2月24日に厚生連下都賀総合病院ととちの木病院、医師会病院の3つが統合されるという新聞記事が突然降って湧いたように報道された。

新聞は分析していないが、この統合の背景には、第1に、それぞれの病院が、看護師・医師不足によって病床利用率が60％台にまで落ち込んでいたことがある。08年度で下都賀総合病院は66.6％、とちの木病院は66.7％であった。一般に病床利用率が70％を切ると倒産状態に入ったものとして危険信号が灯る。また医師会病院は09年6月から二次救急輪番病院から脱落するな

---

[3]）　2012年12月23日付「読売新聞」。

ど、地域医療の崩壊現象にあえいでいたのである。

　第2に、これは新聞報道でも明らかにされたが、国の地域医療再生交付金をあてにして統合・再編が誘導されたことである。その結果、同交付金の条件であるベッドの10％の削減（50億円以上の助成）、1病院の削減（80億円以上の助成）をねらって、住民にはかることなく県が一方的に構想して上からの統合を押し付けたことが特徴である。

　かつて下都賀総合病院は、精神病床を含めて467床の許可病床をもっていた。しかし、医師不足により精神科を休診、さらに346床の一般病床が稼動できないために2010年9月からは実稼動ベッドを259床まで引き下げた。

　また2011年12月には7対1看護体制を申請、それに人数をとられて看護師の数が逼迫し、一時は200床台にまでベッドの実稼動数を引き下げることでかろうじて救急機能を維持できた。というのは、栃木地区消防本部から搬送されてくる救急患者の約40％を同病院が受け入れるという役割を担ってきたからである。許可病床と実稼動数が100床も乖離するようになっているが、それは300〜400床台の他の病院でもめずらしくなく、地域医療が崩壊していることを象徴している。

　このような病床利用率の低迷、つまり看護師・医師不足によって許可病床数と実稼動数の乖離が現実として拡がっているのであるが、国は現行の医療提供体制の崩壊現象の原因の究明をせず、「限りある資源の有効活用」というキャッチフレーズで、しきりに「機能分化」を提唱している。先の地域医療再生交付金をバラ撒くことによって、「機能分化」、「統合・再編」というツールを使い、一層の病床総数の削減と病院の削減を全国的に推し進めようとしているわけだ。

(2) 住民運動の発端

　地域の中核的な病院であった下都賀総合病院の老朽化による建て替えをめぐって、厚生連としても資金難により「公設民営」を市に打診（厚生連が経営を投げ捨てることも意味）する動きもあり、存続が心配されていた。地域全体の救急医療の危うさ、診療科目の縮小などの問題も指摘されていた。しかし、そのような情報が住民に十分提供されておらず、地域ぐるみで問題解

決に当たれる状況にはないことから、この問題に関心のある住民の有志が下都賀総合病院の労働組合と共同して2010年7月11日に地域医療に関する学習会を開催したのである。

すると、栃木地区ではあまりない、200人を越える住民が参加した集会となり、積極的な意見や要望が出された。そのような熱意のもと、第2回目の学習会が半年後の2011年2月11日に開催され、ここにも200人を越える住民が参加した。そして、この地域における医療問題を学び、ともに解決していく意思を確認し合ったのである。そのための組織を結成することが決議され、「栃木地域の医療を考える会」が発足したのである。

ところが、考える会が結成された直後の2月24日に、突然に栃木市が3つの病院を統合する計画を発表した[4]。考える会は、3月5日に第1回世話人会を開催し、ただちに活動を開始して、状況変化に対応することにした。世話人のなかには、「経営体の異なる3つの医療機関が、それぞれの狭い利害を捨てて大同についたこと自体がすばらしいこと、会としてもなんとしてもそれを助け、成功させなければならないのではないか」という声もあったが、「ほんとうに統合がよいものならそうするべきだが、確かなのは住民の参加がはかられていないなかで上からの計画になっていることだ。会としては診療機能を充実させることが最大の目的という観点から、賛成もせず反対もせず是々非々で臨んでいくべきだろう」というスタンスが確認された。

しかし、3月11日に東日本大震災が発生したために出足が遅れてしまい、ようやくその年の7月に栃木県、栃木市、3病院に対し、会結成の報告と地域医療に関する要請書を提出できた。

(3) 毎月1回の世話人会

以後、考える会は、2013年4月の「とちぎメディカルセンター」の設立までに、10数人から20数人の参加により合計20回の世話人会を開催し、そこで世話人の英知を結集しながら活動を進めていった。その活動は、まず地域住民や患者に地域医療に関する正しい情報を提供することが大切だとの考え

---

4) 2011年5月31日付「下野新聞」。

から、会結成前から行なっていた学習活動の継続を第1に考えた。地域全体を対象にした集会のほかに、自治会単位の小集会を4地区で開催している。

次に、考える会では地域住民や患者の地域医療に対する要求や要望を調査して集約し、行政に届ける活動を行なった。そのために大規模なアンケートを実施し、かなりの項目を対話形式で答えてもらうものであったが、合計で2381通の回答を得ることができた。2012年12月に、このようにして調査した要求を集約、分析して発表するとともに、それをふまえた「提言」を発表した。

3 住民アンケートにもとづく「提言」の発表

(1) 医療崩壊の現状と機能低下の分析

提言では、地域医療の崩壊が進んでおり、医師・看護師不足から診療科の休止、救急体制の後退という深刻な事態が進んでいたこと、地域医療の抱える医師・看護師不足とそれによって引き起こされた機能低下は、統合そのものによって根本的に問題の種がなくなるとは思えず、このような機能低下がなぜ起こったか、克服すべき課題は何かも考えながら、そこから教訓を引き出し、今後の地域医療の運営に生かすこと、とのスタンスを明らかにした。

下都賀総合病院の経営破綻の背景には、先述したように人件費の著しい削減と労働条件の一方的変更があり、医師不足の背景にはむしろ看護師の大量退職が起こり、医師への過重な負荷、医師の退職、患者数の減少、経営の圧迫、人件費の削減という負のスパイラルに陥っていたこと、また他の2病院においても医師・看護師不足に見舞われるなかで、また大規模病院の下都賀総合病院の建て替え資金のメドがまったく立たないなかで3病院の統合が持ち上がったことを明らかにした。

また統合の機運となったのは、国の「地域医療再生臨時特例交付金」による誘導であったこと、それに合わせるために10％以上のベッド削減と1病院の廃止となっている行政主導の構想の問題点を指摘した。

(2) 3病院を拡充していく真剣な議論も反故に

　実は、国の交付金とは関係なく、それに先立って下都賀総合病院の新築移転をめぐり、下都賀総合病院も入った医療関係者、市議、市民団体代表、学識経験者を集め栃木市がリードして「栃木地区地域医療確保対策会議」が開かれ、真剣な議論がされていたことも大事である。

　その報告書（案）では、下都賀総合病院には、「270床 + α」として「急性期高度医療機能」、「365日24時間の二次救急医療機能」「地域医療の支援機能」「災害時の医療拠点機能」「救急に必要な診療科の拡充」「総合病院に必要な診療科の設置」など、とちの木病院には「急性期機能の一部を担いつつ回復期リハビリ機能を強化」させる方向、医師会病院には「一般病床を維持しつつ療養機能を強化」するという特徴を構想していた[5]。

　医療提供体制の拡充・充実をめざし、3病院の連携を有機的なものにしていく意気込みが感じられるものであった。

　この報告書では、下都賀総合病院（467床）、とちの木病院（165床）、医師会病院（112床）を栃木地区の基幹病院と位置づけ、それぞれの病床を維持するだけでなく診療機能の拡充が考えられていたのである。

(3) 統合案は縮小方向を発表

　しかし、2011年5月31日の「下野新聞」には、県が「1病院を廃止し、『2病院1診療所』とする総合再編案を、現在策定中の県地域医療再生計画案に盛り込む方針を固めた」と発表されてしまう[6]。医師会病院を診療所と老人保健施設にしてしまうことで交付金の条件にあわせて1病院を削減することを強調するものであった。また、病床数でもピーク時の3病院の合計774床から577床へと28％もの削減にもなっている。

　このように県の構想による地域医療再生計画が、市の諮問機関である「栃木地区地域医療確保対策会議」の報告案の指摘した医療提供体制の拡充、それぞれの3病院の機能強化、診療科の充実という方向からしても一転して後

5）　2010年10月28日第三回「栃木地区地域医療確保対策会議」議事録。
6）　2011年5月31日付「下毛新聞」。

退する内容となっていることを、考える会として指摘せざるをえなかったのである。

(4) 脆弱な二次救急体制

一般病床の数は、人口10万人対比で全国平均712.2床に対して栃木は615.3床であって、約100床も少ない。栃木の県南保健医療圏は約48万人人口であるから、500床規模の大病院にしてあと1～2病院あってもおかしくはない計算になる。

栃木県の県南保健医療圏の一般病床のうち、獨協医科大学病院と自治医科大付属病院の2つの一般病床合計が2199床もあって、圏域内の一般病床数の46.3％を占める。したがって、大学病院の一般病床数を外してみると、栃木の人口10万人あたり一般病床数は532床で、全国平均より約200床少ないことになる。

大学病院は、県全体の特殊な高度の三次救急に対応し、二次救急の性格とはちがう。その病床をあてにするなら、なんのための地域的な自己完結を前提にした二次医療圏の設定となるのかが問われることになる。住民にとってもほんとうは貧弱な現状なのに、2つの大学病院があることから十分だと錯覚しがちである。

下都賀総合病院に栃木市消防本部から41.4％（2008年）、40.3％（2009年）の救急患者が集中している異常さがある。医師会病院（途中から休止）、とちの木病院の2つがあっても、あるいは救急圏の異なる小山市民病院の助けも借りながら、本来そうであってはならない三次救急の2つの大学病院に4人に1人近くの救急患者が依存しつつ、それでもなお下都賀総合病院に41％も集中しているのは、栃木市救急圏内の二次救急体制にゆがみ・脆弱さがあるからである、との分析になった。

(5) 考える会の10の提言の内容

また、考える会が「住民アンケート結果の分析にもとづく10の提言」としてあげたものは、以下の内容である。

① 第一病院には総合病院的、地域中核病院的機能を

② 第一病院には産科の設置と小児救急体制を
③ 第一病院に『脳卒中を含む循環器系疾患に特化した2.5次機能』の具体化を
④ 救急窓口の複数化を
⑤ 24時間365日の救急、2.5次的機能のためには夜間救急に倍以上の医師配置を
⑥ 第一病院は一般病床400床の確保を
⑦ 第一病院の医師配置は100床あたり17人〜20人の確保を
⑧ 第二病院にも外来機能の強化と救急体制を
⑨ 統合にあたっても医師や職員が退職しないよう賃金・労働条件の維持・確保を
⑩ 地域中核病院としての理念とヴィジョンを明確に

②の産科に関しては、アンケート結果の特徴として産科と小児救急への要望が1番あがっていることを明らかにし、下都賀総合病院は少し前まで備えていたのに、産科は設けるものの「分娩は扱わない」と2012年6月2日の「下野新聞」で報道されたが、住民要求にはまったく添っていないことを批判した。

③は、栃木県が脳卒中と心疾患による死亡が非常に高いことから「救急専門医1名以上の確保を目指し」と述べているだけで「時間外は、内科系および外科系の当直体制」と書かれていることを批判し、一般的な当直体制にプラスして「救急専門医1名以上」を配置したいと考えていることはわかるものの、それ以上の具体策がないこと、内科・外科1名の合計2名の当直医による夜間救急体制では「2.5次救急機能」を確立することは無理だと指摘した。これまで3ヵ所あった救急窓口が第一病院のみに特化するということの問題点である（ただし、第一病院敷地内に休日夜間急患センターを併設するが、一次救急であり、また一般的には22時までである）。

2011年8月に定点観察を行ない、救急車の搬送の2.7倍が自家用車やタクシーで運ばれてくる患者さんがいること、一晩に15人から20人ほどになる日がかなりあることが予想され、一睡もできず当直医師が過酷な勤務を強い

られることを指摘した（日勤からの当直医師を含めても人数的には現行 2 人の倍以上は必要になる）。

病床規模については、すでに 2010 年 9 月 5 日段階でも下都賀総合病院の整備計画について、市は「下野新聞」で県の地域医療再生計画として「208 床が休床しているため、実際に稼動しているのは 259 床。計画案は実態より微増となる格好で、一般病床のみの 270 床とする」と報道されていたことが重要である。

それは、許可病床数と実態があまりにも乖離してしまっている原因や背景にはまったく踏み込まず、実態を固定したままそれに乗っかるかたちで地域医療再生計画を構想していると批判されても仕方ないものであった。考える会は、メディカルセンターの計画が病床利用率を 90％と想定していることは空論で、過大に見積もっているとして批判、300～399 床の一般病院において、医療法人が 81.6％、自治体 70％、その他公的が 76.1％なので、現実的には 80～82.5％が妥当と指摘した。

病床規模と経営収支（黒字・赤字）には一定の相関があって、とくに 400 床以上とそれ未満では確実に収支に違いが出てくること、全体的に赤字が 50％台に下がるのは 400 床台からで、「その他公的」病院では 400 床を境にして大幅に改善されてくることを指摘、1 病床が担う費用負担を病床規模の拡大でなるべく稀釈し、病院全体の経営収支をより良好な水準とすることが求められること、そこで一般病床 350 床は譲れない最低の水準であり、やはり 400 床をめざすべきだと提言した。

さらに考える会では、アンケート結果や提言を、栃木県、栃木市、3 病院などに提出し、それを基に意見交換を行ない、地域住民の要求の実現に努力し、また地域住民の要求を実現するために、法人設立準備会に対して、考える会の世話人のなかから福祉の専門家、自治会活動の専門家、経営の専門家の 3 人を法人の評議員に推薦した（残念ながらこの推薦は、準備委員会により拒否）。

4　運動を通して獲得した成果

(1)　4つの成果

考える会の運動を通じて病院の診療機能の充実のために反映させることができた点については、以下のものになる。
① 病院機能の存続のため考える会としても労組を支援し、全員の移籍の保障と退職金100％の継承を勝ち取ったことは、退職者をほとんど出さない結果につながり診療機能の存続にいい影響を与えたこと。
② 第一病院の病床数270＋アルファから307床へ増床させたこと。
③ 第一病院の救急体制の強化のために2チーム編成を約束させたこと。
④ 第二病院に夜間診療機能の拡充をすると言わせたこと。

(2)　栃木市議会に「考える会」の活動を認知させる

行政への働きかけを通じて市議会との懇談も進んだことも成果である。
① 2015年1月下旬、25人の市議会議員と懇談会を実施。
② さらに「今後、継続して懇談し、議会に会の意見を反映させたい」の返答を引き出す。

まとめ

この2つの住民運動を通じて労組は何を得たかについて、以下にまとめる。

(1)　塩谷総合病院移譲の際の負の教訓

まずは塩谷総合病院の移譲に際しての負の教訓である。
① 塩谷総合病院の移譲の際、行政の末端機構としての自治会への幻想を持ち―自主的な住民組織（運動主体）の形成が遅れたことと、厚生連の存続、あるいは他の公的医療機関による存続を掲げることができず、世論形成においてヘゲモニーがとれなかったこと。
② 済生会への移譲が模索された際、「どんな経営体であっても自分たちの

雇用さえ守られればよし」という狭い意識からなかなか脱却できなかったこと（地域医療を守れてこそ、結果として雇用が守れるのであって、雇用から出発するべきでない）、さらに労働組合（支部）を解散してしまったことの誤りがあったこと。
③　特定の医師に事態打開の過度の期待をしてしまい（この医師が済生会と交渉）、現場からの対案が出てきていたのに、それを生かせなかったこと。
④　賃金・労働条件の現状の継続と全員の移籍も行なわれてこそ、診療機能の維持と地域医療の存続・拡充の条件となるのに、移譲先とその交渉ができなかったこと。

とりわけ、国際医療福祉大への移譲にあたって労働組合が解散してしまったことにより、移籍の際、またはその後にどうなったかチェックできなくなったことである。したがって以下は伝聞だが、移籍といっても職種によっては関連会社への契約社員（6ヵ月契約）になることであったり、賃金・労働条件も1年目は現行維持ということだったが、2年目からは下がり、「1、2年でかなりが入れ替わってしまったらしい」とされる。

とはいえ、功績もある。それは済生会病院が「高齢者ケアセンター中心の医療」と言って救急や外来機能をもてないことがわかったとき、公的医療機関とはならなかったものの、住民の運動で国際医療福祉大に移譲となり、住民の最大公約数的要望である「外来と入院機能、救急体制を備えた総合病院」を何とか残すことができたことである。

また、約100人の住民組織がつくれたことは、その後の下都賀総合病院の統合問題の際に大きく役立ち、上述した負の教訓も含めて経験が生かされたことも付け加えておかねばなるまい。

(2)　下都賀総合病院の統合に際しての教訓
ここでの教訓は、次のようにまとめられる。
①　毎月1回の世話人会において、政治はもちこまず、徹底した議論を行なうことで住民運動の担い手が成長する糧となったこと。

表1　塩谷総合病院の職員数推移

単位（人）

年	2003	2004	2005	2006	2007	2008	2009
医師	30	29	28	23	24	21	12
看護師	176	162	169	169	140	118	106
正職員合計	324	328	326	320	288	261	244

注：2009年3月末病院移譲

表2　下都賀総合病院職員数推移

単位（人）

年		2010	2011	2012	2013	2014	2016年計画
医師	常勤	33	31	31	33	36	50
	非常勤	7.3	7.3	8	7.3	9.2	（-5）
看護師	常勤	210.4	203.9	227	231	222.2	232
	非常勤						（-10）
職員計	常勤	438.3	423.3	457.2	464.2	470.4	496.9
	非常勤						

出所：とちぎメディカルセンター労働組合調べ
注：2016年5月病院移転

② 専門家の助言を受けながら医療についての学習を頻繁にやり、1年に1回程度の集会の開催、住民アンケート（住民の深く強い要求に沿うために、従来の既存のそれとはちがい、対話をしながら集める形式、実施に7ヵ月かけている）の実施によって、国の「機能分化」に対峙する政策対置ができたこと、それによって一定の改善を引き出すことができたこと。

③ 賃金・労働条件について現状維持、全員の移籍が確保できたこと、この2つは診療機能の維持のためにも必要であることを統合先、栃木市、労働組合、住民の会の間での共通認識にしていく努力をしたこと、など。

最後に塩谷総合病院と下都賀総合病院の医師、看護師など職員数の変遷を表1、表2で比較するが、塩谷総合病院では移譲までに退職者が続出したのに比べ、下都賀総合病院では賃金・労働条件の維持、全員の移籍を確保したことが診療機能の維持にとっていかに重要であったかがわかる。

第5節　医療社会化運動と協同組合医療
　　　──農山村地域と厚生連病院

岡部義秀
全国厚生連労働組合連合会中央執行委員

はじめに

　厚生連は、医療法第31条にもとづき、都道府県、市町村の開設する病院または診療所と並ぶ──つまり同格または補完と言ってよい──役割を与えられた「公的医療機関」であり、日赤、済生会、北海道社会事業協会、国民健康保険団体連合会などが設立している病院とともに全国的に展開している（2002年現在、日赤は92の医療機関、済生会は89医療施設、厚生連は病院120、診療所62）。

　日赤は、民間とはいえ都道府県単位で支部をもち、支部長にはおおむね都道府県知事がなっているが、済生会も類似の運営を行なっている。これに比べ、厚生連は、へき地、山間部を含む農村地域にあり、無医村克服のための産業組合による協同組合医療運動として普及していった。すなわち「下からの医療の社会化」運動としてつくられていったことが日赤、済生会と異なる。公的医療機関のなかでも、その運営の自主的な性格が特徴と言える。

　日赤、済生会が公的医療機関に指定されたのは、①戦前に全国的組織網を有していたこと、②民間とはいえ皇室・政府と密接な関係にあり、そのかぎりで公的な存在であったこと、③医療保護事業などを蓄積してきたこと、にある。これに比べて厚生連は、①の全国的組織網という意味では、戦前に広範な広がりをもっていたこと、③の医療保護事業の面では、無医村の克服および予防健診活動、医療費の低廉化に寄与し、国民健康保険の普及のための事業の推進母体となってきたことなどが類似しており、公的医療機関に指定される条件を備えていたからである。

　以下では、まず日赤、済生会などと同じ「公的医療機関」としての厚生連の意義について検討し、第2に、日赤、済生会とは異なって農村において「医

療社会化運動の母体」たる役割を果たしてきた厚生連の独自性を歴史的に概観する。

1　公的医療機関としての厚生連

　公的医療機関とはなんであり、どういう役割が課せられているかをまず考えてみる。
　戦後わが国の医療提供体制は、戦争遂行のために医療機関を翼賛的に統制してきた戦時下に1942年の「国民医療法」によってつくられた日本医療団の解体、軍関係病院172の国および地方自治体への移管を起点にしている。1947年2月には「医療制度審議会」が新設され、そこでは、医療団の一般医療施設は原則として都道府県または大都市に移管されるべきであり、結核療養所と癩療養所は国営、精神病院は将来国営が望ましいとの答申が出されている。

(1)　敗戦直後の病院構想は公的医療機関が中心

　全体の医療提供体制については、1948年5月に「医療機関の整備・改善方策」の答申が出され、荒廃した医療機関の整備改善（とりわけ公的医療機関のすみやかな整備）ならびに医療機関の適正配置の必要が示唆された。今後見込まれる社会保障制度と緊密に連携協力しうるためにも、やはり「公的医療機関」を中心にすることによって適正配置が進められるという含みが読み取れたのである。

(2)　公的医療機関の9原則

　公的医療機関には、①地方自治体病院、②その他として厚生大臣が必要に応じて指定する病院および診療所、の2つがある。その目的としては戦前のように医療供給を開業医だけに委ねることは不適当であるとの認識のうえに、国立病院に準じた公的医療活動を充実することにあった。公的医療機関に期待する理由として、当時、厚生省は「公的医療機関の9原則」を示している。
　それは①「普遍的且つ平等」性をもっていること、②「適正な医療の実

行」、③「医療費負担の軽減」、④経済的変動に左右されない「財政的基礎」を有していること、⑤事業の収益はその「医療機関の内容の改善」のみにあてる、⑥「社会保険制度と緊密に連携協力」、⑦「医療と保健予防との一体的運営」、⑧「他の公的医療機関と連携、交流」、⑨「地方の実情と遊離しない」であった。

①と②には、開業医制がわが国の医療制度の根幹をなしていたので自由診療制の影響で官公立病院といえども営利性を強め、どちらも貧困者の医療を放棄してきたことがある。

医療を受けるうえでの階層による制約や地域的差別（無医村）がなく、医療をあまねく平等に普及することへの期待、③からは、開業医の高額診療費に対して公的医療機関が医療費低減に牽引する役割を期待するものである。④と⑤には、自治体立や公的医療機関の財政的基盤への期待、また非営利原則にもとづいて事業を改善していく力、⑥には、医師会が産組の国保代行事業に反対運動を展開した歴史を再現させることなく、社会保険制度との緊密な連携、⑦には、開業医制が営利を目的とすることから、実は患者を減らすことを医療の究極目的にできず、保健予防に本気で取り組めなかった限界を克服することが意識されていたと思われる。

こうして1874年以来、開業医制に依存してきた戦前の「医制」の弊害の除去を徹底的に意識したうえで、今日「一次医療」とされるプライマリーケア（病気やケガをした際に最初に施される医療）については、開業医および保健所の機能とした。

「9原則」は、戦後の医療機関整備計画の出発点として、今日でいう二次、三次医療については国立とそれに準ずる医療機関として公的医療機関（自治体および公的団体）があたること、その場合の理由も戦前の開業医制に依存してきた「医制」の弊害の反省のうえに出発しようとしていたということに注目すべきである。

厚生連は、請願運動を展開し、1951年8月、医療法第31条にもとづく公的医療機関として指定を受けることが適った[1]。

---

[1] 全国厚生農業協同組合連合会『全国厚生連五十年史』第1章および第2章参照、国民医療研究所編・野村拓他著『21世紀の医療政策づくり』本の泉社、2003年、第3章参照。

(3) 病院整備政策の反転——私的医療機関を中心に

この公的医療機関を軸とする病院整備計画は、1950年代までは貫かれていたものの、60年代半ばには反転を見せる。1949年に国立医療機関に「特別会計法」、次いで地方自治体にも3年後に「地方公営企業法」を導入し、独立採算制が強化されてからは公的病院中心の整備計画に早くもかげりが見えはじめるようになるからである。

国立病院は国の財政支出削減のために地方自治体へ移譲する方針が打ち出され、1952年1月から54年1月にかけ10施設が地方自治体に移管されたことも、この傾向を物語っている。

1950年の医療法人制度（私的医療機関の経営の安定を図り、税法上にも種々の特典を与えた）、54年の租税特別措置法の改正による医師優遇税制（勤務医には恩恵はないが、医療経営者にとっては非常な恩典）、60年の私的医療機関の新増設のための財政投融資機関として医療金融公庫の創設。62年には医療法改正によって人口対比の公的病床数を規制することになり、64年3月からの実施。つまり、60年代半ばからは私的医療機関を中心とした医療提供システムづくりの政策が確定していく。

公的医療機関とは何かについて、このように戦後の医療提供体制構想との関連でとらえておくことは、厚生連病院の役割をとらえなおすうえで欠かすことのできない視点なのだ。

2　厚生連の歴史——「医療の社会化運動」

厚生連が1968年に発行した『日本農民医療運動史』は、各県から集められた歴史がひも解かれ、625頁におよぶ労作である。そこでは、厚生連協同組合医療を「医療の社会化運動」として位置づけ、叙述している。本稿は読者に簡史を提供することを目的とするため、同著の時期区分に必ずしも一致していないことと、紙幅の関係から出典とその箇所を厳密に示せなかったが、同著の内容を踏襲した部分が多いことを明らかにしておく。戦前を4期に分け、戦後は初期のみを扱うが、明治から戦後初期にかけての通史として「医

療の社会化」に焦点をあてて概観する。

(1)　第1期（1906〜1917年）──前史

　第1期は日露戦争後の1906（明治39）年ごろから民間慈善事業の勃興として始まり、実費診療所運動が全国的に広まった1917（大正6）年までの時期である。

①　明治30年代後半からの民間慈善事業の勃興

　1905〜1907年ごろ社会主義が全盛となり、1910（明治43）年にそれを弾圧するために幸徳秋水ら30数人を逮捕し、翌年には12人をでっちあげで処刑した大逆事件が起きる。一方で社会矛盾を和らげるために政府も医療の社会的重要性を痛感することになり、これが明治末期より昭和初年まで数回にわたって、政府からも民衆からも言われた「医療の社会化」の波となった[2]。いずれも恐慌のあと民衆の生活が荒廃したことを背景としている。

　「医療の社会化」とは、当時の日本の医療が開業医制度に依存し、その営利主義のために一般大衆や、ましてや農民には手が届かず、農村の貧窮によって開業医は都市に移住し、農村は圧倒的に無医村に置かれていたことを背景に、「医療の社会的偏在」を解消していくことを指していた。また2つ目として、国民大衆にとって開業医に支払う医療費負担が過酷なものであったので、その重圧を軽減する運動であった。

　国としても富国強兵のための兵力と生産力としての国民の体力の増強のため、医療の社会化を主張していた。こうして佐口卓氏の言葉を借りれば、上からの動きを「医療の社会化」と、下からの動きを「医療の社会化運動」と呼ぶ2つがあったことになる[3]。

　明治天皇が1911（明治44）年2月11日、施薬救療に関する勅語を渙発すると同時に貧困者施薬救療施設の資として150万円を下賜し、恩賜財団済生

2）　全国厚生農業協同組合連合会『日本農民医療運動史』1968年、序文。「医療社会化」は1910年代以降起こった運動と言われているが、支配層からも国民の側からも営利主義的な開業医制が問題化したもの。
3）　佐口卓「開業医制度の成立と医療の社会化」『早稲田商学』第136号所収、1960年。

会が設立された。医療保護施設、救療施設などは、いずれも 1906（明治 39）年以後の急速な増加が目立っている。

② 実費診療所運動

済生会が設立された 1911（明治 44）年という年は、上からの慈善ではなく下からの運動として鈴木梅四郎（王子製紙専務取締役）と加藤時次郎（外科医で社会主義に共鳴）によって東京の京橋に設立された医療費低廉化のための実費診療所が設立された年でもある。

鈴木は、自分たちの設立するものは、済生会とちがってすでに社会に沈殿してしまった者にではなく、中等階級の下層に属する貧民のこれからの「防貧」を目的とする、と述べている。鈴木らの実費診療所は開業医の協定料金の 4 分の 1 で診療し、自治体、公私慈善病院によって、全国的に広まったのは 1915 年から 16 年のころである。

(2) 第 2 期（1918～1930 年）──米騒動と健康保険法

第 2 期は、1918（大正 7）年に米騒動が勃発したことによる矛盾の緩和のために、上からの医療の社会化が 1927 年に雇用労働者のための社会保険である健康保険法の全面施行として進められるとともに、世界恐慌が農業恐慌としてわが国農村に襲いかかる 1930（昭和 5）年までの時期である。

① 第 1 次世界大戦後の経済恐慌の深刻化と社会解放運動

シベリア出兵後に米騒動が勃発すると、3 県を除くほとんど全国各府県におよび、暴動に直接参加した民衆だけでも 70 余万人に達している。さらに翌 1917 年のロシア革命の成功と、その後のソ連社会主義の発展がわが国労働者の先進部分に強い影響を与えるにいたった。

こうした背景のもと、政府は上から弾圧を続ける一方、人民の不満の解決策として社会事業に積極的に乗り出していく。米騒動の 2 年後の 1920 年 8 月、農商務省公務局に労働課が新設され、労働保険に関する調査立案に着手、政府が労働保険（健康保険）を検討するようになったのもその動きによるものであった。健康保険法は、1922 年公布、関東大震災の影響により遅れたも

のの、5年後の1927（昭和2）年には実施をみたのである。

これは済生会による慈善主義、および実費診療所とはまったく異なる「生産力保持」という国家目的を先頭に掲げた強制的相互保険による上からの医療の社会化であった。

② 実費診療所の盛衰と健康保険による肩代わり

実は、先述した実費診療所は1911年の創立以来18年間、特殊の場合以外は1ヵ年として患者の減少をみたことはなかった。1919年から29年ごろの10年の間に本来の社団法人以外も41ヵ所を数えるにいたり、また公私の慈善病院も実費診療所を兼営、29年までにこれらを合計すると全国で153ヵ所を数えた。それが30年に初めて自然減少に見舞われているのである[4]。

つまり、実費診療所は医療費の低廉化を求める医療社会化運動であったので、健康保険法の制定・実施によって大きく影響を受けたわけである。健康保険は実費診療の肩代わりをしたことになり、それゆえ1930年が岐路となって実費診療所が衰退したのだ。

一方、この年には東京の大崎に無産者診療所ができたことも重要である。これは「プロレタリア医療制度確立」という要求を掲げるとともに営利主義的な開業医制を否定して徹底した医療の社会化をめざした運動で、労働者・農民の病院を自分たちの募金でつくり、管理することまで行なうものであった。しかし、3年後には弾圧によって閉鎖されてしまう。

1936年発行の『医療と社会』誌で弁護士の堂本義明は無産者医療同盟が「プロレタリア医療制度確立」というスローガンを掲げるのは誤謬であり、「進歩したる医療を各人に均霑せしめよという要望で起こったところの一つの民主主義的な活動である」とし、社会主義者や労働・農民運動の弾圧された者である「労農救援会の活動として行はれるようになって却って大衆化が著しく阻害され」と述べている。医療社会化運動は経済民主主義的な要求として広範な支持を受けられる運動であって、そこに狭い政治的スローガンを前面に掲げるべきでないとする正しい批判である[5]。

4） 川上武『現代日本医療史』勁草書房、1965年、341頁、344頁。
5） 『医療と社会』復刻版、全日本民主医療機関連合会出版部、1990年。

実費診療所や無産者診療所は、医療の地域的、社会的偏在と医療費の重圧に対しての民衆の解放運動であった。それは社会主義者らが起こしたもので、先駆的役割を果たしたものの、大衆との有機的結合がつくれず、組織的広がりをもたない弱点をもっていた。それで、やがて農民の協同組合組織、すなわち「産業組合」による医療利用事業へと引き継がれていくことになる。

(3)　第3期（1931～1937年）──産業組合による医療利用組合の興隆

　第3期は、実費診療所が自然減に入る1930（昭和5）年を画期とし、それに代わる形で興隆していった産業組合の医療利用組合事業が1931年の青森市の東青利用組合病院の成功を契機に、1937年ごろまで本格的に展開した時期である。

　実費診療所が主に都市であったのに対し、農村においてもやや遅れるものの最初の実費診療所開設から8年後の1919（大正8）年に、産業組合（協同組合）による最初の医療利用組合が生まれ、昭和初期に準備されて1931年の東青利用組合の総合病院化を境に組合病院が一挙に燎原の灯のように発展していく。

①　産業組合の兼営医療利用組合

　医療利用組合の発端は、1919年に島根県鹿足郡青原村に創立された「青原村信用購買販売生産組合」（のちに「利用」組合と改称）である。この組合名と大庭政世組合長の孤軍奮闘ぶりはよく知られている[6]。青原村の生産・販売などとの兼営組合以後、1927年までの8年余の間に十数の医療事業兼営組合が生まれたが、しかし永続しなかった。なぜならば町村単位の産業組合では財政力も弱く、小規模で設備も貧弱で、医師も定着しなかったからである。

②　単営の広区域医療利用組合

　兼営では長続きしなかった原因には、上述のように狭い地域限定の財政力の乏しさと、小規模で設備が貧弱という弱点があった。もっと広域化するこ

---

6)　前掲、『日本農民医療運動史』100頁。組合員数は549人。

とによってそれを克服しようという意図で、1927年7月から都市部（青森市）を中心に準備にかかった「東青信用購買利用組合」が翌28年につくられた。これは、従来型の産業組合の医療事業兼営として行なったものとは異なって、医療事業のみを単営で行ない、かつ広区域を特徴とする新しい医療利用組合であった。

とはいえ、その広区域医療利用組合という新しい発想の東青病院も、やはり小規模のゆえにまもなく経営困難に陥ってしまう。そこで岡本組合長は私財を投げ打って次なる大規模病院の設立に踏み切る。1931年5月、病棟が3つ、総建坪533坪、病床60、医師13人、蟹田分院と油川診療所も擁する総合病院を開院し、1933年度には創立当初からの赤字を完全に填補し、経営も安定、青森県下第一の病院として名を馳せることになった[7]。この1931年の総合病院化とその成功が重要な意味をもっており、「組合病院」のモデルが同時期につくられるからである。

③ 総合病院となった東青病院、鳥取、高知にも同じ動き

実は、東青病院の岡本組合長はすでに総合病院として診療を開始していた鳥取県利用組合厚生病院を1930年11月に見学し、設備を備えることと総合病院であることにヒントを得て東青病院の新築を決心した点が重要である。

鳥取県利用組合厚生病院（倉吉町）は、1928年5月の東青病院設立にやや遅れるものの、広区域、総合病院化をめざして同年12月に設立され、30年7月に診療を開始していた。また29年3月には高知県に総合病院の高陵利用組合昭和病院（須崎町）が設立され、8月に診療を開始していた[8]。この3つはいずれも同時期に総合病院を設立し、それが「組合員の疾病は組合病院だけで安心して治療し得る」との権威になっていく。

これ以後は、いわゆる「組合病院」と称されるのは総合病院を指し、わが国における組合病院の「創始者」の誉れをもつのは、この3つと考えてよい。そのなかで、広区域の医療利用組合の先頭を切ったという意味では青森の東青病院であり、産業組合経営の総合病院として大きな成功を勝ち取ったのも

---

7) 同前、114頁。組合員は3228人。都市部と言っても農村が射程である。
8) 同前、115頁。組合員は高知2533人、鳥取3104人。

また東青病院である。

　比較的市街地の交通要衝地にある総合病院をセンターとして、農村診療所をサテライト・ブランチとして配置し、さらに巡回診療班も含めて、言わば三位一体の布陣を敷かなければ無医村対策は成功しないという原則は、その後の厚生連病院に今もなお続いているのである[9]。

　この原則は、無医村の解消という観点から編み出されたものであると同時に、開業医制が営利を目的とすることから、実は患者を減らすことを医療の究極目的にできず、保健予防に本気で取り組めなかった限界、これを克服するために組合病院が保健予防活動を組み込んだという意義ももっている。

　高知県の組合病院を設立した細木武弥は次のように述べている。「従来の様に一人の医師が内科も外科も婦人科もというやり方では満足し得ないために少し気がかりな容態を呈する時は都会地に専門家の門をたたいて、往々家産を傾けてでも最上の手当を受けねばやまないという人情の弱さがあるからである。そこで内科、外科、婦人科等の専門医を持つ綜合病院を自分達の病院として持ち度いとは当然な願望といい得よう」[10]。ここには、総合病院機能が患者・住民の強い要求であることがわかる。

　また1937年3月、国民健康保険法をめぐる議会審議において社会大衆党の三宅正一議員は、「現代の医学は、レントゲンをはじめ諸種の設備が必要であるとともに、専門医に分化し、その専門医が総合病院において協同しはじめて診療、治療のすべてに完きを期することができるのでありまして、中央病院と関係なしに村に孤立的な診療所を作っても医師の技術的良心を満足させられませんから、無医村が減らない」[11]と述べ、センター病院と診療所の関係が医療設備の配置、それに対応する人的な協業と分業の編成から求められたものであることを強調している。さらには「計画的にメディカル・センターとしての中央病院、そのブランチとしての農村診療所という体系をもってすれば、はじめて無医村問題も解消する」[12]と述べ、無医村克服の運動から三位

---

9) 同前、139頁、185頁、323頁。
10) 同前、116頁。
11) 同前、322頁。
12) 同前、323頁。

一体の体系が必須であったことが語られている。

④　世界恐慌と農村の疲弊を背景に医療利用組合が興隆

なぜ、この時期に農村において医療利用組合が急速に興隆していったのであろうか。それは、1929年12月に始まった世界恐慌により、わが国でも31年まで大農業恐慌に襲われ、とくに31年は、東北・北海道が冷害による未曾有の凶作に見舞われており、同年末から翌年にかけて飢饉に陥って農村の疲弊が著しく進んでいたことがある。

また1931年という年は、9月に満州事変が勃発し、以後15年にわたる準戦時、戦時体制下に突入する引き金となった年でもある。翌年の5月には、農村の疲弊を背景に、若い士官と農民の子弟たちによって銀行や官邸、警視庁、政友会本部などの襲撃と犬飼首相が暗殺される5・15事件が起こる。

この事件は国民に大きな衝撃を与え、国も1932年6月、非常時局収拾のため臨時議会を召集し、そこには各種の農民団体の請願運動が相次ぎ、時局匡救の焦点は農村問題に集中した。8月には、国の「農山漁村経済更正計画」が立てられ、その遂行の中心機関として産業組合が据えられ、当時全国的に勃興した医療組合運動に対して政府もその必要性を認めざるをえず、医療組合の実情を調査して、その奨励策を採ることになる。

⑤　東京医療組合と秋田医療組合——導火線たる役割

農村部だけでなく産業組合法を核にした医療事業は、都市部においても進んでいく。その1つは、賀川豊彦の指導のもとに1931年に創立され、翌年9月に診療を開始した東京医療利用組合（現・東京医療生協中野組合病院）である。賀川は、先述した東青病院設立運動などにヒントを得て当時の農業恐慌、東北の冷害などによって深刻化した農村の医療問題の解決は、政府の施策を持って解決できないと悟り、協同組合による病院をつくり全国に普及するしか道はないと考えたのである。

こうして医療社会化は、「上からの社会化」と「下からの社会化運動」とがあいまって、1933年4月から産組は「第一次産業組合拡充五ヵ年計画」を遂行し、医療利用組合もまたこれに合わせて飛躍的な進展をみるにいたったの

である。

　さて、産組が始めた医療兼営事業は、主として医師の地域的偏在を克服しようとするものであったが、広区域単営事業となる近代的医療組合は、協同組合医療の本質をもつものでなければならないとして、単なる地域的偏在の克服以上の役割が課された。産業組合医療運動から協同組合医療運動への進化とも言える。開業医制、つまり資本主義的営利化の医療制度に対しての根本的批判と新しい医療制度をめざしていた。

　つまり広域になったのは、町村単位では財政力が弱かったことから考えられたのだが、財政問題に留まらず、東京医療利用組合以後に設立された組合病院は、「医療組合の組合員である患者自身が貧富に関係なく、経営の主人公となり、専門家である医師の指導と協力を得て、患者自らが健康を回復し、健康を保持し向上するという自主的性格を有していた」ことに特徴がある[13]。

　東京医療組合と気脈を通じて設立された秋田医療利用組合（秋田県厚生連の前身）が1932年2月に開業したが、賀川豊彦は「近代的医療組合運動の開幕は、東京医療組合と秋田医療組合の設立に始まる」と語っていたという[14]。東京医療組合の趣意書を見るとその意味がよくわかる。

　そこには、「組合員の協同経済による医療並びに保健の設備を為し、信頼するに足る医師、看護婦、産婆等を置いて懇切なる治療、保健の指導援助を為さんとする……。故にこの制度は多数の人々の協同の力によって、団体的に綜合各科を備え……私共の生活を脅かすことの最も大きかった疾病の不安は、かくて漸く除かれ得る」とある。

　さらに協同組合病院は、「個人としての医師の及ばない経済上の問題を解決し」、「各専門医の協力と綜合による組織的医療を行い得る」ことで、「進んで治療の根本問題であるところの組合員の保健即ち予防医学まで誠意を以って徹底的な貢献を為し得る点に於いて、特色を持つ」と述べている。総じて「組織化せる保健運動——これ本組合の直接目指す処の目標」であると[15]。

---

13) 全国厚生農業協同組合連合会『五十年の歩み—全国厚生連五十年史』2001年、23頁。
14) 秋田県厚生農業協同組合連合会『秋田県厚生連三十年事業史』49頁。東京医療利用組合の創立に参加した牧師の石田友治の実兄が秋田市で開業しており、組合病院設立の協力を行なった。
15) 前掲、『日本農民医療運動史』134頁。

賀川によれば、協同組合病院とは、①出資をした患者組合員が経営の主人公となること、②開業医の治療主義の限界（経営的には疾病が多いほど安定する）を克服して、究極的には疾病そのものを減らすことを目標にした予防医学の観点で「組織化せる保健運動」でなければならないこと、③また患者・組合員の近代医学の粋を享受したいとの欲求に応えるために、開業医の経済的限界を越えて大衆的資金（協同経済）による近代的設備を持ち、各専門医の協力と総合を組織的医療として行い得る病院（総合病院）ということになる。

　中野組合病院では、「患者の疾病治療だけを目的としないで、開業医師が実施することができない施設、たとえば家庭訪問看護婦制度の実施、巡回診療相談、臨海学校、家庭医学講座の実施など、すべて組合員の保健活動に全力をつくした」という特徴をつけ加えなければならない[16]。これはセンター（総合病院）とサテライト・ブランチ（診療所）、巡回診療班の三位一体の編成が厚生連病院の原点となったこととよく似ている。

　厚生連の病院がこのような編成にならざるをえなかったのは、無医村の解消をめざすことと同時に、営利目的で治療主義に立つ開業医制では保健予防活動に本気で取り組めない限界を越えるためであったことはすでに述べた。中野組合病院が「家庭訪問看護婦制度」、「巡回診療班」、「組合員の保健活動」に力を入れたというのは、厚生連病院がそうであったように治療主義の枠に留まる開業医制への批判として協同組合医療が立っていたからである。

　こうして都市の東京医療組合が導火線となり、これと気脈を通じて秋田で起こった産組による広区域医療利用組合が風穴を開け、以後、燎原の火のように協同組合医療運動が全国の農村に広がっていく[17]。

　1928年から36年3月までに設立された医療利用組合の分布は、岩手9、青森8、秋田8、新潟3、群馬4、長野1、山梨1、栃木2、埼玉1、東京2、静岡2、愛知6、高知2、島根1、鳥取1である[18]。

---

16)　前掲、『日本農民医療運動史』134～137頁。184～185頁。
17)　前掲、『五十年の歩み―全国厚生連五十年史』28頁。
18)　前掲、『日本農民医療運動史』182頁。

⑥ 上からの社会化と国民健康保険制度の導入

都市および農村を通じて自主的な医療利用組合運動が全国的に巻き起こされると、これに刺激されて社会立法である国民健康保険制度要綱案が1934年夏に社会局から発表される。36年に2・26事件の嵐に見舞われるや、「国民生活安定」が最重要の国策として登場し、翌37年に国民健康保険法案を始めとし、未曾有の保険諸法案が提出され、国民健康法案のみは廃案となったものの、その他はいずれも通過をみるにいたった。これは、「上からの社会化」である。

(4) 第4期（1938～1945年）——戦時体制下の医療機関統制

第4期は、1938（昭和13）年7月から農山漁村民に国民健康保険法が施行され、その代行を医療利用組合および産業組合が認められることになったため、医療利用組合が国保事業とともにさらに発展していく時期である。しかしながら一方で戦時体制の進行にともない、高度国防国家建設における医療制度の統制が強化され、1945年の敗戦まで続いたのである。

① 国民健康保険代行運動で成功

産組は、国民健康保険制度導入にあたって医師会の強い反対を受けたものの国保代行機関になることに成功を収める。これには1935年11月、賀川豊彦（社会大衆党顧問）、松岡駒吉（全日本労働総同盟会長）、杉山元治郎（全国農民組合委員長）らを筆頭に労働組合、農民組合、無産政党などが満場一致で「国民健康保険法案に対する我等の態度」を可決し、一大民衆運動を展開した背景がある。「一切の社会運動が困難をきわめていた時代に、産業組合を先頭として貧農のために戦った全民衆団体の統一戦線活動として歴史的意義をもつものであった」[19]との評価がされている。

② 「健兵健民」政策と上からの社会化

しかしながら、1937（昭和12）年7月に日中全面戦争が勃発してから農民

---

19) 同前、314頁。

の健康状態は著しく低下し、農村は兵力および工業労働力を多量に供給するとともに、農業労働力の不足を克服しながら戦時農業生産力の確保に努めなければならなくなった。

医療組合運動が医療費の軽減、医療施設の普及を主目的に展開し、農村医療問題に取り組んでいたが、1938年4月に「国家総動員法」が公布され、戦時体制化が強化された。

なお、この年の1月に厚生省と保険院が新設され、国民健康保険法案は保険院の最初の法案として提出、4月には無修正で通過、その目的は農村医療問題としてよりも「健兵健民」政策からの要請が強くなっていた。壮丁（壮年男子）の体力向上が前面に押し出され、兵力および労働力の貯水池としての農村の保健問題が強調されるようになったのである。

さらに1942年の「国民医療法」の成立により、「日本医療団」が発足、すべての医療機関を国家統制しようとした。しかし、産組としては、これに協力しつつも、医療組合病院を接収して国家的医療体系一本にすることには産組のもつ自主的な性格を否定して農民医療を官僚化することになるので反対し、予定のようには進行しなかった。産組の経営のままに医療団の統制下に入り国家的使命に寄与することとしたのである。また翌年3月には「農業団体法」が公布され、農業会の経営に統合された医療事業は、その協同組合的な性格が抑制されて、国策中心の動向に支配されるようになった。これは「上からの社会化」である[20]。

(5) 戦後初期（1946～1951年）
──農業協同組合として再出発、公的医療機関の指定

敗戦後の初期だけを扱うが、「産業組合時代から引きつがれた農民の医療運動は、農民の解放政策によって誕生した農業協同組合の重要な使命として再編され、公的医療機関としての性格をもつようになった」ことが重要である[21]。1948年8月に農業会が解散され、事業の多くが農業協同組合法による組織に継承された。これが戦後の厚生連の出発であるが、1951年に公的医療

---

20) 同前、211、224、329、353、417頁。
21) 同前、序文。

機関として指定されるまでである。

① 「県営か厚生連か」の熾烈な論争

しかし、厚生連設立後数年のあいだに、危機が訪れている。病院が県営あるいは国保連、市、町営などに譲渡され、協同組合運動から離脱する県が続出したのだ。

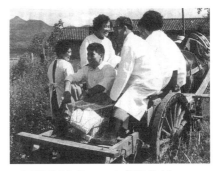
出張診療は牛車にのって（昭和28年）
『住民とともに長厚労40年のあゆみ』より

GHQは、日本における組合病院の歴史と思想を理解せず、病院は医師が経営するべきであるとし、反動的団体であった農業会の根が残ることを危険視することも含めて「公的には県営を理想とする」と主張した影響もあり、1947年には厚生連と県営の対立が激化する[22]。これは1950年に岩手県が厚生連を脱退し、県営に移管したのを頂点として脱退は続いた。

また日本農民組合からは、「農業協同組合というものは、日本の独占資本再建の底辺をなすもの」という定義で、「国保の直接施設に移管すべき」という批判的な目が浴びせられるにいたる[23]。

きわめつけは、かつて医療利用組合運動の陣地となった東北3県が出した、「社会保険と医療施設の一元化、国民健康保険を中心とする医療施設の運営」案であった。これは、医療組合運動（協同組合）の社会保険との一体化を主張するものであったが、政府は国立案と県営案をGHQに提出し、その決済を待つあいだに、東北6県では先の構想を具体化し、1947年5月に「医療団の国営反対、一応都道府県に移管し、次に社会保険直営診療所に切り替え、将来は社会保険と協同組合一体の機構に発展的に統合すること」を提案した。しかし、政府はGHQの指令により原則として都道府県に移管することを決定したのである[24]。

22) 前掲、『秋田県厚生連三十年事業史』256頁、前掲、『日本農民医療運動史』437頁。
23) 前掲、『日本農民医療運動史』435、436頁。
24) 同前、438、439頁。

② 医療の社会化（提供体制）の未完

1947年7月に岩手県医療保険対策委員会が出した「医療に関する協同組合の限界」という答申には、「協同組合組織より一層社会的なもの」として「国保に医療機関を直結する」ことが重要で、「医療の社会化はここに極まる」[25]とある。しかし、医療社会化運動のひとつとしての医療費低減運動の行き着く先に社会保険があったものの、それはあくまで医療費支払いの仕組みにすぎないものであった。それゆえ、社会保険立の医療機関を持って医療社会化の極みととらえるのは、いささか牧歌的すぎたと思われる。

医療社会化運動は、実費診療所、産組の国保代行事業を経て医療費の低廉化という面では目的の大半の実現をみたことは確かである。これは戦後の国民皆保険制度にもつながっている。しかし、それは「医療費の支払い方の仕組み」の範囲であり、もう1つの医療社会化の目的である、医療をあまねく公平に普及するシステム、つまり医療提供体制については未完であったと言わざるをえない。この状況は、現在も変わっていない。

まとめに代えて

① 統一戦線としての医療協同組合運動

このように歴史をひも解くと、まず実費診療所運動と無産者診療所運動は、社会主義者が中心となって起こしたものということができる。それは起爆剤としては大きな意味をもち医療社会化のために大きな功績を残したものの、それが弾圧あるいは社会保険の導入を契機に先細り化し、次には農村に有機的な組織をもった協同組合医療運動に代わられていったのである。「プロレタリア医療制度の確立」という社会主義的な要求は、究極を指し示すうえでは価値がある。しかし、弾圧などを受けて大衆的な組織を持てないことから現実性に乏しい面も見ておかなければならない。一般大衆が等しく医療を受けられる医療民主化という経済民主主義の範囲であるべきだろう。

一方、協同組合主義は、社会革命をめざすのではなく改良の範囲に留まるがゆえに、体制的に絡め取られ、妥協的だという弱点がある。とはいえ、協

---

25) 同前、438〜442頁。

同組合が資本主義の変革を構想することにかわりはなく、なによりも大衆的組織を通じての経営の運営という現実性と、社会の変革をめざすという資本主義批判の性格をあわせもっていることはまちがいない。この点で、新潟の葛塚医療同盟の例は重要な教訓を教えてくれるのではないだろうか。

「葛塚医療同盟を創設したのは急進的な人たちであり、社会主義革命を目標に医療同盟運動を起こした。昭和8年は大雪で4月になって急に雪がとけ出し、洪水となったので、保守革新を問わず治水同盟（委員長小林良太郎）をつくり新郷川の改修工事を推進した。この運動は政府によって救農土木事業として取り上げられたが、折角組織したものを解散することが惜しかったので、この組織を基礎に医療社会化運動を起こしたのである」[26]。

国保代行運動もまた同じであった。「ここに協同組合（産業組合）農民組合、労働組合、無産政党、各種農業団体を含む全民衆団体の統一戦線が成立した。……苛烈な思想弾圧のもとにあって、一切の社会運動が困難をきわめていた時代に、産業組合を先頭として貧農のために戦った全民衆団体の統一戦線活動として歴史的意義をもつものであった」[27]とされるゆえんである。

② 協同組合医療運動としての厚生連の原点

2つめは、協同組合医療運動としての厚生連の原点の問題である。

一軒一軒の農家から出資金を集めて自分たちの病院を持ち、その経営・運営にも参加してきたのが、元々の協同組合病院としての厚生連の成り立ちである。

いまは単位農協からの出資で厚生連が成り立っており、かつてのように農家組合員が直接出資するという関係が希薄になっている。また農家組合員が経営に参加することも難しくなっているという現状がある。

実は、この10年くらいの間に、農協の中央会や信連から厚生連に役員が出向して「抜本的経営改善」を指導し、あるいは経営管理委員会が「屋上屋を重ねる」ように理事会と別に設けられ、経営指標にもとづいて厳しく管理を強めるとか、信連からの融資の条件を厳しく突きつけるなどの経営主義の動

---

26) 同前、128頁。
27) 同前、314頁。

きが強まっている。そうしたなかで農協が厚生連の運営に介入を強め、関連事業体としての厚生連を採算に乗らなければ「お荷物」扱いして「切り放すのもやむなし」という考えが強まっている。赤字となった厚生連病院の売却という事態が、2008 年に島根県の石西厚生連で、09 年に栃木県厚生連の塩谷総合病院で起こったのがその引き鉄となった。

石西厚生連は、厚生連発祥（青原村信用購買販売生産組合）の地であり、津和野共存病院、日原診療所、老人保健福祉施設「せせらぎ」を経営していたが、医師不足を契機に経営難に陥り、2008 年に津和野町に売却、公設民営となったものの翌年には指定管理者をはずされ解散した。

栃木県厚生連は、やはり医師不足による赤字などで経営難に陥り、塩谷総合病院を売却したのであるが、次いで 2013 年には下都賀総合病院を他の病院と統合し、石橋総合病院も売却して解散した。

さらに 2016 年、埼玉県厚生連において、久喜総合病院の新築移転を契機とし、熊谷総合病院の同時期改築のための投資を含む過剰投資による累積赤字を原因に、「これ以上農協は投資をしない」として両病院は売却され、厚生連の解散に舵を切った。

このように、地域医療の崩壊現象と合わさって、医師不足、経営危機から厚生連が数年の財務の赤黒で、つまり赤字が数年続いたことで経営を投げ出すという事態が起こっていることを、どう考えるかである。

第 1 に、それは「公的医療機関の 9 原則」の 4 にある、「その経営主体は当該医療機関の経営が経済的変動によって左右されないような財政的基礎を有し」「財政的能力」を備えている者でなければならない、という条件に照らせば、農協を母体とした支えがあるからこそ厚生連の社会的使命が果たせるのであるから、数年の財務の赤黒で切り放すなどは農協があまりに経営主義に傾いた選択をしたとの誇りを受けるだろう。

第 2 に、公的医療機関は都道府県・市町村の病院と同格に位置づけられているように、国庫補助や国・自治体の助成があってやっていけるのである。医療保健事業に係る非課税措置の適用、へき地医療対策、がん対策、救急医療対策等における施設設備整備費・運営費補助金、地域中核病院として自治体から医療機器整備資金、改築の際の土地取得の便宜などの助成を受けて成

り立っている。民間医療機関の財政基盤では保障されない不採算医療分野を担っているため、埼玉県厚生連のように、公的医療機関がみすみす民間に売却されてしまうのを国・自治体が黙認するなどは、本来ありえてはならないのである。

公的医療機関の原則から言える、この２つの視点のうえに、本節でその歴史を学んできたように、厚生連の協同組合医療運動としての、その原点を見つめ直すことがとりわけ必要になってくる。

原点とは、無医村を減らそうと、また医療費にあえぐ農民が一軒一軒出資して協同組合としてつくった病院だということである。すでに引用した全国厚生連の『五十年の歩み』の中の表現を借りれば、「医療組合の組合員である患者自身が貧富に関係なく、経営の主人公となり、専門家である医師の指導と協力を得て、患者自らが健康を回復し、健康を保持し向上するという自主的性格」のことである。それはまた目的のうえから言って、開業医の治療主義の限界を克服して、究極的に疾病を減らすことを目標とする「組織化せる保健運動」（賀川豊彦）であった。

厚生連がより協同組合らしい運営をめざすならば、患者・農協組合員・地域住民も広い意味で病院の経営・運営に様々な場面で参加させることが追求されねばなるまい。また患者自らの保健予防運動の組織化、これも引き続き重要である。さらにまた「組合員の疾病は組合病院だけで安心して治療しうる」という総合病院であること、そこをセンターとして診療所、巡回診療班という三位一体の布陣をとり、無医村の克服に取り組んできたことも原点である。過疎化が進むなかで農山村地域にとっては依然として重要である。これらをいま一度思い起こしていくことが厚生連の発展にとって必要となるだろう。

第4章
医療機関の倒産と労働組合

第1節　山梨勤医協の再建と生活・医療を守るたたかい

清水　豊
元山梨勤医協労働組合委員長
元山梨県労働組合総連合議長

はじめに

1983年4月に発生した山梨勤労者医療協会（山梨勤医協・甲府市。以下「勤医協」）の倒産から再建へのたたかいは、山梨の地域医療を守る未曾有のたたかいであった。山梨勤医協労働組合（山梨勤医労・現山梨民医労。以下「勤医労」）は、「医療を守る、債権者の権利を守る、生活を守る」というスローガンを掲げ、日本医労協（日本医療労働組合協議会。現・日本医労連）、全日本民医連（全日本民主医療機関連合会）、全国の仲間と県内の諸団体・個人の多大な支援により倒産から再建に向かってたたかいに立ち上がった。

1　山梨の労働運動と勤医労

　明治中ごろの甲府盆地は、製糸工場が建ち並び、信州などから大量の女性労働者（女工）が移入され、劣悪な労働条件下に置かれていた。甲府や東部地域を中心に各地で抗議行動が次々と発生し1886年、甲府盆地にあった雨宮製糸で女工による日本最初のストライキが発生している。また、県内各地の農民の小作争議は労働運動と相互に影響しあいながら1930年代半ばまで盛り上がったものの、治安維持法のもとに弾圧されていく。
　勤医協は、甲府診療所として1955年6月に設立されたが、前身は1929年に発足した無産者診療所とその2年後の1931年に開設された岳麓無産者診療所である。また、同時期には、明穂共栄組合病院（現・巨摩共立病院の前身）が産業組合法による協同組合病院として設立されている。
　戦後の山梨の労働運動は、戦時中の産業報国会の高い組織率を土台にして1947年には組織率が事業所の過半数に達し、有史以来の高揚期を迎えた。総

評・山梨県労連（山梨県労働組合総連合会）はこの高い組織率をもって、60年安保闘争時には県内全域に45の安保共闘を結成するなど職場と地域で大きな組織力をもった。こうした労働運動の有志などによって1955年に甲府診療所が開設され、その5年後の60年安保闘争の最中には山梨民医労の

再建への意志統一が全職場で繰り返された（1983年3月）

前身である甲府診療所労働組合が結成される。以後、山梨民医労は県内労働戦線における階級的労働運動の前進に大きな役割を担いつづける。

　勤医協は、1955年の発足から27年、甲府共立病院など3病院と武川診療所などの診療所群11施設、職員900人あまりを有し、県民医療の約1割近くを担う医療機関に発展し、山梨の医療・社会保障運動、民主運動に大きな役割を担うようになっていた。

　全日本民医連は、1960年の安保闘争を経て「60年綱領」を確定する。この改定は階級性を明確にした重要な改定であったが、山梨勤医協では、この「60年綱領」の具体的な論議もなく「施設拡大が地域医療を変える」という構想のもとに、大衆資金による槌音が絶えない時代が長く続く。献身的な医療活動で県民の信頼が広がるなかで甲府など3カ所の病院を中心に診療所を配置し規模を飛躍させたが、1970年代半ば以降は医療事業以外への投資も開始するにおよび、深刻な経営問題を抱えることになっていく。

2　たたかいの概要

　勤医協は、1983年春に2度の資金ショートを起こし倒産、その負債総額は230億円という膨大なもので内外に衝撃を与えた。銀行などの大口債務もあったが、多くが病院建設資金として資金提供した無担保債権であった。その人数は7800人以上（当時の県民人口は80万人）、県民100人に1人という大規模なものであった。

豪雨のごときマスコミ報道で、病院・診療所には、連日連夜にわたり問い合わせや強行的な債務取り立てが殺到した。このような大混乱のなかで勤医労は「再建以外に道はない」と、再建への決意を固めた。そして、日常医療活動を平常どおり持続させながら無担保債権者への説明を開始、倒産から再建に向けての意志統一と、その道のりを中央・支部の執行委員会で繰り返し討議した。組合員・職員は、賃金の一部削減、定期昇給ストップ、夏と冬の一時金ストップ、加えて過重労働と存続をかけた活動の日々であったが、家族や子どもに支えられ、医療継続に全力をあげた。
　大混乱を早期に沈静化して日常の医療活動を行なうために、勤医協の全資産の保全が必要であった。勤医労は、経営側の勤医協から診療報酬や建物など全資産の譲渡を受ける契約を成し、労働組合管理による勤医協の医療継続条件を確保した。また、社会的信頼を回復し、早期に経営管理体制を安定させることをめざし、旧理事全員の全員の辞任取り付けと組合推薦による新理事会の創出を行なった。
　再建といっても、債権者による理解と支援とともに再建への「合意」がまとまらなければ実現せず、破産を免れない。さまざまな妨害とたたかいながら、「和議法」にもとづく全債権者との合意を成立させるためには債権者への訪問活動が必要であった。訪問活動は、昼夜を問わず全支部・全組合員・職員の筆舌に尽くしがたい忍耐と努力によって、5次、1年間にわたって繰り広げられた。「再建して医療を守りたい」とする組合員らの真摯な訴えは、債権者の心を動かし、その圧倒的多数の理解と支持を得るまでとなり、再建支援の動きに発展するまでになった。そして、圧倒的多数の債権者の同意によって「和議」が成立し、甲府地裁のもとで15年間かけての債務の全額返済という前例のない再建への道を踏み出すことになる。
　倒産から和議成立までのたたかいは、1日が10年にも感ずるほどの激動の日々であったが、そのなかで得られた多くの教訓と経験は、その後の労働組合運動を構築するうえで重要なものとなった。
　当時、「和議」成立までのたたかいを振り返り「いつ桜の花が咲きそして散ったのか気がつかなかった」という山梨勤医労機関誌への投稿が寄せられたが、その言葉どおり全員が一心不乱に駆け抜けた1年であった。

勤医労は、全組合員の職場討議で集約された意見、県内の各団体と個人からの意見と提案、日本列島縦断の全国オルグ活動において寄せられた貴重な意見と激励などを正面から受けとめ、再建に対する労働組合の『提言』をまとめ、内外に明らかにした。

　提言内容の骨子は、①再建は単なる債務返済にとどまらず、再建闘争自体が階級的・民主的であるべきこと、②医療・経営・運営と運動のすべてに階級性が追求されるべきこと、とした。そして企業再建の常道とされる人員削減などにはよらず、再建を運動として考える立場を鮮明にし、脱落者を出さない全員参加の再建闘争を呼びかけた。

　労使関係では、資産の労働組合管理、続く新理事会の選出、「和議」成立までの1年間、「和議法」にもとづく15年間の債務返済期間など、いずれもまったく経験したことのないものであった。また、新理事会選出後においては、「協力共同」を進めた。その基本は、再建運動では共同しつつも、労使関係では団体交渉を軸に置いて信頼関係にもとづく真剣な交渉と議論を交わすなど、労働組合としての階級性が貫かれることを追究したことであった。

　全支部で労使関係を確立し全組合員参加による大衆団交を新設した。全支部での大衆団交参加者は、毎回会場にあふれた。この大衆団体交渉を軸にした率直な交渉では、理事会や組合中央としても思いもつかないような発案も出された。同時に組合員にとって、大衆団交による自らの要求実現への交渉の場は、現局面をとらえ、それを自らの生活や労働条件と結びつけることで、局面ごとの階級闘争としての焦点を把握する機会となった。団体交渉の成果は、新理事会のもとでさまざまな分野に反映されていった。

　同時に、勤医労は、労働組合の政策力量を飛躍させるために初めて全組合員対象の医療研を開催したが、組合役員を中心とした医療経営検討委員会も設け、15年間の再建途上におけるさまざまな課題について全組合員と理事会に「提言」した。

　勤医労が、初期段階から再建の性格を階級闘争と位置づけたことは重要である。つまり再建への過程は、財務や経営管理、医療活動に階級性を貫くにとどまらず、警察権力の「和議」つぶしと再建妨害、一部債権者による「和議」つぶし、行政機関からの「破産勧告」、県内労働戦線の内部の右翼再編と

連動した反共右派組合による再建支援妨害や破産目的の組織結成などとたたかう、文字どおりの"再建闘争"となった。そして、この再建へのたたかいは、民医労の歴史に多くの経験と教訓を残した。

3　倒産から再建へのたたかい

「倒産から再建へ」への運動、その苦しみと感動が入り混じった長期のたたかいは、詳しく報告することはできないが、そのなかでも印象深く残っているいくつかのことについて、以下に述べてみたいと思う。

(1)　倒産の衝撃とたたかいの始まり

　倒産という事態が報道されると各事業所や職場には、無担保債権者や業者による終日にわたる問い合わせが殺到し、資産回収や破産目当ての暴力的な取り立て集団も押し寄せた。暴力集団に対しては、玄関にバリケードを設置し、組合員がスクラム組んで乱入を阻止した。また、連日交替で防衛当直を全施設で実施した。この事態を県内マスコミはこぞって衝撃的に報道した。山梨日日新聞の「投書欄」は、勤医協に対する苦情や批判で連日にわたり埋め尽くされ、その影響は組合員家族や子どもの教育にまで及んだ。

　勤医労は連日のマスコミ報道に対して、医療を継続している事実と真実を伝えるために「医療継続」を願う職員・市民の声を掲載した全県民へのアピールを発表し、全県民世帯相当の20万枚規模の「手書きビラ」を作成し数次にわたり地元紙に折り込んだ。この労働組合のビラには、患者さんや当時の総評・県労連議長等も支援のコメントを寄せた。

　また、日本医労協の指導と支援を受けながら混乱からの脱出に向け全力をあげた。日本医労協からは、議長、副議長、事務局長、事務局員が連日指導・支援に入り、顧問弁護士事務所の東京法律事務所の弁護士たちも次々と駆けつけた。

　前述したように、勤医労は、医療継続のために勤医協の所有する施設・預金・現金、機器、診療材料などすべての資産の譲渡移管を要求し、山梨勤医協理事会と資産譲渡契約を締結した。さらに診療報酬も譲渡され労働組合管

理をスタートさせた。また、譲渡契約にともない職場の機材などすべての物資に「山梨勤医協労働組合所有」の表示貼つけを徹底し、医療活動継続のための資産保全を行なった。それは、「どんなことがあっても医療活動を継続する」との私たちの強い決意からでもあったが、勤医協の倒産で計り知れない打撃を受けた出入りの業者は、再建不可能とみて、死活をかけて機器の引き上げを強行したからでもあった。勤医労は、山梨県に機材引上業者への中止指導を求める要請を行なうなど、あらゆる方法で資産保全を図った。

　また、勤医労は、銀行取引停止による現金取引による資金不足対策、薬剤などの日々の現金買い取りからの早期脱出と協力をもらえる薬品業者の確保、4月25日に迫る倒産後の最初の賃金支払いのため、債権譲渡で得た診療報酬を確実に確保することに全力をあげた。

　しかし、診療報酬支払基金が、倒産企業であることなどを理由に診療報酬の支払いを拒否するという重大事態に直面した。ただちに上京し、日本医労協とともに厚生省交渉を行ない、勤医労の口座へ診療報酬を支払うとの回答を引き出し、当面の事業資金、賃金支払い資金を確保した。目前の25日の賃金支払いが不能となれば組織の自己崩壊を招くことになりかねず、それは絶対に避けなければならない重大事態であった。

　倒産直後の組合員は、患者さんが来院し、病床も稼働していることなどから倒産の実感に温度差があったが、日常医療を通じてしだいに現実を実感していった。職場では、事態打開に向けての話し合いが、朝に昼に夕方に、準夜明け午前1時からなど、あらゆる時間帯に職場で繰り返された。先行きの不透明ななかで、組合員は仲間同士の信頼と団結を最大の支えとし、毎朝・昼の宣伝や街頭行動に励まし合い、支え合った。また、子どもの教育、家庭のこと、家計のことなども職場会議で話し合われ、組合員の相互支援と理解が深められ、団結は困難を乗り越えるごとに固められていった。

　勤医労は、生活対策本部を設置し、銀行ローンの借り換えの交渉、サラ金業者との交渉と対策、組合によるバザーの開催、子どもの不登校問題への取り組み、生活資金の貸し付けなど、生活救済対策に取り組み、多くの組合員が利用した。全国の仲間から寄せられたカンパや物資は、救済対策に充てたり、一時金の時期に全職員・組合員に一律配布した。組合員は、全国の連帯

と支援に胸を熱くし、厳しい生活と活動への元気を得た。倒産から1日、1週間、10日、1ヵ月を経過しても医療を継続してきたことは、しだいに医療継続、再建への自信につながり、遠く思えた再建が一歩ずつ見えるようになった。この新局面を開いた感動をうたった詩も数多く労働組合機関紙などで紹介され、全組合員・職員を励ました。

(2) 中央対策本部を設置

　勤医協は第1回目の不渡り発生と前後して大混乱が続き、理事会の機能は完全に機能を喪失しマヒした。このようななかで、勤医労は、医療継続・再建への決意を固め全日本民医連への支援要請や県内諸団体への説明と協力要請を行なった。また、再建をめざす債権者同盟の結成に参加し、「無担保債権者の権利を守るためには再建するしかない」と強調した。そして、結成された債権者同盟の本部事務所を勤医労の事務所に隣接する山梨県医労協事務所（現・山梨県医労連）内に置き、労働組合OBなどが専任担当者となって対応した。

　債権者同盟には、債権者からの問合せや右翼集団の妨害などが連日のごとくあった、8000人におよぶ債権者はしだいに組織化され、後には再建に決定的な役割を担うようになった。

　勤医労は、組合管理のもとに旧理事会有志と組合執行部による緊急対策本部を設置し「再建対策」「医療経営対策」「債権者対応」の3部門を設けて理事会機能を代行し、早期の総会開催と新役員の選出を主導した。

　総会の開催によって選出された新理事会と勤医労は、中央対策本部を設置し混乱の収束と再建への準備に当たった。各院所・事業所では、管理部と労組役員による管理運営委員会を発足させ、日常の医療活動継続と再建に向けた具体的な検討をスタートさせた。一連の流れは経営の労働組合管理から新理事会による管理運営を早期に行ない再生するための取り組みであった。

　勤医労と新理事会は、医療・経営を継続しながら債権者への訪問活動によって理解と協力を求める運動を呼びかけた。ほぼ全員の組合員・職員がこの呼びかけに積極的に応え、債権者訪問が開始された。

　同時に、再建への債権者からの支援の声がしだいに広がるなかで、警察か

らの干渉や妨害、山梨県による「破産宣告」などが出されるなど、何度も債権者を分断し破産をねらう大きな妨害に直面した。これに対し勤医労は、街頭デモ行進、全県下の主要駅頭での大規模宣伝行動、10万筆を超える県民署名の達成、県当局や山梨県警に押しかけての抗議行動などに取り組み、彼らの妨害を阻止した。またマスコミの論調も、「破産をねらう妨害は、山梨の民主医療と地域医療を破壊するだけでなく無担保債権者の財産を奪い、組合員・職員を路頭に迷わす行為だ」と私たちが強く抗議したことによって、再建の願いを反映する論調に変化していった。

　これらのたたかいは、多くの方々の支援に支えられてこそできたものあった。そして、当時としては異例の、「自力再建・債務の全額返済による再建」という道を切り開いていったのである。そして、多くの組合員・職員が、「住民と力を合わせた運動の広がりがあれば、勤医協は再建できる」という展望を実感していった。

(3)　住民と一体となった運動の構築

　労働戦線の分野では、山梨勤医労の再建決意への支援をめぐり総評傘下の山梨県労連の組織内で右派組合からさまざまな妨害が組織された。当時の右派大手組合は、組合員に協力債権者が多くいたことを口実に債権取り立て目的の組織結成の呼びかけを行なった。また破産をねらって、関連企業への労働組合組織化が行なわれた。さらに統一労組懇（統一戦線促進労働組合懇談会）傘下の日本医労協傘下の勤医労への支援に反対し、県労連としての支援を取り消すよう求めるなど、労働戦線の右翼再編をめぐる攻防と一体となった攻撃がされた。これは、民医連をつぶそうとする勢力と右翼的労働運動のねらいがつながっていることを鮮明にするものでもあった。

　勤医労は、いくつもの県内大手の労働組合の執行機関会議にも参加して支援協力を要請し、県医労協とともにこうした攻撃や妨害を中止、頓挫させたが、労働戦線分野においても右翼的潮流とたたかって再建するという認識を新たにさせられた。

　労働戦線において再建支援の中心勢力は、統一労組懇参加の組合と春闘共闘に結集する県国公や高教組、県職労など労働組合の仲間であった。それは、

階級的センターの意義を勤医労に対して鮮明に自覚させるものであった。

勤医労の運動は、たたかいの進展とともに発展し、当初の「倒産しても診療をやっています」「守り抜きます」といった守り調のア

団結固めてデモ行進へ（1984年4月）

ピールから、積極的に「力をあわせて民主医療機関を守ろう」「地域医療を守ろう」という、たたかいの戦線を組み広げて再建するという運動路線に発展していった。集会やデモなどの街頭行動を前面に押し出し、県民へのアピールも繰り広げて支援の輪を広げた。

こうした住民と労働組合が一体となった運動は、勤医労をして「地域医療を守る主体は住民だ」という認識を強め、それまでのさまざまな運動に対して従来の運動形態を見直し、住民の医療要求を基軸にして、地域医療を担う近隣の医療機関や自治体との連携と共同を重視する必要があるという認識を強めた。

（4） 無担保債権者との同意運動

再建を実現するには、無担保協力債権者の再建への同意が必要であった。石和共立支部が実施した債権者への聞き取り調査は、病院存続と再建を願う人々が多数であることを明らかにし、再建への展望を開く画期的役割を果した。

勤医労と新生理事会は、再建推進本部を中央と支部に設置し「和議」成立をめざす大運動とし8000人あまりを対象とした債権者訪問行動を提起した。日本医労協や民医連の仲間から医療支援や実務支援などの大きな支援を受けながら約1年間にわたり展開した。訪問活動については、経営者の不始末を、組合員・職員が訪問して同意を得ることにはさまざまな批判や意見もあったが、職場と医療を守り債権者の権利を守る道はこれより他になく、勤医労は「自らの意志による積極的参加」を組合員・職員に呼びかけた。

日常診療を行ないながらの訪問活動は非情に厳しく、家族や子どもの支え

と応援がなければ活動を継続できなかった。債権者への訪問回数を重ねることで、最初は門前払いだった家でもお茶を出して接待してくれるようになり、医療継続・再建への期待や激励が語られるなどの大きな変化が生まれてきた。

(5) 15年間の債務返済計画と労使関係

　再建を具体的に進める財務計画の策定は、「和議」同意を求めるうえでも「和議」成立後の経営計画を進めるうえでも重要な経営計画であった。その基本は、医療を継続しながら債務返済・再建を進めるというもので、最初の3年間で大型不動産処理を行ない10年間で無担保債権の50％返済、10年後から5年間で50％返済、元本の100％返済というものであった。そこには、賃金・定員・一時金など労使交渉で決定すべき内容も含んでいた。

　翌年の春闘では、この計画に示された賃上げ額と勤医労の賃上げ要求をめぐり熱の入った討議が職場や執行部で繰り返し行なわれた。その結果、組合員の要求は生活や労働実態から練りあげられたものであり、医労協の産別要求に統一して大幅賃上げ要求額を掲げてたたかうことを決定する。この要求額の決定を通じて職場と組合員のなかでは、「要求とは何か」「産別統一要求とは何か」について広く認識することになった。

　団体交渉は、厳しい交渉が長時間繰り返され、夜明けまで続くこともしばしばあった。だが、賃金ばかりでなく施設の老朽化による改修や医療機器の更新の予算化、診療報酬の「改定」による減収など、15年もの先を見据えた計画の限界も見えていた。

　勤医労は、「和議」成立を契機に、それまでの労使による共闘体制を解き、団体交渉を軸にした労使関係に移った。ここで一般的な労使関係に戻したのは、「再建途上であっても賃金などの労働条件は労使の徹底した交渉が必要であり、また、要求を大事にしてこそ自らも闘争に参加する条件ができる」との考えからであった。

　経済闘争では徹底した交渉を繰り返しながら、再建においては労使で団結して目標を達成するという選択であった。そのために団体交渉の場は、交渉のみでなく提案や提言、意見交換など広汎な議論が行なえるものとし、「医療活動について」「勤医協の総会議案と予算案」「経営・財務問題」「民医連綱領

と職員について」などのテーマでも「団交」が行なわれた。

　労使交渉の場では、新生理事会が「再建のために」と強調する場面もあったが、勤医労としては、「我慢の再建でなく、また単なる債務返済の再建にとどまらず、全員参加でたたかって再建する」という路線を明確にし、経営管理、財務においても階級的再建があるという立場を追求した。

　また、新たに組合員全員参加による大衆団交を全支部に確立し、職場には職場団交権の確立と締結権を導入するなど、支部・職場で合意決定ができる制度をつくった。

(6) 再建への勤医労の「提言」

　山梨勤医労は、倒産の混乱が続くなかで、倒産の原因と背景を調査し約1ヵ月後の5月の連休明けには再建に向けた最初の「提言」を発表した。これを最初に、甲府共立病院の建設時や勤医協の長期計画策定時など、再建途上の15年間の節々で経営・財務分析結果にもとづく「提言」を理事会に行なった。この「提言」は、組合員の声や地域・民主団体等の意見を執行部と医療経営検討委員会で検討してまとめた内容も含むものであった。「提言」では、医療経営・財務のあり方、大衆資金のあり方、運動のあり方など多岐にわたって組合の見解を示した。

　「提言」は、①経営財務について「損益」と「貸借」による管理に加えて資金の流れを把握する「キャッシュフロー」と、資金の長期の流れを把握することが必要なこと、②資金問題では、大衆資金を基本の資本とすること、③医療活動では、地域医療単位に必要とされるセンター的役割を山梨勤医協の病院と診療所群が担っている認識を強めること、④自治体と地域医療機関との連携・共同が必要なこと、⑤民主主義の基本は何より労使関係の民主化にあること、⑥勤医協の予算・決算の確定前（総会前）の団体交渉の開催、⑦民医連が名実ともに「所有の民主化」に接近するためには出資者による基礎組織の構築が必要なこと、などさまざまな論点と課題についてなされた。

　そして再建を運動とするには、階級闘争という性格を鮮明にし、経営スローガンでなくたたかいの焦点を提起するスローガンとすることを指摘してきた。これらの「提言」は、新理事会との労使交渉などを通じて正面から受け

止められ追求されていった。

4　おわりに——"民主主義"はたたかい、創り上げるもの

　民医連傘下の経営体であっても、今日の資本主義社会のもとでは、階級性を失えば、たちまち経営主義に陥る危険性があり、その結果多岐多大にわたる被害をもたらすことを山梨勤医協の倒産は教えている。倒産の混乱のなかで、「民医連に限ってそのようなことがあるのか」とか、「民主的な経営では、ありえない」などという意見に多く接した。しかし、どこであっても、民主主義も日々追求することを怠ったり、また民主主義のためにたたかうことを忘れるなら、階級性を失っていく。そして、資本主義社会のもとでは、常に階級闘争に参加してこそ民主主義も守られることを知った。

　経営側には、経営に対する責任と科学性や階級性が強く求められるが、労働組合にとっても、「資本」の、そして経営の暴走を規制する力として、団結と政策力が求められる。

　私たちは、民医連と労働組合の労使関係について、倒産による経営危機に際しては「債権譲渡契約」を結び、責任をもって経営をリードするとともに、積極的に再建への共闘を進めた。同時に、労働条件については大衆団交を軸に労使の階級的な信頼にもとづく対等な労使関係の確立を追求した。再建闘争には、組合員の団結が不可欠であった。そして、その団結は、1人ひとりの組合員と、職場からの切実な要求を結集することによって再建闘争にも大きな力を発揮した。

　この組合員・職員の団結と奮闘を基に住民の力が統一され、これを県下と全国の労働者や民医連の仲間に支えていただいた。

　全国の仲間から寄せられた「寄せ書き」は、廊下の壁や天井にぎっしりと貼られ、いたるところが真っ赤になった。苦しい時、困難に直面した時、判断に迷った時、「寄せ書き」に書かれた仲間の言葉に「ハッ」とさせられ、すすむ方向を示唆してくれたり、勇気を与えてくれたりした。

　最後に、再建闘争を支援いただいた日本医労連、民医連、全国の仲間の皆さんに改めてお礼を申し上げたい。

第 2 節　千葉県・東葛病院倒産・再建運動と労働組合

岡野孝信
元日本医療労働組合連合会中央執行委員

はじめに

　新・東葛病院（千葉県流山市前平井、366 床、20 科、8 階建）が 2016 年 5 月、筑波エクスプレスの流山セントラルパーク駅横に新築オープンした。東葛病院は、これまで「総合的役割を持った地域の基幹病院として」「出産から高齢者に至る医療、介護、リハビリを含む専門的医療などを提供」すること、そして「営利を目的とせず」、「民主的に管理して職員が生きがいを持って働き続けられる病院」をめざすこと、患者を中心としたチーム医療を進めること、などを基本方針としてきた[1]。

　東葛病院の旧施設（流山市花輪、331 床、7 階建）は、34 年前の 1982 年 7 月、同駅から北に約 2.5 キロ離れた稲穂がしげる田園の中に、当時の「北病院グループ」（東京都北区）[2] のリードで、地域の民主団体や多くの住民からの「出資金」[3] と「病院建設債」[4] を集めて開設された。

　東葛飾地域は、千葉県の北西部に位置する松戸市、野田市、柏市、流山市、我孫子市、鎌ケ谷市の 6 市からなる地域で、北は利根川をはさんで茨城県、西は江戸川をはさんで埼玉県・東京都と隣接している。千葉県の総面積の 7.4％であるが、人口は約 145 万人で総人口の 23.4％を占めており、県内でも都市化が進展している地域である[5]。

1）　東葛病院ウェブサイト、2016 年 3 月 5 日。
2）　1974 年、北病院（東京都北区、44 床）が住民からの資金を集めて建設された。この北病院と、その関連会社である株式会社ミックの中核にいる者たちが通称「北医療グループ」と言われた。1982 年に東葛病院を開院したのは彼らであり、翌 1983 年、株式会社ミックの不渡りによって東葛病院、北病院とも連鎖倒産の状態となる。
3）　「出資金」は、1 口 20 万円で「社員」となり、健康診断の「人間ドック」が無料で受けられた。
4）　「協力債」は債権であり、毎年 8％の利息とされた。
5）　千葉県庁ウェブサイト 2016 年 3 月 5 日。

当時の千葉県の医療体制は、医師数、病床数ともに最下層であり、とくに、東葛地域は、それが全国の約2分の1以下という低さで、住民の医療要求は切実なものがあった。

　このような都市の"医療過疎"地域にあって、住民の大きな期待を受けてスタートした東葛病院が、開設後1年2ヵ月足らずの1983年9月12日、倒産したのである。

　本節は、この事態に対して、結成わずか9ヵ月の東葛病院労働組合が、どのように対応していったのか、そのたたかいと苦難の経過を振り返りながら、労働組合と組合員が東葛病院の再建に果たした役割を検証しようとするものである。

1　背景

(1)　背景

　1974年11月に開院した北病院（東京都北区、40床）は、わずか3年半後の1978年4月には4倍近くの150床となり、2年も経たない1980年1月には東葛病院設立への「北医療グループ本部」を発足させ、その2年あまり後の1982年7月にはさらに約2.5倍の病床をもつ東葛病院（382床規模）を開設する。医師と看護師が整わず、当面、203床で認可を受けて開設するという急ぎようであった。

　1973年のオイル・ショック以降、構造不況のもと民間経営ではＭＥ「合理化」をテコとした「減量経営」（配転、出向等による人員整理）がおし進められ、国際競争力の維持が図られた。しかし、輸出を拡大すればするほど貿易摩擦から国内市場は開放を迫られ、国内の不景気は長期化し租税収入が伸びなやんだ。一方、景気回復のための大型公共投資の拡大や、「国際的な貢献」としての軍事費の増大、企業の海外進出のための海外協力・援助支出の増大などで財政収支の赤字が拡大し、膨大な公債（赤字国債など）が累積し、財政危機が深刻化する。このようななかで、財界の全面的なバックアップのもと、国家の強権的な「行政改革」が断行される。

80年代初頭以降の日本の医療政策は、この臨調「行革」路線にそった象徴的な分野であった。第二次臨調第3次答申（1982年7月）は「医療供給体制の合理化」をうたい、これらを受けて、厚生省は同年10月に「国民医療費適正化総合対策推進本部」を設置、翌83年8月には、当時の林義郎厚生大臣が「今後の医療政策―視点と方向―」（いわゆる林構想）を発表、これまでタブーであった厚生行政への「市場原理」の導入を明言する。

　厚生省は1981（昭和56）年、都道府県ごとに「地域医療計画」を策定して病床規制を中心とした「医療法改正案」をまとめ、社会保障制度審議会に諮問したが、この時は、日本医師会の反対等もあり法案提出を断念する。そして、継続審議などの紆余曲折を経た85年12月に医療法「改正」（第1次）を行ない、病床数の総量規制へと進む。

　医療圏ごとの病床規制を盛り込んだ第1次医療法改正が成立した1985年から、医療計画で医療圏ごとの必要病床数が定められるまで「一定の猶予期間」がおかれたため、いわゆる「駆け込み増床」が本格化する。しかし、前述したようにその数年前から政府の病床規制の動きは顕在化してきており、北医療グループが短期間に東葛病院の建設を決定し開院を急いだ背景には、このような政府の医療政策があった。

(2)　病院建設運動と「北医療グループ」

　当時、東葛病院労働組合委員長であった菅原邦昭氏は当時の病院建設運動について以下のように述べている[6]。

　「東葛病院の建設運動とは、とどのつまり、地域の有力な協力者を柱に、そこから人々のつながりを生かした出資金と病院建設債の募集（募金運動）をするということに尽きた。何故なら、どのような診療や設備・体制を持つ病院を、いつ・どこに・どのような資金計画で、また、連携する金融機関や建設会社との関係などの一切は、北医療グループがすべて作り上げてから東葛地域に入って来ていたからである。

---

[6]　菅原邦昭（2016）「東葛病院の破綻と地域医療の砦への再生」（未定稿＝以下略）。

開院後の運営のために理事会が構成され、トップと中核のほとんどは北医療グループが占めた。増え始めた出資者の中から北医療グループによって理事（地域理事）が選ばれ、そのなかから、常任理事が選ばれた。常任理事は、北医療グループが病院建設構想を持ち始めた当初から、彼らと緊密に連携を取り、募金運動の初動を組んだ協力者達であった。
　東葛病院は、病院建設運動（募金運動）直後に施設が着工され、竣工と同時に開院された。このように、病院建設運動は、全方位が『短期限』という壁に覆われていた」。

　また、東葛病院倒産の実質的な責任者である「北医療グループ」の実態について、小林忠弘氏（故人、元東葛病院労働組合執行委員）は以下のように記している[7]。

　「北医療グループは、都合のいいところは民医連[8]の病院建設の手法を一部真似ながら、しかし、民医連院所とは一線を画していました。そして何よりも経営計画はいい加減でした。東葛地域に医療経営・医療活動の実績の積み上げもないのに最初から高機能・過剰設備の立派な建物をつくる。医師は大学医局からの派遣頼みで高報酬を支払い、さらに、医療体制が整わないうちから他職種は、全ベッド稼働可能な人員を採用するという無計画ぶりでした。患者数も無謀な計画通りに伸びず、高額の医療機器のリース料や人件費等が経営を途方もなく圧迫していました。しかし、それらの実態を、地域理事や病院職員、労働組合執行部の追及にもかかわらず倒産寸前まで隠し続けました。それは、北医療グループ指導部を占める旧北病院経営陣が地域の労働裁判闘争解決金を基に参加してきた労働組合活動家（医療経営には全くの素人集団）との合体でできたゆえの限界ともいえます。東葛病院倒産により地域の住民の方々、出資者・建設債債権者、病院

7）『東葛病院労働組合10年史』2006年、105頁。
8）　本節で「民医連」と記すのは、「民医連綱領」をもつ各院所、県組織、全国組織のすべての民主的医療機関を総称するものである。「無差別・平等の医療と福祉の実現をめざす組織」とされている。

職員に長らく耐え難い苦難を強いた北医療グループの指導部の大半が倒産後、口先だけの謝罪だけで免罪されてきた事に私は、今も思い返す度、こだわり続けています。」

　この小林氏の主張を裏付けるように、倒産3ヵ月後の12月、理事会は、「経営危機問題調査委員会」を発足させ、経営破綻の原因を①過大投資、②建設計画の不十分さ、③医療計画、収支計画の齟齬、④経営トップの能力、の4点をあげ、医療運動の進め方について、誤りと欠陥があったとした「報告書」をまとめている[9]。

2　東葛病院の開院と労働組合の結成

　東葛病院は、東葛地域を中心にした住民約3000人が「出資金」や「病院建設債」という総額約10億円の資金協力を基に北医療グループの主導で、1982年7月にオープンした。しかし、すでに開院当初から、重大な経営問題が労使関係や理事会の場で露呈していた。

（1）　結成準備会から労働組合の結成へ

　東葛病院の労働組合結成オルグは1982年11月、千葉県医労協に専従者が配置されていなかったことから、日本医労協（現日本医労連）本部が行なった。職員の有志らはすでに組合結成準備会を結成していたが、準備会内には経営者寄りの者と、労働者としての権利を重視しようとする者との意見の対立があった。

　年末が近づくにつれて、職場から大きな問題が起こってきた。職員採用時の募集パンフには、「一時金（年間）5.5ヵ月」と明記していたにもかかわらず、経営側が、「これは目標である」「誤記である」と主張したのである。これに怒り、「反故にするなら辞める」とする看護師が一定数出るなど経営者に対する職場からの批判が高まった。準備会として経営側と交渉するも進展せ

9）　東葛病院再建史編纂委員会編『支えられ、明日に希望をつないで―東葛病院再建のあゆみ』東京勤労者医療協会、2003年、41～42頁。

ず、労働組合結成が急がれた。同時に、労働者の権利を重視しようとする準備会代表者への個人攻撃なども出てきた。経営側は、ユニオンショップの労働組合をつくり、経営側寄りの者をその中核に配置しようと考えているようであった。

　内部に異なる意見を抱えながらも、準備会は12月11日、職員の約90％（180人）を結集するオープンショップの東葛病院労働組合を結成、千葉県医労協に加盟、日本医労協に結集した。上部団体への加盟は、そこに支援を求めることと同時に、日本医労協の基本方針（患者・国民の良い医療と、医療労働者の労働条件改善要求を統一して運動すること）への強い賛同にあった。何かと意見対立があった準備会メンバーも、千葉県医労協・日本医労協への結集には全員賛成した。

(2)　経営側の不誠実団交と病院の経営危機

　労働組合にとって、採用時に明示された労働条件（一時金）を、「誤記であった」「目標である」というような経営側の戯言を認めるわけにはいかなかった。労働組合は、組合員が東葛病院で働き続ける展望をもつために、また、経営側の分断策動に打ち勝つためにもたたかわなければならなかった。

　多くが25歳前後の執行部は、機関紙の発行、職場オルグ、たび重なる団体交渉や会議、昼休みの決起集会など、全力を出して献身的に活動を展開した。そのような執行部の姿勢に、組合員は信頼を高め、労働組合の団結が急速に強まっていった。しかし、経営側は、組合を誹謗中傷する文書を職制ルートで流し、意図的な交渉の引き伸ばしなどの不誠実団交を繰り返した。

　しかし、経営側の詭弁や不法行為は、団交に日本医労協や県医労協が参加した大衆団交（約70人）での組合員の事実にもとづく批判ですべて翻されていった。それでも、経営側の姿勢は変わらず、労働組合は労働基準法および職安法違反に対する法的措置を行なう準備をしつつ、ねばり強く団交を重ねた。

　そして、労使は12月24日午前2時半、①労働条件として一時金5.5ヵ月を確認する、②当年の年末一時金は2.1ヵ月＋α、③経営問題で労使協議を行なう、とした協定を結んだ。

労働組合は、年末の一時金額には不満ではあったが、①組合結成後わずか2週間で、経営側の執拗な分断策動を押さえて、労働者の立場に立つ労働組合を確立したこと、②大衆団交を重ねることで、病院の存亡にかかわる深刻な経営問題があることを明らかにできたこと、③組合員が大衆団交でどんどん発言するなど、権利意識を高め、それまでの労使関係に変化を生じさせてきていること、④職場の民主化を実現する課題を鮮明にしたこと、などを確認して労使協定を結んだ。

　労働組合執行部は、団交を通した経営側の姿勢からして「このままで住民の期待に応える病院になるのか」との危機感をもった。さらに、労働組合の追及で経営側が公開しないことを条件に渋々出してきた経営資料（収支、損益など）を見て、その危機感はさらに強いものになった。

　労使が力を合わせて経営問題に取り組まなければならないときであった。しかし、新春早々の職員集会で、「無頼漢の労働組合の執行部が、私とみなさんの信頼関係をメチャクチャにした」（要旨）との「院長訓示」がされ、経営側は今後の業務推進ラインを整備するとして、課長、主任などの中間管理体制の強化に乗り出すなど、組合への分断攻撃を強め、力で労働組合を抑え込もうとしてきた[10]。

　一方、理事会内部は、病院の経営実態やその行く末に懸念を述べる地域選出理事と、北医療グループの対応に特段の異論を述べない地域選出常任理事や北医療グループとの間に不信感が生まれ、紛糾することが増えていった[11]。

(3) 「経済闘争至上主義」の誹謗中傷

　当時、東葛病院労働組合と、その先頭で献身的に活動していた幹部たちに対して、「経済闘争至上主義だ」との批判が、経営側や地域、外部の一部団体幹部などから行なわれた。院外の団体への情報源は北医療グループであった。東葛病院労働組合の4役は、前述したような労働法規を無視してはばからな

---

10) 年末の団交では、「医療活動の発展、明るい職場づくりのために、労使の信頼関係を確立し、よい医療の実現に力を合わせて前進することを確認する」「経営改善・収支目標の達成などをはかるため、労使が対等の立場で定期協議を行う。」との労使の『協定書』（1982年12月21日）を結び、院長と委員長が手を握ったばかりであった。
11) 前掲、菅原「東葛病院の破綻と地域医療の砦への再生」。

い経営に対して、「ほんとうに民主的な、労働者が主人公になるような病院にしよう」「労働者の生活と権利を守るために労働組合に結集してたたかおう」という純真な若者たちであった。

　団交を重ねるとともに、経営問題の重大な事態が少しずつ明らかになり、団交の多くの時間が経営問題の解明に当てられた。労働組合は、"倒産の危機"を実感したからこそ、権利としての一時金額もがまんし、のちの春闘での賃上げについてもゼロ回答を受け入れた。また、労働組合は、経営分析の学習会や、地域選出理事との懇談会、経営側との「労使協議会」での協議など積極的に経営問題に取り組みながら、地域での平和運動などの社会運動にも積極的に参加していった。それらは、明らかに「経済闘争至上主義」というようなものではなかった。逆に労働組合が「生活と権利を守り、医療を守る」運動を統一して活動していたことは、当時の労働組合の「議案書」[12]を見れば明らかであるが、そこでは経営問題が、労働組合の重大課題として位置づけられている。

3　倒産と労働組合

(1)　倒産と「債権譲渡」

　労働組合は、経営側の執拗な分断攻撃を受けながらも団結を保ちつつ、経営状況についての情報収集も強めていたが、1983年9月に入ると、倒産への危機感を強める。労働組合は、日本医労協の指導も受け、退職金や未払い賃金の確保とともに、金融機関や建設会社などからの病院資産の差し押さえ、競売を阻むために、経営側に対して労働組合への「債権譲渡」契約を要求し、9月9日の夕方から団交に臨んだ。同日午後からは緊急理事会が同会場で開催され、30数人の理事たちが住田幸治理事長より「9月12日の（株）ミックの手形がジャンプできない」と告げられていた。北医療グループはこの理事会で経営権を放棄する。

---

12)　「東葛病院労働組合1983年臨時大会議案書」（1983年6月）。

団交は、10日の朝まで行なわれた。組合員が会場を埋め、廊下にも座り込んだ。隣室では、労使それぞれの弁護士が待機していた。労働側は、1年前の山梨勤医協倒産に対応した小木和男弁護士（東京法律事務所）に、債権譲渡関係の契約書と労使協定書の案文を依頼した[13]。

経営側は最後の足掻きをみせ画策したが、大衆団交の力に押され、手を震わせながら債権譲渡を承諾した。翌朝午前8時ごろであった。このとき、「債権譲渡」を拒んだ診療所（新松戸）の診療報酬は税務署に差し押さえられた。

9月12日、東葛病院は実質的な倒産[14]となり、地域の出資者、債権者が病院に駆けつけた。この事態に、北医療グループは先の理事会で経営権を放棄し院内にいなかった。出資金や建設債に協力した地域の労働組合などさまざまな団体では、組織問題にもなりかねない事態となり、約3000人の住民の債権者は大きな不安を募らせた。

この緊急事態に対して、労働組合は、まず、①職場と患者の防衛、②医療の継続、を意志統一して役員を先頭に「伸びたゴムが切れそうだ」と言われたような、「東葛病院を守る」不眠不休の活動に入った。

労働組合は、まず、医療機関と患者を守るため、病院の入り口に「受付」を設置し、病院内への人の出入りを24時間チェックした。また、若い執行部を中心に組合員が10人規模で終業後に病院に連日泊まり込んだ。一ヵ月ほど続いた。

さらに労働組合は、院内のベッドや機材の持ち出しを止めるため[15]、男性組合員と千葉県医労協からの応援者が協力してピケッティングを張った[16]。譲渡された院内のすべての機器等に労働組合の所有を示すラベルも貼った。そして、病院と取引のある金融機関や建設会社等に「債権譲渡」された旨を

---

13) 本書「資料」東葛病院労使協定（組合の権利及び労働条件）及び契約書（債権譲渡）参照のこと。
14) 東葛病院へ薬や材料を提供していた関連会社の株式会社「ミック」の不渡り・倒産で、東葛病院の医療事業が継続できなくなった。
15) ベッドから医療機器までほとんどがリースであった。
16) 八木原一男氏（元千葉県医労協事務局長）は、「県医労協の当面の任務は、医療機器の持ち出しを阻止する防衛で、私は、単組（千葉勤医労）の執行委員会で緊急動員を訴え、多くの男性組合員に参加してもらいました。」と回想している（前掲、『東葛病院労働組合10年史』98頁）。

通知した。この「債権譲渡」によって、金融機関や建設会社などの大口債権者は、債権回収について、労働組合の存在を無視できなくなった。のちに、理事会も、この時の労働組合への「債権譲渡」を評価したが、それは、医療機関を維持し、東葛病院を再建していくうえで決定的といえるものであった。

薬の卸業者の営業マンが「残った薬を引き揚げさせていただく」と言ってきた。労働組合は、「そんなことをしたら、患者の命に関る。マスコミにも流し、全国で不買運動をすることになる」と抗議し、営業部長と交渉して「労働組合が責任を持って病院収入の日銭で払う」と約束して留まってもらった。

大学から派遣されていた医師たちは、「倒産で私たちの賃金を払えなくなるだろうから、大学に戻らせてもらう」という。労働組合は、「患者がいる。急場をしのがなければならない。労働組合が経営側から債権譲渡を受けたので労働組合の委員長の口座に診療報酬が入る。労働組合が責任をもって支払いますから」と言って説得し、急場をしのいだ。

東葛病院の倒産という緊急事態に際して、それも、実質的な経営陣がいなくなった病院で、労働組合と一人ひとりの組合員は病院と患者を守るうえで、まさに決定的な役割を果したのである。

(2) 理事会とともに再建運動へ

新理事会は、地域の常任理事の1人であった池田順次氏を理事長代行とし、全地域理事が留任して構成した。倒産後の緊急対策は前述したように労働組合を中心に行われたものの、病院は困難な医療体制の維持、債権者への対応など難儀な問題に直面していた。労使は、ただちに「再建委員会」を結成し、労働組合の委員長であった菅原邦昭氏が事務局長を兼務した。

理事会と労働組合は、とり急ぎ、出資者と債権者に対応するための窓口を設置し、あらゆる手段で医療を継続することを強調、協力を要請した。多くの組合員[17]は、不安を持ちながらも、通常のように働くことを心がけた。そこには、「みんなで、職場（病院）と生活を守るんだという組合員の意識の高

---

17) 正確には、「組合員＋非組合員である他の職員」であるが、組合結成時ですでに職員の約9割を組織し、さらに非組合員であった管理部や医師が病院を去るなかで、以下、本節では「組合員＋非組合員である他の職員」をも組合員として表記した。

揚も見られた」[18]。地域理事も、自らのさまざまな不安を抱えながら、病院の再建へ献身的に動き出した。

倒産 2 ヵ月余後の 1983 年 11 月 23 日、理事会は、住民出資者の総会である「臨時社員総会」を開催、東葛病院の「再建プラン」の採択にこぎつけ、競売などの方向を退けた。

臨時社員総会（1983 年 11 月 23 日、流山市立北小学校体育館で）

しかし、それも束の間、覆い隠すことのできない深刻な倒産状態であることの現実が、目に見えるかたちで、職員や地域理事の眼前に現れる。医師体制の大半を占めていた大学医局派遣医師の撤退が始まり、入院患者の他病院への移送、および外来診療体制の縮小が始まったのである。「今を乗り切れば何とかなるかも知れない」という組合員のあわい期待が、冷酷に打ち砕かれるような出来事が起こってきた[19]。

(3) 自主的賃金カットから人員整理へ

病院の運転資金は枯渇目前であった。理事長代行は労働組合に人員削減を提起する。労働組合は、困難な現状で頑張っている職員を選別しての人員削減は避けるべきとして、自主的に賃金カットを行ない、医療継続のための「医療対策基金」の設立を進める。

しかし、賃金カットやカンパでは到底持ちこたえられない病院の財政危機がだれの目にも明らかになってくる。労働組合は 1983 年 12 月 17 日、第 3 回臨時大会を開催し、すでに実施していた「賃金カット」[20] に加え、理事会から

---

18) 前掲、菅原「東葛病院の破綻と地域医療の砦への再生」。
19) 同上。
20) 労働組合は執行部を先頭に、まず、自主的な賃金カットに倒産後 3 ヵ月取り組んだ。離職して病院再建に取り組む決意で、自主カットを賃金の 40％とし、失業保険と同等の 6 割の収入に削減した。執行部を含めてまず 40 名が応じた。カット分の賃金は「基金」として、生活困難を抱える組合員への貸付などに活用した（菅原邦昭氏談）。

提案されていた「人員整理」[21]という苦渋の選択を受け入れ、①退職者の就職先確保、②退職条件の引き上げ、③北医療グループの謝罪と真相究明委員会の早期設置へ取り組むことになった。そして、①住民のための医療の火を守る、②住民債権者の権利を守る、③医療労働者としての職場と権利を守る、ことを基本方針として再建運動を強化することを確認する。

労働組合は、人員整理が再建に向けて避けられないことだとして、職場での話し合いを呼びかけ、繰り返し話し合いが行なわれた。各職場では「だれが辞めてだれが残るか」という、互いに息詰まる話し合いのなかで、看護助手や医療事務関係者等約50人の人員削減が進められた[22]。労働組合にとって、苦渋の選択であった。病院の存続のために退職した者に支払われたのは、「解雇予告手当1ヵ月分」のみであった。

労働組合は、あらゆるルートで退職者の再就職先確保に必死に取り組んだが、斡旋できたのは15人前後であった。

4 「東葛病院の医療を守る会」結成と運動の発展

長期の、そしてドラマチックな再建運動をここで詳しく述べることはできないが、その活動の一端を記しておきたい。

---

21) 池田順次理事長代行から労働組合への申し入れ文書（1983年12月1日付）によれば、今後の収支も鑑み、人件費の削減が不可欠であるとして、事務系各課25名、看護助手、栄養士、調理師、等々約50人を想定して、希望退職を募る内容となっている。そして、「希望退職者には一ヵ月分の退職手当（解雇予告手当）を支給させていただきます」とされている。病院の将来を考え看護職員は人員整理の対象外とされた。

22) この人員整理で、労組は結成以来の若手の副委員長や書記次長を失った。また当時、高齢の副委員長であった青木昭一氏も、病院維持のため、人員整理やむなしの（労組の）方針に従い、多くの仲間と共に職場を去る。その後、住民の1人として執行部とともに再建運動への支援や残った組合員の生活維持のためのカンパ要請に地域の労組を回る。「首を切った病院、首切りを認めた組合をなんで応援する義務があるんだ」と言われもしたが、それは「『この病院をつぶさないで』と涙ながらに言った患者さんの声があり、…信頼するに足る東葛病院労組の仲間がいたからです。東葛病院をあの苦境から立ち上がらせたのは、民医連の全力を挙げた支援はもとより、病院継続を心から願った患者さんの声、そして、何よりもしっかりした東葛病院労組の存在があったからだと思います」と回想している（前掲、『東葛病院労働組合10年史』99頁）。

(1) 金融機関等大口債権者への要請行動

1986年11月、有担保債権者からの「競売の申し立て」も考えられるなかで、労働組合は「東葛病院の医療継続」支持署名を開始する。

同年12月5日、病院は、大口債権者の金融機関と建設会社から、年内に和議申請しなければ、年明け早々に法的措置（競売）をし、資金の回収を図る旨、通知される。理事会は、労働組合が集めた1万5000筆の「東葛病院の医療継続」支持署名を持って交渉に入る。

一方、労働組合も、地域の患者・住民・労働者の力を1つにまとめ、その広範な声を結集して、金融団と建設会社に再建への協力を求めていく方針を決定する。年末のあわただしいなか、「東葛病院の医療を守る会」（略称「守る会」）結成のため数回の準備会（毎回約100人が参加）がもたれ、どうすれば、この難局を乗り越える力をつくることができるか、真剣な討議が行なわれた。金融機関等大口債権者に対しては、債務者である理事会でなく、住民と患者による直接行動が必要だということになった。そして、準備会の段階から金融機関と建設会社への要請行動が開始される。

金融機関等への要請行動には、当該労働組合だけではなく、地域の住民やリハビリ中の患者、外来患者、乳児をつれた母親、千葉県医労協など地域の労働組合の代表なども参加した[23]。参加した組合員と住民や患者とのあいだには、それまでなかった新しい連帯心が生じていった。また、出資金や建設債の協力者を多数抱えていた東葛地域の労働組合も、倒産直後の内部の混乱を少しずつ乗り越えはじめ、「守る会」の行う金融機関などへの要請行動を、地域の労働組合の行なう「総行動」のなかに位置づけるようになった[24]。

(2) 東葛病院の医療を守る会の結成と広がる運動

このような運動の盛り上がりのなか、1987年1月11日に「守る会」が結

---

[23] 八木原一男氏（千葉県医労協）は、「千葉金融機関本店・支店への要請行動や債権者訪問など、当時の理事会で対応できない分野を労組と友の会役員が全力で運動しました。」と回想している（前掲、『東葛病院労働組合10年史』98頁）。

[24] 前掲、菅原「東葛病院の破綻と地域医療の砦への再生」。

成される。「守る会」は、東葛地域の医療体制を守り発展させるために、まず東葛病院を存続させること、そして、国立の柏（かしわ）と松戸病院の統廃合にも反対して運動することなどを決める。

「守る会」は、地域に必要な病院を守るために、党派的な「赤も白も黒もない」広範な住民の運動にしていくことをめざす。個人会員は1000人を超える。患者と住民は労働組合と協力して1人ひとりの願いを書きつづった大口債権者への8000通を越える「ハガキ要請運動」にも取り組んだ。「東葛病院の再建をめざす賛同署名」は住民の手から手へと伝わり、2ヵ月半で5万筆を超えた。

また、「守る会」は同年2月12日、労働組合とともに流山市長に対して、東葛地域の医療を守るため、①市長として、金融機関と建設会社に対して東葛病院存続を申し入れること、②市として、東葛病院再建にできるかぎりの援助をすること、を要請する。市長は、この要請に対して、「再建へ市とし援助を検討する」と応えるとともに、金融機関と建設会社に対して東葛病院の医療行政上の重要性を伝える。

すでに「守る会」の要請行動等によって、金融機関の態度も当初示した和議の期限を2～3ヵ月猶予するところまで後退していたが、市長の支援表明は、「守る会」の活動をさらに勇気づけた。

さらに、「守る会は」2月22日、「東葛病院の医療を考える住民のつどい」を開催する。雨のなか、400人を超える住民が参加、運動の発展に向けた熱気あふれる決起の場となった。「つどい」の企画は、「守る会」幹事会が考えたが、参加者の組織は住民自らが行なった。外来待合室で声をかけ合う姿、当日の車の手配を話し合う光景などが連日見られた。また、入院患者も、見舞いに来た家族や友人に「つどい」への参加を呼びかけた[25]。

これらの患者・住民と労働組合、理事会、地域の労働組合や民主団体一丸となった活動が、当初、どこでも、だれにでも「無理だろう」と言われていた東葛病院再建の力となっていった。

---

25) 同前。

(3) 民医連の全国的な支援

東葛病院が「再建」への扉を開くためには、それに見合った医療体制を整備し、出資金や病院建設債の随時返済も可能な収入（診療報酬）を確保できる経営計画が必要であった。そのためには、医師と看護体制の充実が不可欠であったが、東葛病院だけでは、その展望はもてなかった。

このような東葛病院に支援の手を差し伸べてもらえる可能性があるのは、経営難に陥った加盟院所に医師支援などを行なっている民医連以外に考えられなかった。しかし、東葛病院は民医連に加盟していないばかりか、旧経営陣の北医療グループは、民医連に対抗的でさえあった。理事会は、民医連各院所に要請に回り、民医連各院所の労働組合には労働組合が要請に回った[26]。

また、労働組合は、地元の焼酎「矢切の渡し」、漬物「鉄砲・勇漬」などの物販も行ないながら、東葛病院への支援を訴えた。若い安藤昇副委員長と篠木健書記次長が病院のワゴン車にたくさんの物品を積んで、寝不足の目をこすりながら、和歌山県・白浜での日本医労協第3回全国青年交流集会アクト・イン・サマー[27]に参加、その舞台で東葛病院への支援を訴えたこともあった。その後、全国の労働組合や民医連等の院所から注文や激励が労働組合にも多く寄せられた。

自らの病院再建運動に取り組んでいた山梨勤医協の労使がいち早く激励に駆けつけた。また、倒産の翌年6月には東京民医連が医師4人を支援、千葉民医連や長野県厚生連・佐久総合病院からも医師が支援され、10月には東京民医連と山梨勤医協から看護師が派遣された。そして、1985年12月、「東葛病院を支援する千葉・東京民医連協議会」が発足する。支援の輪は、その後急速に全国の民医連院所に拡大し、北海道から沖縄まで医師や看護師、技師が次々と派遣された。その支援都道府県数は、医師34、看護師15、技師7、

---

[26] 倒産3ヵ月余の12月24日、千葉県医労連と東葛病院労働組合は、連名で医師派遣への協力を求める「要請書」を山梨県勤労者医療協会労働組合にも出している。

[27] 日本医労協傘下の労働組合青年部等の実行委員会が主催する2泊3日の全国的な青年交流集会（第3回）で、全国から1130名の青年が参加した。

事務2におよび、総数400人を超えた。それは、全国の民医連による住民の「地域医療を守ろう」という、まさに"東葛病院支援運動"であった。

1987年3月には、株式会社ミックの所有になっていた東葛病院の「別館」（ボイラー、受配電施設など）が競売にかけられるが、千葉勤医協がこの買取に応じることによって競売は取り下げられ、千葉勤医協に譲渡されて難を逃れたこともあった。

同年4月には、東葛病院の新松戸診療所が即決和解となり、11月に金融機関は東葛病院にも即決和解を裁判所に申し立てるよう提案してきた。翌88年2月、理事会は臨時総会を開催し即決和解案を決定、3月18日に東葛病院と金融機関との和解が成立した。また、89年6月16日には東葛病院と建設会社との和解も成立した。

この、即決和解で5年近い辛苦を経て東葛病院理事会と労働組合は、再建への大きな山を越えた。和解翌月の1989年7月、「東葛病院の医療を守る会」と「健康友の会」が統一し、「東葛病院医療と健康を守る会」として活動していくことになった。同年度末には、外来患者1日当たり370人、入院体制4病棟180人となった。1990年1月には東京民医連理事会が東葛病院の加盟を承認し[28]、翌91年9月には東京勤医会と東葛病院の合同に向けての協議が開始される。

1992年10月には、臨時社員総会が開催され、債権者（住民等）への返済計画が提案される。建設債は新法人に引き継がれ、無利息、10年均等返済とし、高齢者ほど早期返済（たとえば80歳以上は完済）されることとした。

東葛病院は1993年6月、支援を得ていた民医連の東京勤医会と合同し、新たな医療法人財団東京勤労者医療協会となった[29]。こうして、東葛病院は、単なる「病院再建」をめざす病院から、東葛地域の重要な「地域医療の砦」となって再生していくのである。

---

[28] 1993年には北病院も東京民医連に加盟した。
[29] 東葛病院労働組合にとっても、東京勤医協と東葛病院の合同は、労使関係に影響する大きな出来事であったが、本稿ではその内容に触れるまでに至らなかった。ただ、合同の進め方等に対する、池田順次理事長代行宛の「合同構想に関する質問書」（1992年2月5日付）が『東葛病院労働組合10年史』（82頁）に掲載されていることだけは紹介しておきたい。

労働組合は、それまで発行を続けてきた『病院再建運動ニュース』[30]のタイトルを『東葛の仲間たち』へと変更した。ベテランの看護助手が考えたもので、彼女は「だって労働組合や職員だけだったら、病院は今ごろ潰れていたでしょう。これからだって患者さんやみんなの力がないとだめじゃないの、だから全部ひっくるめて"東葛の仲間"なの」と言ったという[31]。

5 東葛病院倒産・再建運動を振り返って

(1) 労働組合の存在感

倒産時に書記長であった江口正博氏は、当時を振り返って次のように回想している[32]。

「東葛病院の再建運動にとって、労働組合の存在と活動は決定的でした。それは、再建運動の全過程で言えるわけですが、ここでは2つだけあげたいと思います。
　1つ目は、倒産直後から再建に向けて歩み始めるまでで、……東京勤医会理事会が発行した『支えられ、明日に希望をつないで―東葛病院債権運動の歩み』では…『労働組合は上部組織や顧問弁護団と協議し、労働者の権利の確保と医療継続のために全ての資産を譲り受け、予想される事態に対抗できる措置を講じた。この措置は、金融機関、建設会社による競売の実施を困難にさせることになり、東葛病院を存続させるうえで大きな役割を果たした』としています。当時、私は労働組合の書記長でしたが、病院側から団交の席で（関連会社ミックの）不渡りを知らされ、徹夜の交渉の末に債権譲渡の契約書を結ぶまでのことを昨日のように思い出します。……
　2つ目は、有担保債権者からの競売通知を受けたあと、和解を実現するまでの活動についてですが、……その時期、事務長になっていた私は池田

---

30) 一時期は『再建闘争ニュース』。
31) 前掲、菅原「東葛病院の破綻と地域医療の砦への再生」。
32) 『東葛病院労働組合10年史』2006年、103頁。

理事長代行と一緒に債権者との交渉に臨んでいました。債務者として懸命に再建への協力をお願いしていましたが、それだけでは交渉進展の展望は開けなかったと思います。5万人を超える患者さん地域のみなさんの署名、直接の要請行動、市長からの協力要請の組織など……の活動がなければ有担保債権者の気持ちを動かし和解まで至ることはできなかったと思います。年末年始をはさんだ短期間にその中心を担って大きな運動を組織した労働組合が本当に心強く思えました。

　再建運動の過程で、『東葛病院の再建運動は3つの力で進められている』とよく言われました。地域の方々の支援と協力、全国的な民医連の支援、労働者のがんばりです。東京勤医会と合同し医療建設を確実なものにし、債務の完済まであと2年弱となった今日でも、病院が地域での役割を果して地域住民に支持され続けている上では少し表現は変わるとしても基本は変わらないと思います。

　私はこの再建運動を通じて、労働組合の存在意義や役割、労働組合としての政策を持ってたたかうことの大事さについて、そしてまた労働組合が自らの要求実現と、患者さん、地域住民、国民の要求や利益を共に守り実現する立場でたたかえば運動は大きく広がることも学びました」。

　また委員長であった菅原邦昭氏は、「東葛病院再建運動は"建設運動"の悲劇的な結末を乗り越えて、住民、医療従事者、病院の絆をあらため結びなおそうと取り組んだ"心のネットワーク"運動」[33]であったとし、「私たちは東葛病院の倒産を体験し、資本主義のルールというものが、如何に無慈悲に、すべての事柄を"金銭"で片付けてしまおうとするのかを目の当たりにしました。そのような事態では、労働組合、労働者が前に出なければ、資本の横暴から職場も、患者さんも、そして地域住民の願いも守れないことを身をもって痛感しました。」と回想するとともに、「いま、医療を受けたくても受けられない多くの国民がいる。まさに、この"差別医療"に抗する「自由」、「共生」、「平等」を旗印にした、"無差別医療"すなわち憲法にそった"医療の平

---

33) 同前、84頁。

等性"実現の運動の広がりが切実に望まれているように思う。そのためにも、医療経営体と労働組合との、本格的な対等関係の構築は必須であると思う。」[34]と強調する。

(2) 奇跡的な再建から新築移転へ

　以上、東葛病院の倒産・再建運動の一端を記した。結成間もない労働組合は、執行部を先頭に、大衆団交による債権譲渡契約の締結や、多くの債権者とのつらい懇談、金融機関等大口債権者への要請行動、住民・地域の民主勢力との共闘など、まさに精一杯の活動を展開し、東葛病院を存続させるうえで決定的な役割を果した。もし、東葛病院での労働組合の結成が9ヵ月遅れていたら、そして、倒産までのこの9ヵ月の労働組合のたたかいと運動、組合員の労働組合への結集がなかったら、職員は結集の"核"を得ず、倒産後の東葛病院の様相はかなり変わったものになっていたであろう。

　「生活と権利」と「医療を守る」ことを統一して運動することを基本方針としていた労働組合が、「医療（東葛病院）」の存続のために、理事会からの約50人もの「人員整理」提案に、最終的には主体的に応じた。その約50人の職員は、1ヵ月分の「解雇予告手当」のみで病院を去った。「労働者の権利」という視点からすれば、一見、腑に落ちないこの労働組合の対応も、倒産と同時にそれまでの経営の中核（北医療グループ）が経営権を放棄して東葛病院を去り、新生理事会も出来たばかりというなかで、職員（組合員）が信頼できるのは労働組合より他なかったことをみれば、理解できないこともない。

　民医連等からの本格的な支援が始まるまでの一定期間、東葛病院の医療を継続するために、労働組合は経営責任[35]も担わなくてはならない立場に立たされたのである[36]。組合員は、仲間を切る苦しみと低賃金に耐えながら、地域の住民とともに見事にその役割を果たしたのである[37]。

---

34)　前掲、菅原「東葛病院の破綻と地域医療の砦への再生」。
35)　表向きは理事会であるが。
36)　倒産6ヵ月後に、書記長が病院の事務長になり、放射線技師長の一人も常任運営委員となったことは、その現れである。
37)　なお、東葛病院労働組合は、急場を経た病院再建中でも、賃上げ、一時金、その他の労働条件について要求している。要求は妥協しなければならないケースが多かったが、経営側との交渉を精一杯続けている。中労委までもつれこんだこともある。

倒産状態にあった東葛病院は、①住民（患者含む）の支援と協力、②東京、千葉をはじめとした全国的な民医連の支援運動、③東葛病院労働組合と全国の医療労働組合等の支援、などによって"奇跡的"にも再建され、支援の中心となった東京勤医会と合同し、医療法人財団東京勤労者医療協会の東葛病院として再生した。そして、冒頭に述べたように、2016年5月、華やかに駅前に新築移転したのである。

　しかし、33年前の東葛病院の"事件"が忘却されてはならない。経過の概要は、すでに述べたが、そこには、負の教訓とともに、職員と多くの地域住民に支えられた真に民主的な医療機関発展への、また、医療労働運動の発展について深く検討されなければならない教訓が示唆されているように思える。

　当時の副委員長の小林忠弘氏（故人）が、「今後、決して同じ轍を踏まない（ための）保証は、民医連の一員として、民医連綱領に則り、且つ医療人の原点に帰り、厳しく過去の過ちを分析し、振り返りながら、院内に官僚主義や事なかれ主義、独善の芽が発芽しないよう、労使共に車の両輪の役割をきちんと果たしていくことが大切だと痛感します」[38]と記しているのも、その教訓の1つであろう。

　東葛病院の再建は、①患者・住民の協力、②民医連の全国的支援、③労働組合の協力と運動、これらのどれ1つを欠いても実現しなかった。そして、労働組合が、倒産から再建へという"重い荷"を最も困難な初期を含め、かなりの期間を担うことができたのは、倒産という暗い谷間を常に明るく照らし、リーダーシップを発揮した委員長の存在[39]とともに、執行部の献身的な活動への組合員の信頼関係にもとづく、強い団結があったことも忘れてはならないであろう。

〈参考資料〉
東葛病院労働組合『東葛病院労働組合10年史』2006年。
東葛病院再建史編纂委員会編『支えられ、明日に希望をつないで―東葛病院債権運動の歩み―』東京勤労者医療協会、2003年。
菅原邦昭（2016）「東葛病院の破綻と地域医療の砦への再生」。

38)　前掲、『東葛病院労働組合10年史』105頁。
39)　今回、聞き取りに協力いただいた方々の多くが、「菅原委員長の明るさとリーダーシップがあったから、自分たちも頑張れたのだ」（要旨）と強調された。

筆者『東葛病院オルグノート』―1982年秋（労働組合の結成準備）から1983年9月20日（倒産後10日）まで。東葛病院労働組合に残された関係書類。当時の労働組合役員6名からの筆者による聞き取りメモ（2016年1月～3月）など。

資料1　東葛病院倒産・再建関連略年表（1974～1993年）

年	月	日	東葛病院倒産・再建関連略年表
1974	11		北病院（東京都北区、40床）開院。
1978	4		北病院増床（150床となる）。
1979	11		北病院社員総会で千葉、埼玉への進出計画を決める。
1980	1		東葛病院設立への「北医療グループ本部」発足。
	3		新病院建設への「設立趣意書」発表。
	4		東葛病院設立準備会事務局を設置。
	9		東葛病院総合設立委員会開く。
1981	12	3	職員全体集会で住田理事長より、年末一時金について「1.5ヵ月＋25,000＋家族給」が示された。『職員採用のしおり』には、「夏、冬一時金年間5.5ヵ月」と明記されていた。
1982	4		東葛病院の連携施設（モデルルーム）として新松戸診療所が開設される。
	7	15	東葛病院開設（382床想定した建物、とりあえず203床の許可）
	10		労働組合準備会結成、千葉県医労協と日本医労協に支援要請。
	11		一時金問題に対する職員の批判高まる。
	12	11	**東葛病院労働組合結成総会**
1983	9	7	常任理事会（ミックの不渡り報告）。
	9	9	9～10日、団体交渉（大衆団交）で、労使が「債権譲渡」契約。が、和議申請提案。理事会が和議を否決。北病院グループ執行権放棄。新常任理事会発足。
	9	12	**東葛病院倒産**（薬品、資材を病院に納入していた、東葛病院の関連企業である株式会社ミックが不渡りを出す。東葛病院の負債総額は68億円。）
	9	18	東葛病院緊急社員集会、債権者説明会を開催、住民500人が参加。再建プラン作成のために3ヵ月の猶予を確認。この3ヵ月間に地域ごとに小集会を開き、再建への協力を要請。2千数百人の社員、債権者を一軒一軒訪問する活動開始。職員2人一組で、土・日を当てる。
1983	10		病院の"目玉"であった脳外科医が大学に引き上げる。千葉勤医協が医師2人を支援。
	11	23	臨時社員総会で、病院「再建プラン」採択。賛成1514、保留0、反対6。当面の競売などの最悪の事態を避ける。
	12	17	東葛病院労働組合第3回臨時大会開催。「人件費削減」について、「人員整理」を方針として決定する。そして、①退職者の就職先確保、②退職条件の引き上げ、③北医療グループの謝罪と真相究明委員会の早期設置などを決める。
	12		年末一時金不支給。1人当たり住民理事中心に集めた7000円と、労働組合が

		12	物品販売した利益2000円のカンパ金のみ。
		12	理事会、労組に人件費削減のために整理解雇提案。労組、「賃金カット」を行うも、賃金カットではもたなくなる。
		12 19	理事会は「経営危機問題調査委員会」を発足。翌年1月16日の理事会に経営破綻の原因を①過大投資、②建設計画の不十分さ、③医療計画、収支計画の齟齬、④経営トップの能力の4点をあげ、医療運動の進め方について、誤りと欠陥があったとした。
		12	労組、大会で人員削減、労働条件切り下げの方針決定。2月にかけて、事務系や看護助手（約30人）など約50人が退職（整理解雇）。外科病棟廃止。
1984	2	末	2つあった内科病棟を併合、ついに内科病棟1つのみ、入院患者53人となり、医師も内科医2人、精神科医1人の3人となり、倒産時115人いた看護婦は28人に激減。
	3		東京民医連理事会が北病院、東葛病院への医療支援を決意。その理由を、①患者・住民が、民主的医療機関としての存続を求めている、②両病院の医療労働者が頑張っており、日本医協も各方面に支援を呼びかけている、③独自の力だけでは再建が困難であり、地域の住民組織も支援要請を繰り返している、④再建の目途がたったところで、民医連への加盟を希望している、⑤病院が倒産すれば、民主勢力への影響が非常に大きい、とした。
	4		**東京民医連が定期総会で、東葛病院支援方針を決定。**
	5	1	東京民医連副会長・全日本民医連医師委員会委員長であった高柳新氏と、太田秀事務局長が支援決定の報告に東葛病院に来院。
	5	25	東京民医連より4人の医師（立川相互病院2人、大田病院1人、代々木病院1人）が派遣される。伊藤芳樹医師を中心に「東葛病院建設のために」という、当面の考え方と方針がつくられる。若月俊一佐久病院長も来院し激励。
	9		100床の稼働となり、外来患者数も200人を超える。
	10		10〜12月、佐久病院（長野県）から2人の外科医が派遣される。
	10	23	東京民医連、「6ヵ月の支援期間」を、さらに2年間延長することを決定、「東葛病院に対する医療支援は、正に私たちの院所を含む民主勢力防衛の闘いであります」と強調。
	11		長野民医連が2人の医師派遣。石川、新潟へと広がる。
	12		東葛病院臨時総会。東京民医連の支援決定を受けて、新しい再建方針①将来、民医連と合流、②2年間の再建活動を経て方針を策定。③初期診療と保健活動を基礎とする、など。
1985	1		東京民医連が東葛病院の管理事務の支援を開始。経費節減に力を入れる。
	4		鹿児島が支援を開始。
	5		北海道民医連が医師支援を開始。
	7	15	3病棟120床体制に回復。
	12		「東葛病院を支援する千葉、東京民医連協議会（三者協）」発足。(1990年まで継続)
	12		北海道民医連の職員のカンパで買った全職員分（東葛病院）の新巻きサケがトラックで届けられる。
1986	11		有担保債権者からの「競売乗申し立て」も考えられる中で、労働組合が「東

1986	12	5	葛病院の医療継続」支持署名を開始。 大口債権者の金融機関が「年内に和議申請しなければ、年明け早々にも法的措置（競売）で資金回収を図る」と通知。理事会は、労働組合が集めた1万5千筆の署名を持って交渉。
1987	1	11	**「東葛病院の医療を守る会」結成**。団体会員25、個人会員千人。「東葛病院の医療の火を消すな」署名一ヵ月で5万筆。要請ハガキ八千枚。金融機関等大口債権者へ要請行動強化。
	2	12	流山市長への要請行動。市長、直ちに金融機関に要請する。
	3		株式会社ミックの所有になっていた東葛病院の「別館」（ボイラー、受配電施設）が競売へ。千葉勤医協が買取に応じ、競売は取り下げられ、千葉勤医協が譲渡する形で守られる。
	4		新松戸診療所が即決和解
	11		金融機関側が東葛病院理事会に「和議」に代えて「即決和解」を提案。
1988	2		臨時社員総会を開催、「即決和解」を裁判所に申請することを決定。
	3	18	**東葛病院、金融機関との即決和解成立**。
1989	6	16	**東葛病院、建設会社との即決和解成立**
	7		「医療を守る会」と「健康友の会」が統一し、「東葛病院医療と健康を守る会」となる。
1990	3		来患者1日当たり370人、入院体制4病棟180人になる。
1991	1		東葛病院、東京民医連に加盟。
1992	9		東京勤医会と東葛病院、合同に向けての協議を開始。
	10		臨時社員総会で住民債権者への返済計画提案。建設債、新法人に引き継ぎ、無利息、10年均等返済。高齢者ほど早期返済とする。
1993	3		北病院、東京民医連に加盟。
	5		東葛病院、解散総会。
	6	1	東葛病院と東京勤医会が合同した新たな医療法人財団東京勤労者医療協会スタート。

出典：東葛病院再建史編纂委員会編『東葛病院再建運動の歩み』及び東葛病院労働組合『東葛病院労働組合10年史』を中心に筆者作成。

資料 2-1　東葛病院労使協定（組合の権利及び労働条件）と契約書（債権譲渡）

1．組合の権利

協定書（組合の権利）

　現在の危機に際して労働組合は全力をあげ労使協力して医療と施設継続・防衛に努力するためにも次の協定を締結する。
　東葛病院（以下「病院」という）と東葛病院労働組合（以下「組合」という）とは、左記の点について合意した。

記

一、病院は、その業務変更、機構改革、営業譲渡、職場閉鎖、整理、和議、破産、解散、合併その他業務上ないし機構上の重要な改変、重要な財産処分については、組合と事前に協議のうえ、組合の同意を得て行う。

二、病院は従業員の配転、出向、退職募集、解雇、その他労働条件の変更については、組合と事前に協議のうえ、組合の同意を得て行う。

三、病院は、組合並びに組合員の病院内での組合活動及び就業時間内の組合活動について、診療業務に重大な妨げのない限り、組合活動上必要なものはこれを認める。

四、病院は、組合に対し、組合事務所として病院一階現技師控室を貸与する。

　　昭和58年9月10日

　　　　　　　千葉県流山市花輪寺下409
　　　　　　　　東葛病院（東葛総合病院設立委員会）
　　　　　　　　　理事長　　住田幸治　　㊞
　　　　　　　　　総院長　　安藤鋭夫　　㊞
　　　　　　　右　同　所
　　　　　　　　東葛病院労働組合
　　　　　　　　　執行委員長　菅原邦昭　㊞

2. 労働条件　　　　　　協定書（労働条件）

　東葛病院（以下「病院」という）と東葛病院労働組合（以下「組合」という）とは、左記の点について合意した。

記

一、病院は組合員である従業員（以下、単に「従業員」という）に対して、夏期一時金未払い金として「基本給＋役付給」の三か月分の各支払い義務があることを確認し、それぞれ9月10日限り及び11月末日限り支払う。

　なお、今後の中途退職組合員に対する冬期一時金月数は、自己都合の場合、9月中の退職者については1.5ヶ月分、10月中の退職者については2ヵ月分、11月中の退職者については2.5ヶ月分とし、病院都合の場合はすべて3ヶ月分とする。

二、病院は従業員の退職金を左記のとおりとし、退職後7日以内に支払う。
　1. 自己都合
　　　勤続三ヵ月未満は支給しない。
　　　勤続三ヵ月以上の場合は、基本給の0.1ヵ月分に「勤続月数から2を差し引いた数」を乗じた額
　2. 病院都合の場合
　　　基本給の0.25ヵ月分に勤続月数を乗じた額

三、病院は、従業員の基本給を4月分（3月19日から4月18日までの分）に遡って一律5パーセント昇給する。4月乃至8月分の遡及差額（基本給の25パーセント）は9月10日限り支払う。

四、病院は、従業員の労働条件の確定にあたって、長期の紛争を招いたことに遺憾の意を表明し、組合がその間支出せざるをえなかった闘争費用等に充てるため、組合に対して右紛争に係る解決金として500万円を支払う。支払期限は9月10日とする。

　　　　昭和58年9月10日
　　　　　　　　　千葉県流山市花輪寺下409
　　　　　　　　　　東葛病院（東葛総合病院設立委員会）
　　　　　　　　　　　理事長　　住田幸治　　㊞
　　　　　　　　　　　総院長　　安藤鋭夫　　㊞
　　　　　　　　　右　同　所
　　　　　　　　　　東葛病院労働組合
　　　　　　　　　　　執行委員長　菅原邦昭　㊞

資料2-2　労働組合への債権譲渡契約

契約書

　東葛総合病院（以下「病院」という）及び安藤鋭夫と東葛病院労働組合（以下「組合」という）とは、左記の点について合意した。

記

一、病院及び安藤は、組合との間の昭和58年9月10日付協定書（労働条件）に基づいて現に発生したまた今後発生する従業員の賃金、一時金、退職金その他労働債権並びに組合に対する解決金の支払い確保のために、組合委員長である（住所）松戸市新松戸3-275-301（氏名）菅原邦昭に対して、別紙債権目録記載の債権を本日譲渡する。

二、病院及び安藤は、組合の申し出があり次第直ちに、右譲渡について必要な範囲で第三者に対して確定日日付にある通知を行うる。

三、病院は、第一項記載の債権譲受人に対して第一項記載の労働債権及び解決金の支払確保並びに組合が有する施策実現のため、病院所有の動産、不動産（理事長名で所有する病院の建物、敷地を含む）を本日譲渡する。

四、なお、右をもって病院及び安藤が経営責任を免れるものではない。

　　　昭和58年9月10日

　　　　　　　　　　　千葉県流山市花輪寺下409
　　　　　　　　　　　　東葛病院総合病院設立委員会
　　　　　　　　　　　　　　理事長　　住田幸治　㊞
　　　　　　　　　　　千葉県流山市花輪寺下409
　　　　　　　　　　　　　　総院長　　安藤鋭夫　㊞
　　　　　　　　　　　千葉県流山市花輪寺下409
　　　　　　　　　　　　東葛病院労働組合
　　　　　　　　　　　　　　執行委員長　菅原邦昭　㊞

第3節　北海道・根室たんぽぽ企業組合の生成と発展
――病院閉鎖反対闘争から介護事業へ

山本隆幸
北海道医労連顧問、同元執行委員長
根室たんぽぽ企業組合専務理事

1　運動の背景

(1)　地域の特徴

　根室市は、北海道の東部に位置し、東西 70 キロ、南北に 10 キロの細長く突き出た地形で、北にオホーツク海、南に太平洋を臨み、東端の納沙布岬は海を隔てて歯舞群島、色丹島、水晶島、北東には国後島、択捉島などの北方 4 島に連なっている。

　産業はサンマ漁獲量日本一を誇る漁業が中心で現在は人口約 2 万 8000 人、歴史的にも北方領土返還の重要な基地となっているが、漁業の衰退とともに人口も減少し続けている。

　根室市内の病院は、2006 年までは市立根室病院と精神科を主にする 2 病院、老人病院の根室隣保院附属病院の 4 病院で、その他に内科系の 4 つの診療所があった。根室隣保院附属病院は、介護型療養病床 50 床、医療型療養病床 25 床で、市立病院の後方病院ともいえる根室市唯一の療養型病院だった。

(2)　根室隣保院附属病院労働組合の結成

　1995 年、根室地域労働組合総連合（以下、根労連）が地域に配布した春闘の黄色いチラシを見た根室隣保院附属病院の看護師たちは、これこそ「幸せの黄色いチラシ」（元執行委員長鈴木芳子氏）だとして、当時の根労連鈴木盛夫議長に病院の労働条件の改善について相談した。当時、根室隣保院には老人ホームと附属病院にまたがる根室隣保院労組があったが、組合内には看護

師の組合員がいなかったり、病院の中の組合員がごく少数だったため、相談にはなかなか応じてもらえなかった。

相談に応じた鈴木議長は、産別の北海道医療労働組合連合会（以下、北海道医労連）をも含めた組合づくりが必要として相談を重ね、1995年4月7日、約70人の

第3回定期大会を終えて

職員の根室隣保院附属病院に、根室隣保院附属病院労働組合が41人の組合員で結成された。

翌日に、組合結成および要求書を提出したが、1週間後に組合員を含めた約50人（医師1人を含む）が解雇された。その理由は、経営的な理由から病院を廃止して診療所にするためというものだった。

経営的な理由は言い逃れであり、労働組合を嫌っての不当労働行為であることは明確で、50人の中に組合員41人の全員が含まれていた。すぐに、北海道労働委員会に不当労働行為救済申し立てを行ない、数回の調査の結果6月には解雇は撤回された。しかし、この労働委員会のたたかいにより、看護師を中心とした多くの組合員が転職したり組合を離れたため、介護職中心に24人の組合員となった。

(3) 突然の廃院通告

それ以降も労働条件改善のためのたたかいは、団体交渉と経営者の説得を根労連議長の鈴木先生（教員）の指導もあって粘り強く続け、労働条件では夜勤の明けが休日とみなされていたのを改善し、賃金、一時金もわずかではあるが前進し、労働条件の整備を行なう団体交渉が続いた。粘り強いたたかいを続けるなかで、経営者は附属病院労組に経営状況の相談も行なうようになり、また、団体交渉は当組合との交渉を重視するなど一定の信頼関係をつくりだしていった。

しかし、2006年2月、根室隣保院附属病院は突然「3月31日付けで病院を

廃院」することを発表した。廃院の理由は、「国は、2012年に介護型療養病床を廃止して、医療型療養病床も大幅削減にする政策が行われるため、現在の病床の確保がつかず、経営の見通しがつかない」また「今後医師の確保に見通しがつかない」というものであった。

2　病院の閉院に対する地域住民と労働組合員の運動

(1)　北海道医労連と地域の活動

　北海道医労連と根室隣保院附属病院労働組合は、地域の皆さんと「根室の地域医療をる会」を発足させ、病院には、①患者さんの転院先が決まるまで廃院しないこと。②後医療を誘致する働きをすること、を求めた。また根室市には、①根室市に療養型病床が存続するような施策をするよう、市立根室病院に空きベットがたくさんあることから、そこに療養病床の設置をしてほしいとの要求を議員を通じて働きかけた。しかし、具体的な施策が市によって出されることもなく、3月末には廃院を迎えてしまった。

　労働組合は、廃院を迎えるにあたって労働組合の性格そのものを変更する大会を開催し、それまで根室隣保院附属病院に対応した労働組合であったものを、地域の医療・介護に働くすべての者が企業を越えて横断的に個人加盟ができるという、産業別・地域労働組合組織としての性格に変え、また名称も「根室医療福祉労働組合」と変更した。

　病院の廃院という残念な結果に終わったが、この問題についての市民の関心は強かった。根室市の人口の33％にあたる「1万筆の療養型病床の存続署名」の目標は、組合員による必死の署名集めと、根労連を中心とする労働組合員や道東勤医協友の会連合会などの力を借り、また、根室市の医療に危機感を持つ多くの市民の皆さんの協力を得てわずか3週間で集めることができた。

(2)　廃院後の労働組合の活動

　廃院が決まっても57人の患者さんにはなかなか転院の通知がなかった。家

族の努力などによって、根室市内への転院4人、中標津への転院（根室市から車で1時間30分）、弟子屈町川湯へ転院（車で2時間30分）、釧路へ転院（車で2時間30分）などの転院が実現できたが、残念ながら15人の患者さんは転院先が見つからないままに在宅医療・介護を余儀なくされた。

組合員は、結成以来指導していただいた鈴木先生の「心のひだひだを大切にする」という言葉を胸に、「病院の一方的都合で、転院や在宅になる患者の皆さんに申し訳ない」「在宅介護になった患者さんの家族の役に立ちたい」という思いで、当時、看護師1人と介護職18人の組合員は、最低でも6ヵ月の失業保険の給付を受けることができたため、在宅15人の患者さん宅へのボランティアで訪問活動を開始した。

訪問内容は、患者さんの状態の変化や家族の状況の確認、血圧測定などであったが、急激な環境の変化に戸惑っていた患者さんには、顔なじみの元職員が接することで安心感を与え、たいへん喜んでいただいた。

在宅介護の皆さんを一回りしたあと、組合員の提案で転院をされた地方の患者さんにも訪問活動を行なうようにした。在宅介護の家族の苦労は大変なものであることをあらためて訪問活動から学ぶことができた。根室市に戻り父親の介護をしなければならない50代の男性の例では、朝3時から漁に出て8時に家に帰り母親に食事を食べさせてまた漁に出るなど、在宅介護が充実していない根室市では、家族で介護することはたいへん厳しいものがある。

(3) "オール根室"のたたかい

「地域医療を守る会」の取り組みは、その後、地域社保協へと継承され、根室の医師不足の問題点と今後の展望などを議論する学習会などを行ない、運動的には、医師の確保や地域医療の確保のために総務省への要請や国会議員要請行動を行なった。

全国的な医師不足のなかで、市立根室病院の医師の確保も厳しくなってきた。産科医師の退職により、根室市で出産ができなくなり、60キロ離れた別海町や中標津町、120キロ離れた釧路市での出産を余儀なくされた。そんななかで、妊婦が病院に向かう車の中で出産し、子どもが低体温症になるという事故が起こった。

また、内科医師の不足のため、市立根室病院の当直医が確保できず、根室市内の診療所の医師によって市立根室病院の当直への協力が行なわれた。真の意味で下からの自主的な"病診連携"がうまれたのだ。
　その結果、市立根室病院の患者の転院も行なわれずに、根室市内では地域医療を守る「オール根室のたたかい」として高く評価された。

3　地域を守る新たな活動の創造

(1)　在宅介護の必要性

　廃院して6ヵ月が経過したが、療養型病床再開のめどがつかないこと、現在まで在宅の患者家族には何もできていないという思い、また在宅介護の家族のたいへん厳しい状況の実態に対して、自分たちの力でできることはないのかという問題意識が高まった。
　しかし、一方で「今後の生活していく保障」が必要であり、すぐにでも職につかなければならない状況の組合員は、水産加工場に勤めたり、若い組合員は介護の職場に就職した。残念ながら高齢のため介護施設に就職できず、どうしても介護をしたい5人の組合員を中心に介護事業所の設立をめざすことになった。

(2)　根室たんぽぽ企業組合の創設

　法人と訪問介護事業の設立のために何度も行政に足を運び、最初はNPO法人をめざしたが、根室支庁の担当者に「それはできませんね」と言われ、大変ショックを受けた。筆者の知人である別海町のすずらん厚生企業組合が、グループホームとディサービス事業を行なっていたので相談したところ、「あきらめないで行政に通い続けるように」という助言や援助も受け、行政の担当者も何度も訪問するなかで親身に相談にのっていただけるようになった。
　今までの病院の仕事は、使用者から指示される範囲でやっていればよいという、つまり決まっているレールに沿って走ればよかった。しかし、今度はレールを敷くことから始めなければならない。つまり、単に賃金をもらって

そのかぎりで働くという労働者とは異なって、すべて運営を自分たちで自主的にやらなければならない。

　経営のノウハウも知らない、お金もない、そういう状況で、みなで助け合い、勉強しあい、6ヵ月の準備を経て、2007年3月に根室たんぽぽ企業組合を設立し、4月1日から訪問介護ステーション根室たんぽぽ（以下、「根室たんぽぽ」）の事業を開始した。根室たんぽぽ企業組合の、「企業組合」は中小企業等協同組合法にもとづく、おもに雇用を創出することを目的とする法人である。

　「たんぽぽ」の意味は、「私たちは踏まれても、踏まれても立ち上がるぞ！」という意味と「たんぽぽの種のようにどこまでも飛んで行って利用者のために介護をしたい。また住民要求に依拠するならば、たんぽぽの実のように落ちたところで必ず花開くことができるはずだ」という意味が込められている。

　根室たんぽぽは、会社を設立するにあたり4つの目標を決め、その実現にむけてがんばる決意をした。第1は、「利用者の人権を守り、地域・職員の皆さんと力を合わせること」、第2は、「社会保障の公費負担の拡充を求めること」、第3は、「命と人権を守る日本国憲法を暮らしに生かし、平和な社会をめざすこと」、第4は、「組合員の生活と権利を守ること」である。

　この目標の出発点には、根室の介護事業がどんな状況になっていたかという問題があった。自分たちがやっていた介護でも利用者を拘束する介護が普通にあり、そんなことでいいのか、高齢者といえども人としての権利、人権があるということを常々考えさせられる場面を経験したことである。そのことから、「もっと人権が大事にされるようにしたい」、「患者・利用者の要求をきちっと聞き、人間らしさ、その尊厳を守りたい」という思いで憲法の精神にたどりついた。原理的には、人権、生存権（平和的生存権）などが保障される社会をめざしたいという思いが込められている。

(3)　地域に根ざした介護事業をめざして

①　訪問介護事業

　開始した訪問介護の事業は、根室市で2つ目の事業所で、1つ目は社会福祉協議会によるもので、私たちは民間で初の事業所だった。たんぽぽの目標

にあるように、利用者の人権、利用者の要求にもとづいた介護の実践を目標に取り組んだところ、宣伝費をかけなくても「利用者の声をよく聞いてくれる」との口コミが広がり、わたしたちの事業所を市民の皆さんがたくさん勧めてくれるようになった。

　開設した年の12月には、20代の女性が1人、翌年の4月にはさらに20代の女性が加わり7人体制となった（現在の現場理事2人）。利用者の増加とともに、介護員の募集も行い2009年4月段階で10人の介護職員、利用者は40人を超える規模となった。

　② 通所介護
　訪問介護だけでなく、通所介護の「たんぽぽ」にも通いたいという利用者の声もあり通所介護開設の検討にはいった。通所介護は、相談員が必要で、当時ケアマネージャーの資格がないと相談員ができないということだった。そのため、資格をもっていた元病院職員らに声をかけたところ、一定期間後であれば通所介護に参加可能との返答をもらい、具体的な準備に入った。それまでは、部屋を借りて事務所にしていればよかったが、通所介護となれば施設をまるごと借りるか購入しなければならない。

　偶然にも住宅街の中にある比較的大きな住宅が候補としてあがり、施設の展開について地元信用金庫も理解を示してくれて、2009年9月定員10人の小規模の居宅介護事業を開始した。小規模通所介護ということで、「利用者が自分の家のようにくつろげる環境」「利用者の個性が尊重される介護」「自前で作る食事を提供することによって、食の楽しみを感じてもらう」などの利用者の要求に応じた小回りの利く通所介護をめざしている。

　③ 居宅支援サービスへ介護支援事業所
　2つの事業所を運営するにしたがい、居宅支援サービスを開始する必要性が職場から出てきた。事業運営するにあたり、利用者数の確保をさらに進める必要のあることと、事業にとって裾野を広げるということと、根室市内に通所介護が複数開設されている状況からしても、それに出遅れないように急いで準備に入ることになった。訪問介護、通所介護、居宅支援介護を三位一

体と考え、とくに勤医協の居宅介護事業のバックアップを受けられたことは心強いことだった。

2011年、元組合員が介護支援専門員の資格を取得し、根室たんぽぽに参加してくれることとなり、9月に介護支援事業所を開設した。この時点で、3事業所20人の職員を抱える法人となった。

小規模多機能根室たんぽぽ

④ 小規模多機能施設の建設へ

このころ厚生労働省は、地域密着型介護を地方に積極的に進めていた。根室市でも市内に1ヵ所の小規模多機能型介護施設の建設を予定し、その勧めが根室たんぽぽにあった。根室市の施設事情は、他都市と同様に遅れており、施設入所やショート利用したい利用者のニーズに十分こたえられないでいた。

小規模多機能施設は、最大で25人の登録利用者が、通所、訪問、宿泊を利用することができ、当時、通所介護（介護保険適用）、訪問介護（介護保険適用）、お泊り（自費）を行なっていたたんぽぽと共通項があった。

根室たんぽぽでは、1年前から小規模多機能施設建設の検討チームを立ち上げて、施設の建設関係と施設の運営に分けて準備を始めた。

施設は宿泊のための9部屋とディルーム、お風呂とトイレ事務所、および調理室（調理を自前で提供）を備え、土地代も含めて6500万円を国の助成金と信用金庫から借り入れし、3月に新人8人を含めた研修会を開始、2014年4月から小規模多機能施設の事業を開始した。

施設の開設から8ヵ月が経過し、17人の利用者が通い、泊り、訪問で利用していだいている。なかには、週に6日程度宿泊を利用している方もいて、地域でのショートの施設の必要性が実感さる。

4　根室市内全体の介護の向上にむけて

　根室たんぽぽ企業組合創設から7年目を迎え、2014年には、ひと月に利用者数は訪問介護70件、通所介護30件、居宅支援20件、小規模多機能17件と、延べ136人の利用者に介護サービスを提供している。

　職員数も32人となり、理事会で法人運営、所長会議で事業運営を中心に、また職員は事業所会議というかたちで運営に加わっている。また、労働組合を母体としてできた企業体なので、労働組合もきちっと残っており（組合員20人）、賃金・労働条件の改善、事業の健全化のために声を反映させる取り組みをしている。もちろん事業を守ることが生活を守ることに直結しているので、必要な場合は議論を行なって賃金を下げるなどという場面もあった。いまのところ一般の企業のような労使関係が存在するわけでなく、管理にあたる人も資本家ではないので、事業体を守ることと賃金・労働条件は一体のこととして、ただし経理の公開を原則に、それらを議論で進めていくという方法になっている。

　市役所を定年退職した方に代表理事を担当していただき、市内の労働組合、民主団体の方に法人を支える組合員になっていだだいている。地域の労働組合、社会運動団体が潜在的に蓄積する人材に支えられてこれまでやってこられた。

　また、法人設立から新しく入職した20代の女性2人が全体の運営を担当し、先輩の職員がそれをフォローしている。しかし、一方で、職員のなかにはレールがなければ動けない職員もいるのは事実で、資格・技能・専門性の高い職員とそうでない職員との間には、やはり仕事や運営に対する意識の高低が反映されてくるのも傾向として存在する。したがって、日々の教育・研修などが重要になっている。

　隣保院のときには、患者・利用者の人権に配慮できなかったこと、利用者の要求をきちっと受け止められなかったという思いをみんなが感じていたことの反省のうえに、「もっと人権が大事にされるようにしたい」「患者・利用者の要求をきちっと聞き、人間らしさ、その尊厳を守りたい」ということか

ら、憲法の精神にたどりつき、原則的には、人権、生存権、平和的生存権などが保障される社会をめざす企業体として４つの目標を掲げたことは、すでに触れた。具体的な実践として最も重視したのは、利用者の要求にもとづく介護実践を心がけたことであり、それが市内の他の施設にも影響を与えたという自負をもっている。その意味で大きな役割を果たしてきた。

しかし、今後の課題としては、このような実践によって利用者がどのように変化していったのか、またはしていくのかということを実践例としてストックして、根室市内で介護技術の交流・実践例の普及活動などに取り組む必要がある。今まで、運営で手一杯だった状態から、視野を自分たちの事業体の枠でなく根室市内全体の介護の向上に貢献するところまで広げていく必要を自覚しているところである。

訪問介護では、現在、労働組合と共同で、「直行直帰ではなく、事業所に集中することから生まれた利用者の身体改善」（仮称）という内容のレポートを職員のアンケートと調査からまとめている。

今までお世話になった根室市労連、根教組、根労連をはじめとした労働組合の皆さんや新婦人、勤医協、友の会の前で実践報告をして、今までのお礼とさせていただきたい。

第5章
地域医療を守る運動の特徴と教訓、課題

「医療を守る運動」研究プロジェクト

本書にある各地の運動「報告」の「特徴・教訓」、「課題」を、その背景をなす医療政策の動向とともに、次のようにまとめた[1]。

1　地域医療を守る運動の背景—医療政策を中心に—

(1)　戦後医療制度が発展から抑制に大きく舵を切られた1980年代

①　戦後医療制度の発展期：1955年—73年の高度経済成長期

　日本の医療制度（医療保険、医療提供体制、診療報酬体系[2]など）は、1945年（昭和20年）の敗戦から10年を経た55年を起点に、73年までの19年にわたった「高度経済成長」の中で、大きく発展していった。

　その一つの象徴が、61年の「国民皆保険」達成であり、いま一つが、東京、大阪、京都、沖縄などで実現したいわゆる「革新自治体」の存在や国政における「保革伯仲」などを背景にした73年の老人医療の無料化である（この年「福祉元年」と言われた）。

　また、この間に医療機関も大きく増加した。たとえば、病院でみると、55年に5119施設であったものが、70年には7974施設へと、15年間で1.6倍になった。

②　発展から抑制へ——戦後医療政策の転機

　その発展期の背景にあった2桁の伸びを示した「経済成長」が失速し、74〜75年に54年以来最大の不況に突入した。この時期、景気対策への赤字国債が発行され、増加していった。

　「石油危機」（73年）を契機にしたこの不況は、世界的なものであり、不況下にもかかわらず激しい物価上昇が続くという、質的に従来と違った変化をともなったものであった。この新たな経済現象に対して従来の経済政策[3]は

---

1)　本章は、岡野孝信、岡部義秀、木高博による共同執筆である。
2)　医療機関に支払われる医療費算定の体系。
3)　金融・財政政策によって需要（たとえば公共事業など）を作り出し「完全雇用」を確保しようとする政策で、ケインズ主義（政策）とも呼ばれた。2008年のリーマンショックで新自由主義が凋落し、改めてケインズ主義にあらたに光が当たりはじめた。

有効に機能せず、それにとってかわって採用されたのが、新自由主義（あるいは新保守主義）という政治経済思想に裏づけられた経済政策であった。

このさきがけが、81年1月にアメリカ大統領に就任したロナルド・レーガンの経済政策であり、「レーガノミクス」と呼ばれた。その具体的中身のいくつかをみると、交通、医療、福祉、金融などの「規制緩和」の推進（カーター前政権から具体化）、財政支出を国防費以外（特に社会福祉支出）で削減すること（歳出カット）、所得の再分配の役割をもち所得格差の緩和を実現する累進課税制度のフラット化（最高税率を大きく下げ税率段階も縮小）[4]による減税政策（富裕層、大企業の優遇）、などがあげられる。

③ 吹き荒れる「行政改革」の嵐——医療、福祉等の縮小・再編

日本でも、80年に発足した鈴木善幸内閣が「増税なき財政再建」と銘打って発足させた第二次臨時行政調査会[5]が、中曽根内閣（82年発足）にかけて出した五次にわたる答申と、中曽根内閣が推進した政治経済政策（「行革大綱」）は、まさにレーガノミクスを引き写したものであった。

一方で軍備拡大が「聖域」として押し進められ、他方で、それと表裏に「増税なき財政再建」（あるいは日本型福祉社会論）を旗印に「行政改革」の嵐が吹き荒れた。「行政改革」の中身は、公務員の人減らし大幅削減と、年金、医療、福祉、学校教育、住宅行政などの大幅な国庫支出の削減などであった。

本書の報告にある国立医療施設の整理・統廃合は、まっさきにこの標的にされたのである。また、82年の老人保健法の制定[6]や84年の健康保険法等の

4） わが国の所得税でみると、1983年の「行政改革」初期には最高税率が75％（最低10％）で19段階の税率区分だった。88年には最高税率は50％、税率区分も5段階へと大幅に縮小され、90年にはさらに37％、4段階までフラット化された（いまは若干戻されている）。
5） 1981年7月～83年3月。「第二臨調」（あるいは土光敏夫会長の名をとって「土光臨調」）と言われた。
6） 戦後医療の発展から抑制へと大きな転換を成したのが、1982年8月の老人保健法の成立（施行は83年2月）である。その基本理念には、「（健康に対する）国民の自助努力、自己責任」が掲げられた。この施行で73年の老人医療無料化が廃止され、老人本人の一部負担が再び導入された。また、保険者間の本格的な財政調整制度が導入され、医療機関に支払われる診療報酬の制度改定でも、出来高に包括化を導入した老人への別枠報酬体系（老人差別と批判された）が作られた。新たに老人病院という概念も導入され、はじめて医療機関の性格と機能に着目した特別の診療報酬が導入された。医療政策にお

改悪など、日本の戦後医療の発展を大きく後退させる大改革も、この「行政改革」路線によるものだった。総医療費の抑制への転換は、医療提供体制の拡大から縮小・抑制への転換も意味した。

85年成立した医療法の第1次改定は、各都道府県に医療圏とその必要病床数の設定を義務づけ（医療計画の義務づけ）、病院病床の総量規制を明確にし、医療機関の「機能分化と連携」の促進を方向づけた。

この基調は、その後の7次改定（2016年）までの医療法改定を貫くもので、「機能分化と連携」を柱に、病院の担う機能（救急医療、小児医療など5事業、5疾病を担う機能）などの明確化だけでなく、病床機能（高度急性期・急性期・回復期・慢性期）まで分化と連携の対象とされていく。この方向は、地域を通して機械的な「機能分化と連携」による病院の縮小再編の流れをつくるものである。そして、それを促進するように「診療報酬体系」の経済誘導効果が発揮された。

(2) 「行政改革」から「規制緩和」・「構造改革」へ──1990年代以降

① 「規制緩和」・「構造改革」の本格化

86年から始まった大型景気は89年の消費税導入の年に大きく膨張し、90年から91年にかけて株価と地価のバブルが破裂し、再び不況に陥った。その中で、「行政改革」の延長線上にあって80年代後半から浮上した「規制緩和」・「構造改革」の流れが、とりわけ6大構造改革（行政・経済構造・金融システム・財政構造・社会保障構造・教育）を打ち出した橋本内閣（96年1月〜98年7月）から本格化し、小泉内閣（2001年4月〜06年9月）で全開されてくる。

本書の報告にあるように、とりわけ医療においては、90年代後半から2000年代はじめにかけて、社会保険病院の売却廃止や労災病院の統合・民営化・縮小、あるいは自治体病院の統廃合など、公的病院の縮小「再編」が激増した。

いて、在宅や地域を含む予防などを重視した包括的なサービスをめざすという考え方への転換がはかられたのも、これが出発点である。この法による政策転換は、現在に至る医療再編「合理化」の基本点に反映されている。

日本の公的病院に圧倒的な比重をもつ自治体病院は、地方独立行政法人の施行（2005年）、経営委託の簡素化と民間資本への市場拡大になる「指定管理者」制度（2006年）の導入、「経営の効率化」「経営形態の見直し」「再編・ネットワーク化（統廃合）」の３つの視点で「改革」を進めた。
　政府は、「公立病院改革ガイドライン」（総務省2007年12月24日）とそれに沿った「公立病院改革プラン」の作成要求、「経営改善事例集」（2010年）や「自治体病院経営指標」の公表、地方自治体の財政圧縮を企図した「地方公共団体の財政の健全化に関する法律」の公布（2007年）など、自治体病院の縮小再編を進める体制がつぎからつぎへと打ち出した。まさに「規制緩和」と「構造改革」施策のオンパレードであった。

② 社会保障構造改革の第一弾——「介護保険」の導入と改革二法
　また、こうした公的病院の「規制緩和」・「構造改革」とともに、2000年度に導入された「介護保険」（福祉の社会保険化）も、国民負担の増加にとどまらず、医療・福祉を一体にした医療の「構造改革」と介護をテコとした民間資本の参入に道を開くものであった。
　さらに、2006年６月に公布された「医療制度改革二法」[7]は、小泉「構造改革」路線の下で推進されたものであるが、医療「構造改革」を医療保険、医療提供体制などの全般にわたっておしすすめようとしたものである。高齢者を中心にした自己負担の拡大、自費医療（自由診療）と保険診療を組み合わせた混合診療の拡大、高齢者医療制度の再編による「後期高齢者医療制度（75歳以上）」の創設など、強い批判をうけたものだった。
　地域医療との関係では、都道府県の医療計画（医療法）でいっそうの機能分化・連携を促進する内容が盛り込まれ、その連携の中で在宅療養への流れをシステム化する（地域連携クリティカルパス）方向が目指されている。そのために、それぞれの機能ごとの治療期間の標準化（数値目標）が推進され、連携全体の総治療期間の短縮が図られる方向が見据えられており、機械的な連携による弊害も危惧される中身となっている。

7） 医療法の第５次改革が軸の「良質な医療提供体制確立法」と健法、国保法、老人保健法等が軸の「健保法等一部改正法」からなる。

しかも、注視する必要があるのは、この計画に加えて「都道府県医療費適正化計画」[8]で入院「平均在院日数」の短縮などの目標設定などが義務づけられることである。ここでも、全国平均等のデータなどが標準値とされ、短縮等を競って、標準値が「負のスパイラル」を描くことになる。また、いま一つ付け加えると、この「改革二法」で公立・公的病院が担っている地域医療分野を肩代わりする医療法人（社会医療法人）の創設が具体化されたことである（医療法）。先ほど取り上げた自治体病院の一連の縮小再編体制の一翼に、これも含まれてくる。
　こうした「構造改革」（規制緩和）路線は、第2次安倍内閣（2012年12月～）でも基調は変わっていない。
　2013年に成立した「社会保障制度改革プログラム法」（自立・自助・共助のみで公助にふれず）は、税・社会保障一体改革の中で掲げられている「2025年の医療・介護の将来像」の実現をめざし、医療提供体制改革（縮小再編）の課題と方向を鮮明にした。
　2014年6月に成立した「地域医療介護総合法（略称）」は、医療法の第6次改定によって、プログラム法が掲げた「病床機能の分化・再編」（病床削減）を本格的に始動させていく新たな仕組みを打ち出した。
　その一つが、病院等の「機能分化・連携」にとどまらず病床の「機能分化と連携（高度急性期・急性期・回復期・慢性期）」を位置づけ、その病床機能を病院ごとに報告する「病床機能報告制度」の創設である。
　そして、それを中身とした都道府県「地域医療構想」（医療計画の二次医療圏ごとに構想）の策定制度化が、もう一つの仕組みである。
　また、この仕組みの受け皿として、「地域包括ケアシステムの構築」（介護施設・居住系サービス・在宅サービス）とその中軸となる介護保険制度の見直しが盛り込まれた。
　しかし、医療費抑制を企図した機械的な「機能分化・連携」設計図のこうした細密化は、逆に地域医療の希薄化を招き、地域を起点に、さまざまな弊害、矛盾を生まざるをえないだろう。

8）　医療制度改革二法で制定された「高齢者の医療の確保に関する法律」。

2 特徴・教訓

(1) たたかいの性格と医療労働運動史上の位置

> 「労働者の生活と権利」と「患者・国民の医療を守る」ことを統一してたたかい、医療労働者と住民の協同した運動を発展させたこと。

　本書の第1章から第4章の報告にある運動は、わが国の医療労働運動が基本路線として確立した「労働者の生活と権利を守る」ことと「患者・国民の医療を守る」ことを「車の両輪」として運動することを機軸に据えたたたかいであった。

　そして、この具体化の在り様が、本書報告にある時期、つまり1980年代以降のたたかいを医療労働運動史上のそれ以前の時期と画期をなす位置をあたえるものとなっている。

　1980年代より前のたたかいには、「病院統一スト」(1960年)や「夜勤制限闘争」(60年代後半)など、医療労働運動史上に大きく記録される大闘争があったが、これらは、医療現場の前近代的な勤務実態・職場実態に対する、いわば医療労働者の"蜂起"による「人権の確立」「労働条件改善」「患者の立場に立った看護の追求」等の特徴をもったものであり、たたかいは基本的には院内の労使関係の場にあった。

　これに対し、本書報告にある80年代以降のたたかいは、政府の医療政策の180度の転換・後退のもとで、医療労働者が地域に出て、住民とともに「地域医療を守る」運動を展開したことに、運動の一つの大きな画期、発展をみることができる。

　本書の各報告からくみ取った「特徴・教訓」を大きく括ってみるならば、運動のこうした性格、歴史的な位置が底流をなしていることが明らかとなる。

(2) 地域を基盤に世論を結集してたたかったこと

> 国の低医療費政策および「行革」に対して、地域を基盤に地域の世論を結集してたたかったこと。

　本書で取り上げたほとんどの「報告」が、地域を基盤に地域の世論を結集してたたかったことを強調している。この特徴・教訓は、全体を包括したいわば「ツリー・チャート」の頂点に位置するものであり、他の「特徴・教訓」をほぼ凝縮した、総括的特徴といえるものである。
　地域をキーワードにしたその他の「特徴・教訓」が、この総括的特徴を自ずと体現しているわけであるが、それでも、この当然のごとく思える包括的な「特徴・教訓」を独自に掲げる必要性は失せない。当たり前のようであっても、この視点に立脚することが、簡単に実践されるものではないからである。
　それは、本書の各「報告」に明らかなように、「地域を基盤に地域の世論を結集」といっても、その具体化には、その地域に合った創造的努力が求められるのであって、決まりきった様式に単純化できるものではないからである。

(3) 地域の声と地域の実態から照らし出す

> 病院の存在意義と役割を、すでにある現実からではなく、地域の声と実態から照射し明らかにすること。はじめに病院ありきではなく、はじめに地域あり、はじめに住民あり、という視点に立つことが重要であること。

　国が進める統廃合は、「限りある医療資源」を強調している。だから「機能分化」という用語で機械的に医療機関の再編・縮小を断行しようとする。だが、医療提供体制の脆弱さ、地域医療の崩壊をそのままにして、こうした機械的な医療機関の再編・縮小で対応しようとすれば、地域医療は、ますます荒廃する。
　この「特徴・教訓」は、まさに、こうした機械的な地域医療の再編・縮小に対峙して、地域住民の声に依拠し、地域の実態から地域医療・病院の在り

方を照らし返し、真に必要な診療機能と病院の役割を洗い出し明らかにする方向にこそ展望があることを示しているのである。そして、その教訓が立脚すべき視点は、「はじめに地域ありき、はじめに住民ありき」である。

たとえば、栃木県の3病院の統廃合・再編に対する運動（第3章第4節・岡部報告）では、労働組合と住民団体とが対話を重視しながら7ヵ月間をかけて取ったアンケートによって10の政策提言を発表するという取り組みが行なわれたが、この取り組みと行政の姿勢との対比の中に、この教訓と視点が象徴的に示されている。

広島県のこども病院建設運動（第2章第5節・富樫報告）でも、行政や医師会が、実態調査に取り組むようにもっていった。また、こども病院は実現しなかったもののいくつもの改善を獲得した。地域の実態を照らし出したことで、世論形成の大きなエポックメーキングとなったのである。

(4) 「住民とともに」の視点と運動領域の拡大

> 運動の目標を、原則に立ちながら柔軟かつ現実的に据えること。「生活と権利」と「医療を守る」という2つの要求を統一し、「患者・住民とともに」という視点を立て、運動領域と組織体制の拡大が追及されたこと。

この「特徴・教訓」は、第1に、要求の立て方と目標の据え方の問題で、労働者の当面の要求（生活と権利）と究極目標（医療を守る）とが不可分に結合されていたということ（十分不十分はあっても、どちらが欠けてもエネルギーは出てこない）、第2に運動の起点で、運動主体をどうとらえるかという問題で、労働者と住民の連携協同に立ってこそ要求実現の筋道が見えてくるという視点を据えたこと、第3に、こうした視点を踏まえ、運動領域と組織体制の広がりを追及していったことである。

たとえば、この「特徴・教訓」の報告例の一つと言える和歌山県の国立田辺・白浜病院の統廃合反対のたたかいでは、「国立病院統廃合闘争をたたかった原動力は、全医労組合員の職場と生活を守るというエネルギーを、患者・住民のために地域医療を良くする運動、国の医療制度を良くする運動と結合させ、産別（産業別）、ローカルセンター、地域住民とともにたたかうという

路線の正しさにあったように思える」と報告されている（第1章第3節・松江報告）。

また、山梨勤医協の再建闘争の報告においても、「住民と労働組合が一体となった運動は、勤医労をして、『地域医療を守る主体は住民だ』という認識を強め、それまでのさまざまな運動に対して従来の運動形態を見直し、住民の医療要求を機軸にして、地域医療を担う近隣の医療機関や自治体との連携と共同を重視する必要があるという認識を強めた」とある（第4章第1節・清水報告）。

東葛病院労働組合の再建闘争でも、自分たちの病院を「地域医療の砦」にしたいとの思いを背景に、この視点が据えられていることがうかがえた（第4章第2節・岡野報告）。さらに、北海道根室たんぽぽ企業組合の取り組みも、患者・地域住民の要求を自分たちのものにすることで生まれた事業であった（第4章第3節・山本報告）。

なお、日患同盟と長寿園闘争（第1章第2節・今野報告）、筑豊労災病院におけるじん肺患者同盟および患者家族との共闘、労災病院が民営化された後も大牟田吉野病院においてCO患者組織と地域と一体となって運動を継続している例（第1章第4節・門馬報告）、和歌山の国立病院と振動病患者の会（第1章第3節・松江報告）など、患者団体、患者家族会との協同の運動も、「患者・住民とともに」という視点に立脚したものであった。

(5) 対話と交流を積み重ねる

> 世論の結集にあたって、それまでの病院と地域（住民）との関係から生まれた「現実」を、批判を含めて受け入れながら、地域と病院を結ぶあらゆるパイプを生かし「対話・交流」の努力が積み重ねられ、信頼関係がつくられていったこと。

地域の世論[9]をつくりあげるうえで「報告」では多くの努力、工夫、ねばりづよい活動が描かれている。

---

9) 言うまでもなく、世論（輿論・よろん）とは、世論（せろん）ではなく、公論（パブリック・オピニオン）であり、公衆の間で議論にふされたものだけを言う。世論はまた政府のイデオロギーからも一定自立した緩衝地帯（クッション）を形成する。

そもそも、病院（医療機関）と地域の間は、その多くで、一方通行の関係が現実だった。つまりコミュニケーションが成り立っていなかった。その現実の中で、一方通行を双方向の関係に転換させるため重視されたのが、「対話・交流」、つまりコミュニケーションの確立だった。「対話」は単なる会話ではない。未知の人間同士の情報交換とその共有、あるいは広く人間同士の考えの調整接近など、緊張関係をともなうものだ。「交流」もまた、言葉だけではなく、思いを行動で伝える大事な役割をもつ。この緊張をともなった関係確立への努力のうえに、信頼が生まれ、世論が束ねられていったのである。

　「対話・交流」は、「戸別訪問による聞き取りアンケート調査」（「対話型アンケート運動」といってもよい）や地域医療にかかわる懇談会の開催[10]、あるいは地域住民が開催する行事への医療労働者の参加・協力など、多様な形態、ルートを通して具体化された。その一つひとつの取り組み形態や内容は、同じ名称を使っていても、地域性も色濃く多様であったといってよい。

　「対話・交流」をキーワード（教訓）に、地域の現実を踏まえた取り組みの実践が求められていたということである。そのために、本書の各報告は、豊かな実践の宝庫となっている。たとえば、国立泉北病院や岩手県立病院をめぐるたたかいに、この「特徴・教訓」が象徴的に表れている。

　国立泉北病院統廃合反対の取り組みでは、最初は地域に出ても批判ばかり浴びたが、それでも組合員が地域に足を踏み出し対話・交流を進めていくなかで住民との信頼関係が築かれていったという、その実践がいきいきと報告されている（第1章第1節・瀬谷報告）。

　また、岩手県立病院の市町村移管をめぐるたたかいでは、岩手県医労の戸別訪問による県民アンケートの取り組みが、「対話」をキーワードに「信頼関係」の確立にまで前進していったその経過が熱く報告されている（第2章第1節・春山報告）。

　青森県の「西北五地域医療を守る住民の会」の取り組みでも、地域ごとの

---

[10]　この「地域医療懇談会」は、そもそも医療法の第1次改定（1985年）によって創設された地域医療計画に住民の声を反映させるために日本医労協の運動方針として提起された運動形態だった。それが当初の目的では一般化せず、国立病院統廃合・移譲反対のたたかいなどで具体化されていった。

学習会への参加を訴えて戸別訪問し、「地吹雪のなか1人で100軒以上の家々を回ることもあった」「参加者がたった1人ということもあったが、この1人を大切に住民との対話を続けたことが、のちの運動の広がりをつくった」ことが述べられている（第2章第3節・工藤詔隆報告）。

また、秋田県の「湖東病院を守る住民の会」の幹事の発言に「（組合が）職員の雇用を守るために地域に入ってきたと思ったが、すぐにそれは誤解だと分かった。もし、ほんとうにそんな自分勝手な目的だとしたら、私は一緒には運動しなかっただろう」とあるが、そこにも信頼関係を築いていった労働組合の地道な活動が現れている（第3章第1節・鈴木報告）。

長寿園廃止とのたたかいにおいても、住民と医療労働者との信頼関係の構築が運動の背景にあったことが顕著に見て取れる（第1章第2節・今野報告）。

(6) 医療労働者と住民の意識の成長

> 地域に入り地域とつながることを通じて、医療労働者（病院職員）と住民の意識が変わり、成長していったこと。

地域に一歩足を踏み入れ住民との対話を行なうことで、組合員の意識が変化し、自分の病院と仕事の存在意義を確信し、地域医療を守ろうという意識を高めていった。いわば、医療労働者が、その社会的役割を自覚し成長していったということである。また、地域住民も、医療労働者との交流や運動への参加によって、新たな見識を深めていった。ここに、運動の持つ大きな教訓・意義があった。

たとえば、国立泉北病院統廃合・移譲とのたたかいで、地域に出て行った組合員が、住民に「自分の身分を守るために我々を利用するのかと言われた。あきらめようとしたり、悔しくて眠れない日もあったと思う。しかし、批判と真正面から向き合い、自らを奮い立たせ何度も足を運び地域住民との絆を深めてきた。組合事務所では地域からの意見や批判をどうやって運動にいかしていくか夜更けまで話し合う姿を何度も見た。その経験が、組合員を強くし成長させていった」と、医療労働者の意識の変化と成長がリアルに報告されている（第1章第1節・瀬谷報告）。

また、長野の佐久・川西地域の地域医療懇談会の取り組みでは、日赤病院の存続問題をきっかけに地域アンケートに取り組んだ際、初めて地域に足を踏み出した市立病院や自治体の労働者が、「地域医療を担う医療労働者としての自己の存在を実感し、再認識する機会ともなった」と語り、地域に入っていくことを通じて病院の存在、仕事の価値を再認識し、意識変革をしていった経験が報告されている（第3章第2節・工藤きみ子報告）。

　さらに茨城・高萩協同病院存続運動の取り組みでも、同様に、地域に入った運動で職員の意識が変わっていき、住民もまた職員との対話を通じて事態の本質に目覚めていったことが、成長・発展のスパイラルを描くように報告されている（第3章第3節・岡部報告）。

（7）　地方議会との共同

> 地域を基盤にした政府、地方行政への運動では、地方議会との共同も含め、地方行政、地方議会を動かす運動が重要な取り組み課題となっていること。

　政府の医療政策とのたたかいは、自ずと地域医療を守るたたかいに結びつく。この関係では、住民の命と健康を守る直接の役割を担う地方自治体の方針・政策が重視されることになる。その意味で、地方議会との共同の追及と、地方行政を国の政策にあがなう方向に変えていく運動が重要な役割を担うことになる。

　たとえば、国立田辺・白浜病院統廃合反対のたたかいでは、統廃合反対の県議会請願の採択が背景となって、行政、県議会を含めた幅広い参加を得て「国立医療問題懇談会」が開催され、これが、その後の運動に大きな影響をもったことが報告されている（第1章第3節・松江報告）。

（8）　地域医療実態調査の実施

> 病院に求められる役割と、「あるべき病院像」を明らかにするうえで、特に、地域医療実態調査の実施が、運動の展望や方向性を切り開く大きな役割を果たしたこと。

この点のポイントをあらためてまとめると、次の点に集約できるだろう。
　第1に、この取り組みが、運動に展望を与え、確信を生むこと、第2に、調査・学習を運動として取り組むことで、参加者の意識変革、成長をもたらすこと、第3に、取り組みを通して、個人・組織・団体のつながりがいっそう拡大し、運動のすそ野が広がること、第4に、政府の医療政策と対峙するうえで、何らかの「型紙」、あるいは観念から出発するのではなく、地域医療の現実から出発してこそ、政策上も、運動上も本当の力になること、である。
　たとえば、北九州市立病院の民間譲渡に反対するたたかいで、2日間で103人もの参加者があった北九州地域医療実態調査の取り組みが詳しく報告されている（第2章第4節・瀧川報告）。

(9)　政策論争の重要性

> 国の低医療費政策および「行革」と、「あるべき病院論」「地域医療論」をたたかわせる政策論争が重要な役割を担ったこと。

　この「特徴・教訓」の大事な点は、たたかい・運動の大義を牢固にし、参加者に確信を与えることにある。それは、また、揺るぎない世論をつくり出すうえでも運動の一つの環をなすといってよいものである。
　たとえば、国立病院をめぐる和歌山のたたかいでは、労働組合が政府厚生省の統廃合・移譲計画を批判し対峙した政策「提言」を行なったことで、厚生省が「安易に統廃合の具体案を提示することができず、地元との矛盾を広げていった」ことが報告されている。大義を鮮明にし、世論を固めたたたかいで「提言」（政策論争）が大きな役割を果たしたのである（第1章第3節・松江報告）。
　また、社会保険病院をめぐるたたかいでは、社会保険病院のあるべき役割、機能、性格を踏まえた譲れない基本ヴィジョンの骨格を鮮明に打ち出したことで、それを大義にたたかいの軸が定まり、「全国一本の法人による公的病院」として新しく法律化するなど、大きくたたかいが進んだことが報告されている（第1章第1節・濱田報告）。
　さらに、岩手県立病院をめぐるたたかいでも、県立病院の縮小再編に対峙

した「あるべき病院像」を提示した取り組みが報告されている（第2章第1節・春山報告）。

（10） 医療労働運動の全国および地方のセンターの必要性

> 地域を基礎とした運動の全国的な連帯と運動の統一を進めるセンターの存在が大きかったこと。

　この点では、第1に、運動の量的側面（署名、アンケート、集会、請願要請行動など）でセンターが果たした役割が大きかったことが指摘できる。また、第2に、運動の分業と調整という「組織的」役割でセンターの存在が不可欠であったことも重要なポイントとなっている。さらに、第3に、2にも重なる点だが、各地域・地方の運動の視点・情報・経験・課題の共有と統一という面で、個々の地域・地方の運動の質的前進をはかり、孤立化させないという役割をセンターが担ったことが指摘されなければならない。

　もちろん、現実に照らして、この3つの柱それぞれが十分に機能したとは言い切れないかもしれない。だが、たとえば、国立病院統廃合との闘いで国立病院の存続・拡充の地方議会決議が3323自治体中3004にも及んだことなど（第1章第1節・瀬谷報告）、運動の全国的なセンターと地域・地方のセンターが結びついた役割の大きさが象徴的に示されており、まず、センターの「役割の重要性」をしっかりと位置づける必要があるのではないだろうか。

（11）「住民の会」が運動の"核"となり労働組合が事務局を担ったこと

> 「住民の会」が住民と医療労働者をつなぎ、運動推進の"核"となったこと。そして、事務局の地道な活動を労働組合が担い、住民の信頼を得ることによって両者の協同を強めていったこと。また、「住民の会」の発展が医療政策を転換させる運動の萌芽となる教訓をつくっていったこと。

　住民と医療労働者が地域医療を守るために協同した運動を展開する場合、両者の推進組織となった、いわゆる「住民の会」（名称はいろいろ）の結成が、この時期の運動の大きな特徴の一つであった。「住民の会」は、統廃合等

の対象となった病院の所在する地域、または県、さらには全国的なものまで、それぞれのケースによってその構成や内実は違う。しかし、多くは運動の推進組織として役員体制と事務局体制をもった闘争期間中の継続的な組織であった。この「住民の会」が住民と医療労働者をつなぐ組織として大きな役割を果したことはあらためていうまでもないが、特に以下の2点は注視しておきたい。

第1は、健保労組（現、全地域医療JCHO労組）が、関係病院のある全国38カ所の「住民の会」の運動と組織を土台に各地の住民の会、労働組合など95団体と共に「社会保険病院・厚生年金病院の存続をめざす全国連絡会」を結成したこと。そして、連絡会が全国的な運動の"発信基地"となり、国会議員や厚生労働省に対するねばり強い請願行動を展開し、ついに「全国一本の経営・公的な病院」として存続される、RFO法（独法・地域医療機能推進機構法案）の一部改正を与野党の賛成多数で成立させたことである（第1章第5節・濱田報告）。「住民の会」の運動が地域にとどまらず、それを政治問題化させ、全国的に連携して国会での法改正を勝ちとるという画期的な成果を実現させたのである。医療政策の転換を求める社会運動の貴重な萌芽とみることができよう。

第2は、「住民の会」の事務局（会議の準備、連絡、宣伝、行事などの準備等）についてである。事務局体制は、運動と組織の事実上の生命線でもあるが、その「生命線」を労働組合が担い、運動を前進させる要諦の一つとなったことである。そして、この地道な事務局の役割を献身的に担う労働組合幹部の姿勢が労働組合に対する住民の信頼を高め、運動への協同を強めていったのである。このことは、地域医療を守り充実させる運動での医療労働者が果たす役割を示している。

3　課題

(1)　医療労働運動の機軸（基本方針）を貫くこと

地域医療を守る運動を取り組むうえで大事なことは、わが国の医療労働運

動が歴史的に築いてきた「労働者の生活と権利を守る」「患者・国民の医療を守る」という2つの柱を統一することを運動の機軸（基本方針）に据えて貫くことである。つまり、職場を中心とした労働条件改善のたたかいと、地域医療や医療保障を守り充実させるたたかいを、それぞれあいまいにせず一体として精一杯追求することである。

たとえば、本書の和歌山・松江報告は、たたかいの当初から、「地域医療を守る」ことをスローガンの機軸に掲げ、広い共闘をつくり上げ、統廃合が強行されたあとも、①新病院充実、②白浜温泉病院存続へと運動の重点を移し、ほぼその要求を実現し、結果的に職員の雇用も守ったように、この課題の先進的な運動であった。

また、山梨勤医労や千葉・東葛病院労組の倒産した病院の再建運動も、この医療労働運動の機軸を貫いたものであった。また、両労組の再建へのこのたたかいは、職場における民主主義の確立と、経営に対する労働組合による規制の課題も鮮明にしたものであった。

(2) 活動領域としての「地域」の位置づけをより明確にすること

企業別組合にとって、組合員が地域に入り、地域の医療について住民と語り合うことは決して容易なことではない。本書の多くの「報告」に見るように、働く病院の存亡（雇用の在り方）などにかかる、また、地域医療に重大な影響を及ぼすような事態にならないかぎり、なかなか決断できなかったであろう。その意味では日ごろから、病院や地域医療について住民との懇談やさまざまな共同関係を培っていくことが労働組合の方針で明確にされ、実践されていくことが求められる。

(3) 医療関係団体や地域の労働組合との協同の追求

地域医療を考える場合、住民の医療要求を基にしながら、地域の医師会や看護協会、医療機関、介護関係組織等との懇談等での相互理解を深め、小さなことでも一致点での共同をねばりづよく追求していくことが課題となる。その際、労働組合が、その牽引車、組織者の役割を担うことが求められる。

また、地域で、日ごろ接点のない他の医療労働組合やセーフティネットを

担う他の労働組合や団体との間で、日常的なネットワークを強化することも課題となる。長野・工藤報告に見る「地域医療懇談会（いどばた会議）」などはその貴重な経験である。

（4）　地域医療を守る運動と住民組織・運動の恒常化

　地域医療を守り充実させるには、恒常化された住民組織が必要になる。闘争時には「守る会」などの活発な運動が展開される。しかし、闘争が山を越えたり、また、一段落したりすると組織と運動が先細りするケースもある。
　この課題では、秋田・鈴木報告に見る「医療と福祉を考える市民町民の会」が、労働組合の代表を含む住民20人の幹事と約100人の協力者で運営され、月一回の幹事会（2016年9月で128回）を核にねばりづよく活動し、しかも事務局の役割を労働組合が果している先進的な活動が注目される[11]。
　また、群馬・今野報告でも、「懇談会」や地域づくり、地域活性化への取り組みなどが続けられているがこのような地域医療の充実をめざす恒常的な組織と運動づくりも重要な課題である。

（5）　署名・議会請願運動等の見直しと強化

「報告」で明らかにされているように、署名や議会請願、議員対策、行政対策は、運動で大きな役割を果たした。署名運動や議員要請行動のマンネリ化が語られる現在、いま一度、これらの運動の原則的かつ効果的な運動のあり方を検討すること、また、署名活動が組織を強め運動を拡大していくような仕組みの検討も課題となろう。

---

[11]　兵藤釗は、「労働組合は職業団体たることを恒常的組織として存立する基盤を有しており、同時にまた、仕事を媒介として市民の社会的連帯を組織するコーディネータたるべき位置に置かれている。労働組合がそういう位置にふさわしい責任を担っていくためには、自らの職域で問われる課題から逃げることなく、社会的公正を求める他のアソシェーションとも連帯し、その解決にあたるというスタンスがもとめられている。」と強調している。（兵藤釗「労働問題研究と公共性」我孫子誠男・水島治郎編『労働―公共性と労働―福祉ネクサス』双書　持続可能な福祉社会へ：公共性の視座から第3巻　勁草書房、2010年、27頁）。

(6) 調査・政策活動の強化

　患者・住民の立場から行われる調査・政策・提言活動は、地域医療の充実を求める運動に確信を与え、地域医療を軸に、地域住民、団体などの幅広いつながりを生み出すものであり、住民と医療労働者を結ぶものである。この課題では、医療政策や病院政策、経営分析等の専門家との協同が求められる。

　具体的には、①医療機関の役割を機械的な国の「機能分化・連携」システムに埋没させず、患者住民の声をはじめ地域の実態から照らし出すこと、②地域医療をめぐる政策形成力や、調査学習能力（体制・手段・技術）を育み向上させること、などの課題である。

(7) 病院のあり方について、労働組合の「基本政策」をつくる

　経営に対する規制力の発揮は、労働組合の重要な役割の一つである。そのためにも各医療機関のあり方、経営、運営などに対して、労働組合としての「基本政策」をもつことが課題となる[12]。その際、情報開示（経営計画、事業報告、経営・財務データ全般）の推進が一つの大きなポイントになる。これらは、労働組合が医療機関のいきすぎた「経営主義」・官僚主義的偏向をチェックし、経営と職場の民主化を実現する課題にとっても重要なことである。

(8) 医療労働者の社会的役割の自覚と医療研運動の強化

　運動に参加した医療労働者が、地域住民と懇談することによって、自らが働く病院の存在意義と医療労働者としての社会的役割を自覚していったという「報告」がいくつかあった。医療「合理化」に抗するためには、日ごろから医療労働者のこのような意識を育んでいかなければならない。そのためには、これまで以上に地域の住民と懇談し、行動を共にする機会を追求してい

---

[12]　病院内では、「生き残りのため」として、政府の医療政策と相まったさまざまな「合理化」が進行している。このような時に、労働組合が医療経営に対して、「どう考えるべきか」「どうすべきか」という政策をもたなければ（そこに踏み込まなければ）、結局「合理化」の方向に流される。なお、医療労働組合の「政策活動」の概要については、岡野孝信「医療労働組合と政策活動―現状と課題」国民医療研究所編『21世紀の医療政策づくり』本の泉社、2003年、を参照のこと（本書は、野村拓が企画・監修したものである）。

くことが求められる。

　医療労働者のこのような意識は、医療労働組合の医療研究運動（医療研）においても蓄積されてきた。医療研は、患者、住民の立場に立って、日々の仕事を見直そうと取り組み（実践レポートの発表と討論・交流など）、医療労働者としてのあるべき姿勢と社会的役割の自覚を育んできた。日本医労連は、1969年からほぼ毎年、医療研究「全国集会」（約1000人規模）を開催してきた。そこでは、全国から参加した医療労働者が、患者や住民の立場から取り組んだ仕事や活動の交流と討議を蓄積してきた。本書で「報告」のあった長野県、秋田県の厚生連労働組合、青森、岩手、和歌山の県医労連等で毎年医療研究集会[13]が開催されてきたことも、注目されなければならないだろう。

　国立病院統廃合・移譲反対闘争の際、「職場医療研があったからこそねばり強くたたかうことができた」（全医労太田支部）と強調され[14]、また、「日本医労連の医療研集会で、地域に出ることの重要性を教えられ、それを方針に取り入れてたたかった」（プロジェクト研究会での濱田實氏のレクチャー）と語られるなど、たたかいにおける医療研運動の持つ意義があらためて注目される。

　職場で医療「合理化」が進行し、地域医療の"危機"が叫ばれるとき、医療研運動をさらに活性化させることが、今後の医療労働運動を展望するうえで1つの大きな課題となろう。

(9)　新たな地域づくりへの参加

　医療は地域住民にとって欠かせないものである。また、地域医療と医療機関が成り立つためにもその地域の在りようは重要である。地域の活性化を願う住民や団体と共に「人と人とのつながりを軸に支え合う」（秋田・鈴木報告）新たな地域づくりに労働組合も積極的に参加していくことが求められている。そこでの、「住民とともに」行なう協同は、地域における労働組合の存

---

13)　「医療研」運動については、岡野孝信「業務委託と労働組合―病院給食の業務委託に関して―」、財団法人日本医療労働会館『医療労働』No.392、1997年2月号、38～44頁、第4章第1節「医療研究運動の方向と医療労働者」参照のこと。

14)　岡野孝信「研究ノート―全医労大田支部における職場医療研」『月刊国民医療』公益財団法人日本医療総合研究所No.310、2013年10月、17～28頁。

在感を高め、結果的に医療労働運動への理解と協力を広げていく大きな要因となろう。

(10) 労働運動、医療運動を基礎に医療を守る国民的な社会運動へ

地域医療を守り充実させようとすれば、その根幹にある国の政治経済政策やそれに規定された医療保障制度、医療政策が問題となる。そこから、当然、地域医療を守る運動を国民的な運動に発展させる課題が生じる。これは、地域医療に関わる問題を1つの地域の問題とせず、それらを束ねつつ、全国的な医療運動、さらには国民的な社会運動に収斂させる産業別労働組合（単産）やナショナルセンター、医療関係団体等の課題でもある[15]。

---

15) 朝倉新太郎は、このような運動の意義を「政府や自治体に対し、医療の公共性の具現化に必要な諸施策をとらすこと」としている。（朝倉新太郎「日本の医療と医療政策」『朝倉新太郎著作集』第1巻、労働旬報社、1983年、19頁。

【編著者】

岡野孝信（おかのたかのぶ）　元日本医療労働組合連合会中央執行委員、元国民医療研究所事務局長［はじめに、第4章第2節、第5章］

岡部義秀（おかべよしひで）　全国厚生連労働組合連合会中央執行委員［第3章第3・4・5節、第5章］

【著　者】

野村　拓（のむらたく）　医療政策学校主宰・元国民医療研究所所長［巻頭言］

瀬谷哲也（せやてつや）　元全日本国立医療労働組合副委員長［第1章第1節］

今野義雄（こんのよしお）　医療法人坂上健友会常務理事・元全医労群馬地区協議会書記次長［第1章第2節］

松江　仁（まつえひとし）　元和歌山県医労協事務局長・元和歌山県地方労働組合評議会事務局長［第1章第3節］

門馬睦男（もんまむつお）　福岡県医労連副委員長・福岡県労働組合総連合副議長［第1章第4節］

濱田　實（はまだみのる）　全日本地域医療機能推進機構病院労働組合(旧健保労組)・中央副執行委員長・特定社会保険労務士［第1章第5節］

春山一男（はるやまかずお）　岩手県医療局労働組合副中央執行委員長［第2章第1・2節］

工藤詔隆（くどうのりたか）　青森県医労連書記長［第2章第3節］

瀧川　聡（たきがわさとし）　日本医労連中央執行委員・元福岡県医労連書記長［第2章第4節］

冨樫　恵（とがしめぐみ）　看護師・医療従事者をふやし市民の医療を守る会代表・元広島市市民病院労働組合委員長［第2章第5節］

鈴木土身（すずきどみ）　元秋田県厚生連労働組合書記長［第3章第1節］

工藤きみ子（くどうきみこ）　元長野厚生連労働組合中央執行委員長・元同労組佐久支部執行委員長［第3章第2章］

清水　豊（しみずゆたか）　元山梨勤医協労働組合委員長・元山梨県労働組合総連合議長［第4章第1節］

山本隆幸（やまもとたかゆき）　北海道医労連顧問、同元執行委員長・根室たんぽぽ企業組合専務理事［第4章第3節］

木髙　博（きだかひろし）　医療介護情報分析センター代表［第5章］

地域医療の未来を創る
──住民と医療労働者の協同

2016年11月10日　初版第1刷発行

編著者	岡野孝信・岡部義秀
装　丁	佐藤篤司
発行者	木内洋育
発行所	株式会社 旬報社
	〒112-0015 東京都文京区目白台2-14-13
	TEL 03-3943-9911　FAX 03-3943-8396
	ホームページ http://www.junposha.com/
印刷製本	シナノ印刷株式会社

©Takanobu Okano, Yoshihide Okabe 2016, Printed in Japan
ISBN978-4-8451-1486-3